BAR INTERNATIONAL SERIES 3112 | 2022

La Cultura de los Silos en los yacimientos de "El Trobal" y "La Esparragosa"

(Cádiz, España)

RAQUEL MARTÍNEZ ROMERO

BAR
PUBLISHING

Published in 2022 by
BAR Publishing, Oxford, UK

BAR International Series 3112

La Cultura de los Silos en los yacimientos de "El Trobal" y "La Esparragosa" (Cádiz, España)

ISBN 978 1 4073 6017 1 paperback
ISBN 978 1 4073 6018 8 e-format

DOI https://doi.org/10.30861/9781407360171

A catalogue record for this book is available from the British Library

COVER IMAGE *Piezas líticas de los yacimientos gaditanos de "El Trobal" (Jerez de la Fra.) y "La Esparragosa" (Chiclana de la Fra.) / lithic pieces from the Cádiz sites of "El Trobal" (Jerez de la Fra.) and "La Esparragosa" (Chiclana de la Fra.)*

BAR
PUBLISHING

BAR titles are available from:

BAR Publishing
122 Banbury Rd, Oxford, OX2 7BP, UK
info@barpublishing.com
www.barpublishing.com

Otros textos de interés

Índice

Índice de figuras

Introducción

En la provincia de Cádiz se han llevado a cabo diversas labores arqueológicas desde la década de los años ochenta tanto en la banda atlántica como en las diversas ciudades de la provincia, lo que ha permitido un amplio conocimiento de todas sus etapas históricas.

De igual modo, ocurrió en el término municipal de Jerez de la Frontera, a raíz de la apertura del Museo Arqueológico Municipal desde el cual se dirigieron diversas líneas de investigación que abarcaron desde la Prehistoria hasta época contemporánea.

Los primeros estudios de Prehistoria realizados en dicho término no se iniciaron hasta los años 80 debido a que el punto de mira se hallaba en la época musulmana con el estudio del Alcázar y el sistema defensivo de la propia ciudad de Jerez. Si bien es cierto que, en los años 40, M. Esteve Guerrero realizó trabajos arqueológicos en "Mesas de Asta" (1945, 1950, 1962, 1969) y en "Alcántara" (1979). Pero no será hasta la creación de la Carta Arqueológica de Jerez y la realización de diversas excavaciones de urgencia, tanto en la ciudad como en sus alrededores, cuando el interés arqueológico se centre en las primeras sociedades que habitaron dicho término municipal.

Aunque en la actualidad hablemos de términos municipales y provincias hay que entender que esta división, propia de época moderna, no se puede aplicar en época de la prehistoria. Para estas sociedades los límites, sí existían, eran de tipo natural, tales como ríos o sistemas montañosos, y no sería hasta el Neolítico Final cuando se podría hablar de una estructura política del territorio.

Por lo tanto, es en la transición del IV al III milenio a.n.e, con el yacimiento de Armas de Santiago (Jerez de la Frontera, Cádiz) (Cantillo, 2013), cuando se constatan los primeros asentamientos humanos en el entorno de Jerez de la Frontera. Estos primeros poblados se localizaban cercanos a recursos hidrográficos con un predominio visual del territorio para el control del mismo y con buenas comunicaciones. No presentaban sistemas defensivos y solían ser bastantes extensos con espacios distribuidos según las diferentes tareas productivas o zonas de trabajo, y todos ellos se caracterizaban por la existencia de silos, estructuras excavadas en el terreno natural, para la acumulación del excedente agrario.

Es en este contexto donde se va a centrar este trabajo de investigación, en la cultura de los silos, retomando así las investigaciones que se llevaron a cabo en los años 80 y poniendo en valor el yacimiento de "El Trobal" con el estudio de su material lítico para obtener un análisis de las formaciones sociales que ocuparon el territorio de Jerez de la Frontera durante la Prehistoria Reciente y el yacimiento de "La Esparragosa" en Chiclana de la Frontera, confrontando así dos territorios, uno de interior y otro costero.

Y para poder comprender mejor el espacio temporal hemos elegido la transición del IV al III milenio a.n.e., ya que en los períodos de transición suelen tener lugar los cambios sociales más relevantes. Concretamente, en el paso del Neolítico al Calcolítico, asistiremos al control del espacio a través de una red de poblados especializados en diferentes procesos económicos.

Todo ello, nos introduce en la "Arqueología Social" basada en el Materialismo Histórico, en donde el objeto arqueológico no se estudia por ser un objeto, sino para comprender a la sociedad y a los individuos que usaron dichos artefactos, fundamentado en la conclusión de que una sociedad forma parte del medio que la rodea y por ello, la importancia del estudio del contexto (Jackson, Troncoso y Salazar, 2012). Así pues, hay que comprender que el medio actual no se corresponde en absoluto con el que existió durante la Prehistoria Reciente, no sólo por los procesos antropológicos que han podido afectarle, como la deforestación, sino también por los cambios geológico, como la transformación de cauces de ríos o el relleno con sedimento de depósitos acuosos como el lago *Ligustinus*.

Y aunque el territorio colindante a Jerez de la Fra., incluso en la misma ciudad, existen otros yacimientos, como Alto de Picadueñas (González *et al.*, 2008), Montealto-Los Villares (López, A., 2002; López, E., 2004, 2007), El Cerro del Asno (Bejarano, Císcar y García, 2008), Cortijo de los Síles-La Carrizosa (González *et al.*, 2008; Barrionuevo, Aguilar y González, 1994), Torre Melgarejo (González y Ramos, 1988; Ramos, 2014-15, 2017) o Casa Blanquilla (Herce, 2002; Ramos *et al.*, 1992b), así como casos muy puntuales en la calle Castellanos (Reimóndez, 2007) o bajo el Palacio de Villavicencio en el Alcázar (González *et al.*, 2008), dicho trabajo sólo se va a centrar en el yacimiento de "El Trobal" dada su complejidad y su copioso material, así como a las diferentes hipótesis que puede generar debido a su relación tanto con el medio ambiente como con otros grupos poblacionales prehistóricos en cuanto al T.M. de Jerez.

Y teniendo en cuenta la carencia actual de los libros/ diarios de las cuatro campañas que se realizaron y de las planimetrías donde se hallaron las diferentes estructuras, así como de la escasa información escrita (a excepción del artículo del Anuario Arqueológico de Andalucía de 1986), se decidió incluir el enclave de "La Esparragosa" en Chiclana de la Frontera (Pineda, 2004; Ruiz y Gil,

2004; Pérez *et al.*, 2005; Pineda y Toboso, 2010; Vijande *et al.*, 2018 y 2019) que sí ofrecía toda la documentación pertinente por tratarse de excavaciones recientes.

Con objeto de suplir esas carencias se han utilizado nuevas técnicas, denominadas S.I.G., para la reconstrucción del paisaje, la realización de nuevos mapas y de cuencas de visibilidad.

En cuanto a los motivos de elección de dicho trabajo como tema de investigación, habría que destacar mi pertenencia al Grupo de Investigación HUM-440 del III PAI de la Junta de Andalucía encabezado por el Dr. José Ramos Muñoz, así como la labor investigadora iniciada en este ámbito por el Dr. Eduardo Vijande Vila con su tesis y finalmente, retomar la línea de investigación sobre la "cultura de los silos" en el suroeste de la península Ibérica motivada por la excavación de sitios arqueológicos en la Provincia de Cádiz como 'La Esparragosa' en Chiclana de la Fra. (Pineda, 2004; Ruiz y Gil, 2004; Pérez *et al.*, 2005; Ramos *et al.*, 2006a; Pineda y Toboso, 2010; Vijande *et al.*, 2018 y 2019), 'SET-Parralejos' en Vejer de la Fra. (Villalpando y Montañés, 2009) o 'Cantarranas-Las Viñas' en el Puerto de Santa María (Ruiz y Ruiz, 1987, 1989; Ruiz, J., 1987; Perdigones *et al.*, 1987; Valverde, 1991, 1993; Ramos *et al.*, 1992b; Ruiz, D., 1994a, 1994b; Ruiz, J.A. y Ruiz, D., 1999; McClellan *et al.*, 2003)

Por todo ello, los principales objetivos a obtener son, en primer lugar, recopilar y analizar la bibliografía sobre la cultura de los silos en el tránsito del IV al III milenio a.n.e. en el ámbito espacial del suroeste de la península Ibérica. En segundo lugar, realizar un estudio sistemático del material lítico a analizar del cual se pretende comprender el sistema distributivo de las materias primas; conocer aspectos relacionados con la organización territorial, relaciones entre diversos yacimientos y entre el ámbito litoral y el interior; y construir una sólida base de datos para extraer inferencias de carácter tecnológico y de los modos de vida de los grupos humanos que realizaron dicho material lítico. Y, por último, entender y comprender qué relaciones y modos de vida se desarrollaron a lo largo del tránsito del IV al III milenio a.n.e. entre las sociedades tribales y clasistas y poder así establecer la existencia o ausencia de la dualidad de centro-periferia entre los diferentes poblados.

En este sentido, el trabajo de investigación se desarrolla en el marco de la Arqueología Social surgida en los años 70 del pasado siglo en la óptica marxista del Materialismo Histórico, otorgando a la Arqueología el papel principal para conocer las relaciones sociales y los modos de producción a lo largo de la historia (Jackson *et al.*, 2012).

En Europa, el principal precursor fue G. Childe (1940) quien emprendió una sistematización metodológica basada en su conocimiento de la documentación arqueológica existente, siendo el primero en defender la teoría de trascender el estudio de los materiales *per se* y mediante ellos obtener las inferencias sociales entre las diferentes sociedades:

"Los testimonios arqueológicos no se limitan en modo alguno a los utensilios para la producción y a las armas bélicas. Bajo condiciones apropiadas podemos aprender mucho acerca de los modos de producción, así como de los medios de producción. El papel de la industria secundaria y primaria y el comercio puede valorarse a partir de los datos observados. Cabe inferir con cierta seguridad la extensión de la división del trabajo y la distribución del producto. Se pueden hacer conjeturas plausibles sobre la existencia de esclavos, la posición de la mujer y herencia de la propiedad" (Childe, 1984:43).

Dicho trabajo de investigación se estructura en varios capítulos. Iniciándose con un primer capítulo en donde se explicará la posición teórica de la que se parte, además de exponer la metodología y fijar los objetivos que se pretenden cumplir y de realizar una revisión historiográfica sobre la Prehistoria Reciente de la Provincia de Cádiz, del término municipal de Jerez de la Frontera y el de Chiclana de la Frontera.

El segundo versará sobre el medio ambiente de la provincia de Cádiz en un primer momento, para luego centrarse en el Municipio de Jerez de la Frontera y más detalladamente en la zona de las marismas, donde se ubica el yacimiento de "El Trobal" y posteriormente sobre el Municipio de Chiclana de la Frontera, donde se ubica el segundo yacimiento a tratar, "La Esparragosa".

Tanto el tercero como el cuarto expondrán el contexto cronológico y cultural en el que se engloban ambos enclaves arqueológicos. Por ello primero trataremos el tránsito del IV al III milenio a.n.e. en Andalucía Occidental, analizando también qué tipo de sociedades humanas habitaban dicho periodo y qué estudios se han realizado; para luego, en el capítulo cuarto, centrarnos en la cultura de los silos en Andalucía Occidental con lo que todo ello conlleva: definiciones, antecedentes, problemática y el momento actual de la investigación.

Siendo el pilar básico de este trabajo el capítulo quinto con el estudio arqueológico de los productos líticos procedentes de los yacimientos de "El Trobal" y de "La Esparragosa", con el inicio de un resumen de la evolución de ambos asentamientos desde su excavación hasta la actualidad, seguido del estudio de los materiales divididos en materias primas, en productos retocados y en productos pulimentados.

El trabajo concluye con un apartado de síntesis y conclusiones, en donde se incluirán las inferencias socioeconómicas obtenidas del análisis de la industria lítica. Para, a partir de los materiales líticos, obtener información sobre los modos de vida y las relaciones económicas de la población de "El Trobal" y de "La Esparragosa". Y finalmente, ofrecemos todas la bibliografía utilizada para la elaboración de dicho trabajo de investigación.

1

Metodología

La metodología seguida se incluye dentro de la "metodología de las ciencias" (Chalmers, 2000), pretendiendo la constatación de los hechos desde el trabajo empírico arqueológico, es decir, la utilización de hipótesis contrastadas empíricamente (Bate, 1982 y 1998; Estévez *et al.*, 1998; Lakatos, 1998; Carbonell *et al.*, 1999) para el reconocimiento de la propiedad, el trabajo y la distribución de productos.

Finalmente, la Arqueología Social provocó un cambio conceptual en la forma de entender los yacimientos, y quien mejor realiza una síntesis de esta transformación es J.C. Domínguez Pérez (2002), pues realiza una variación entre el concepto y el procedimiento al entender que un yacimiento no es sólo una acumulación de restos materiales, los cuales representan diversas acciones culturales de los individuos que allí vivieron y además, la distribución de estos restos se asocia al pensamiento estructurado del espacio de las diversas actividades domésticas, ya sean tecno-económicas, sociales o ideológicas.

En lo concerniente al estudio de los materiales arqueológicos, en su totalidad productos líticos, se han aplicado diferentes metodologías para alcanzar un amplio conocimiento. En primer lugar, hemos decidido manejar el Sistema Lógico Analítico (Laplace, 1972), a partir de ahora S.L.A., ya que esta tipología no sólo ordena y clasifica, sino también tiene en cuenta la contextualización de los materiales, dando lugar a la interpretación y explicación de los comportamientos sociales, económicos e ideológicos.

Además, el S.L.A. proporciona una visión integral de todo el proceso de configuración de las herramientas líticas, ya que estudia desde el nódulo de la materia prima hasta el artefacto en sí mismo, incluyendo aquellas partes que se configuran en dicho recorrido.

Fue desarrollado por Eudald Carbonell, Gilbaud y Mora (1983a, 1983b, 1984) y Carbonell *et al.* (1986 y 1999) basado en las teorías de E.P. Thompson (1978) y de D.L. Clarke (1984) y de la Tipología Analítica de George Laplace (1972), creando una nomenclatura para cada proceso de creación de las herramientas líticas:

- Base natural: son los nódulos sin trabajar de la materia prima seleccionada
- Base negativa de primera generación (BN1G): se corresponden con los núcleos, en ellos se observan la huella de la extracción
- Base positiva de primera generación (BP1G): reciben el nombre de Bases Positivas (BP) o lascas y láminas, y se corresponden con las extracciones de las BN1G.

- Bases negativas de segunda generación (BN2G): son las herramientas empleadas por las sociedades prehistóricas, obtenidas mediante percusión por materiales blandos como maderas o astas, y por duros como piedras.
- Bases positivas de segunda generación (BP2G): correspondientes con los restos de talla de las BN2G.

Asimismo, se dan los ORT (Otros restos de talla) en donde se engloban las esquirlas - los pequeños fragmentos que surgen a la hora de realizar los retoques a las herramientas para obtener los filos - y los desechos.

Puesto que este método genera ciertas discrepancias dentro de la comunidad científica, también se han utilizado otros métodos de clasificación como el de G. Laplace para las bases negativas de segunda generación (BN2G) o los productos retocados. Dicho método, revisado por el propio autor en 1986, pudo ser utilizado también para otras cronologías posteriores al Paleolítico Superior. Esta clasificación de Laplace se basó en la interrelación de todos los componentes: dominio tecnológico, tratamiento funcional, inicio del S.L.A., análisis cuantitativo y estructural y descripción analítica de los depósitos estratigráficos.

Dada la presencia de microlitos geométricos propios del Epipaleolítico se decidió incluir la tipología de Fortea (1973), quien realizó una sistematización de estos en el marco geográfico del Mediterráneo. Además de establecer una sucesión en cuanto al esquema triángulos-trapecios-segmentos, Fortea afirmaba que las *industrias epipaleolíticas de la facie Cocina preceden directamente a los primeros influjos neolíticos, asisten a su desarrollo y perviven durante fases más o menos avanzadas del mismo, manifestando una constante interacción* (Juan, 1985:10).

Aunque otros autores como L. Pericot o D. Fletcher Valls realizaron diversas clasificaciones, la de Fortea basada en la de F. Jordá es de referencia, pues modifica el nombre de Epigravetiense por Epipaleolítico Microlaminar derivado y no contemporáneo del Magdaleniense, abandona las tesis africanistas, fija una cronología absoluta y elabora una lista-tipo para analizar los diferentes yacimientos.

Así pues, llega a la conclusión de la existencia de dos complejos industriales con diferentes facies cada una:

- Complejo microlaminar: a partir del Magdaleniense, con cronología del XII milenio a.n.e. hasta el VIII milenio a.n.e. con las facies Sant Gregori y Mallaetes, y un tercer complejo industrial:

- Sant Gregori: presencia de raspadores con apenas buriles y perforadores, mientras que se observa un número considerable de muescas y denticulados, y en menor cuantía geométricos.
- Mallaetes: desde el final del Magdaleniense hasta el Neolítico Antiguo, conformado por un grupo numeroso de hojitas de dorso con raspadores y hojitas, al igual que buriles, y menor índice de raspadores.
- Tercer complejo industrial: caracterizada por la presencia de microlaminares (hojitas de dorso y triángulos escalenos alargados) y por buriles.
- Complejo geométrico: con dos complejos industriales:
- Tipo Filador o Suaveterroide: caracterizado por una base triangular en sus piezas microlitos geométricos, correspondiente al final del X milenio a.n.e. y al IX milenio a.n.e., y además se observan raspadores, hojitas de dorso, muescas y denticulados.
- Tipo Cocina o Tardenoide: se corresponde entre el final del VIII milenio a.n.e. y la primera mitad del VII milenio a.n.e., sus microlitos geométricos presentan una base trapezoidal y se subdivide en cuatro etapas: las dos primeras sin cerámica y las dos últimas con cerámica, cardial en la tercera y con cerámica peinada en la cuarta.

En cuanto al estudio de los productos pulimentados hemos recurrido a la tesina de Cesar González Sainz (1978) y al estudio de Manuela Pérez (1997). Además de un trabajo sobre las hachas realizado por Antonio J. Fandos (1973).

Otros métodos de estudio utilizados son la tabla de A.H. Munsell (1919) para determinar la coloración de la materia prima y la codificación de B. Bagolini (1968) para la realización de estudios tipométricos. El método Bagolini sólo se puede aplicar a las lascas completas y se basa en tomar las medidas para trasladarlas, posteriormente, a un eje de coordenadas cartesianas subdividido en 32 sectores, cada uno de ellos relacionado con un tipo característico.

Y para el estudio de los ejemplares de hoz se ha usado el esquema de J. Ramos (1988-89) pues como dicho autor explicaba: *"Este modelo de estudio de los elementos de hoz permite la superación de las denominaciones empleadas, conjugando conceptualmente las terminologías de diferentes autores: láminas de sierras, láminas-hoz. Con él estoy trabajando en:*

- *La diferenciación de tipos de elementos de hoz ya estandarizados, por fases culturales del Neolítico al Bronce Final-Hierro Antiguo.*
- *La evolución desde las láminas con melladura y lustres, pasando por la lámina de sierra a la pieza dentada.*
- *Posicionamiento espacial de los elementos en las hoces, con estudio de sistemas de engarces, considerando el papel jugado por truncaduras y dorsos.*
- *Evolución diacrónica, técnica y tipología del artefacto lítico más importante de las sociedades agrarias de la Prehistoria Reciente de Andalucía.*

Ya que, *hay que considerar que los elementos de hoz reflejan en algunas sociedades prehistóricas que la* *agricultura de secano constituye la principal fuente de aprovisionamiento de recursos, y que ésta incide en la primera jerarquización social [...] (Nocete, 1986, 1989a)* (Ramos, 1988-89: 139).

4

2

Historiografía

Como ya hemos comentado anteriormente, el objeto de estudio de dicho trabajo no sólo se centra en los yacimientos seleccionados, sino también en su marco cronológico y geográfico, y por ello, es preciso conocer qué estudios se han realizado sobre el contexto geográfico (las marismas y campiñas de Jerez y en el término municipal de Chiclana de la Frontera), cultural (la cultura de los silos en Andalucía Occidental) y temporal (tránsito del IV al III milenio a.n.e.).

En cuanto al ámbito geográfico fue a partir de los años 40 y 50 del siglo pasado cuando M. Esteve Guerrero comenzó a estudiar la zona de las marismas y campiña del término municipal de Jerez de la Frontera en el yacimiento de Asta Regia, donde se evidenció presencia humana desde el Neolítico (1945, 1950, 1962, 1969).

No obstante es en la década de los 80 cuando se produce el mayor volumen de investigaciones al excavarse varios yacimientos como "Torre Melgarejo" (González y Ramos, 1988; Ramos, 2014-15 y 2017), "El Trobal" (González, 1997; Ruiz y González, 1994; González y Ruiz, 1999; Martínez, 2018a), "Cantarranas-Las Viñas" (Ruiz y Ruiz, 1987 y 1989; Ruiz, J., 1987; Perdigones et al., 1987; Valverde, 1991 y 1993; Ramos et al., 1992b; Ruiz, D., 1994a y 1994b; Ruiz, J.A. y Ruiz, D., 1999; McClellan et al., 2003) en el Puerto de Santa María, y "Base Naval" de Rota (Gener, 1962), además de llevarse a cabo varias prospecciones en el perímetro colindante a Jerez de la Frontera y estudios de las marismas de la margen izquierda del Guadalquivir como el de A. Caro Bellido (1982).

Durante los años 90 se continuaron las prospecciones (Ramos y González, 1990; González et al., 1991; González, Ruiz y Aguilar, 1992), así como nuevos estudios de yacimientos como "Cuartillos" (Ramos et al., 1990), síntesis y consideraciones sobre la tecnología de la marisma del Cuervo (Ramos et al., 1992c), sobre los asentamientos de la campiña gaditana (Ruiz y González, 1994) y sobre las culturas del Neolítico y Calcolítico (Acosta, 1995). Al igual que un proyecto geoarqueológico de las marismas del Guadalquivir (Arteaga y Roos, 1992) y los trabajos llevados a cabo por F. Giles en "La laguna de Medica" y cuenca del Guadalete (Giles et al., 1992, 1998, 2002) y en el Peñón de Gibraltar (Ramos et al., 1992c; Giles, Gutiérrez y Santiago, 1995; Giles et al., 1991a, 2001, 2003; López et al., 1999; Finlayson et al., 1999, 2014; Santiago et al., 2001; Giles, 2011; Lane et al., 2016, Giles, F.J. et al., 2017).

Mientras que en los últimos años la zona ha sufrido un abandono científico para centrarse en otras áreas de la provincia de Cádiz como "La Esparragosa" en Chiclana de la frontera (Pérez et al., 2005; Vijande, 2006a, 2006b; Pineda y Toboso, 2010; Vijande et al., 2018 y 2019) y "Set Parralejos en Vejer de la Frontera (Villalpando y Montañés, 2009).

Por su parte, en el T.M. de Chiclana de la Frontera, los primeros estudios de los que tenemos constancia se remontan a las últimas décadas de los años 80 y a los primeros años de los 90 del siglo XX en la zona litoral, con la realización de unas someras prospecciones desempeñadas por investigadores como Santonja y Querol (1988); Vallespí, Escacena y Ramos (1992) o Giles et al. (1991b) en relación al Paleolítico Inferior y Medio.

Dentro de este contexto de los primeros momentos de investigación en dicho término hallamos estudios sobre la "Playa de la Barrosa" (Vallespí, Escacena y Ramos, 1992), "Torre del Puerco" (Giles et al., 1991a) y "El Fontanal" (Ramos et al., 2006a).

Entre 1993 y 1994 se llevan a cabo prospecciones por todo el término municipal dentro del proyecto "La ocupación prehistórica de la campiña litoral y banda atlántica de Cádiz" coordinado por el Dr. José Ramos (2008b). En dichas campañas se localizaron un total de veintidós yacimientos correspondientes a momentos cronológicos desde el Paleolítico Inferior hasta el Calcolítico.

Por otro lado, en 1995 se procedió a la excavación de una necrópolis del II milenio a.n.e en la zona de Loma del Puerco bajo la dirección de Rita Benítez, Esperanza Mata y Beatriz González, resultado de las prospecciones de Giles de 1991 (Giles et al., 1991b), además de un estudio geoarqueológico en la zona del Coto de la Isleta por parte de Javier García y Francisco Giles (Gracia, 1999).

Ya en el siglo XXI, por parte de la Universidad de Cádiz se efectúa la excavación de urgencia de La Esparragosa (Pérez et al., 2005) en los años 2002 y 2004. Asimismo, el Dr. Eduardo Vijande revisó en 2004 y 2005 la zona de Loma del Puerco (Vijande, 2006a y 2006b). Y por parte de los Drs. Luis Barba y Salvador Domínguez-Bella se ejecutó una prospección geofísica en el asentamiento prehistórico de La Mesa (Barba et al., 2006).

Así pues, podemos observar que el T.M. de Chiclana de la Frontera cuenta con un amplio estudio de su territorio desde los años 80, presentando una diacronía poblacional desde el Paleolítico Inferior.

En cuanto al contexto cronológico, también observamos una amplia bibliografía sobre el tránsito del IV al III milenio a.n.e. desde los años 80 hasta la actualidad, debido a que en ella se produce el cambio de una etapa histórica a otra, del Neolítico, caracterizado por las herramientas pulimentadas y por el desarrollo de la agricultura, al Calcolítico con la utilización del cobre tanto en utensilios como en armas (Chalmers, 1984). Destacando en el estudio de dicho período Caro Bellido (1982), Acosta (1983, 1986, 1987, 1995), Pellicer (1986), Delibes *et al.* (1988), Vincent (1991, 1998), Moreno, Cruz-Auñón y Cáceres (1992), Castro, Lull y Micó (1996), Márquez (2000, 2006b) o Nocete (2001).

Entre ellos, cabe mencionar de manera especial a Nocete (2001) que aboga en este período por las relaciones centro-periferia, dando lugar a la aparición de jerarquías sociales y a una estructuración del espacio donde los asentamientos pasan de ser unidades de ocupación estándar a conformar una red compleja con varios niveles de importancia.

Y en cuanto al contexto social o cultural, ya hemos adelantado la idea de centro-periferia, pero es también en esta época cuando se desarrolla la "cultura de los silos", de la cual se empezó a hablar a finales del siglo XIX con Bonsor (1899).

Posteriormente, Collantes de Terán (1969) y Carriazo (1980) acuñarán dicho término, al igual que sus características, definido por Terán como: *"un pueblo neo-eneolítico de agricultores que, establecidos en cabezos de poca altura y próximo a cursos de agua, construían estos silos con forma de campana en el substrato rocoso sobre los que se asentaban"* (Collantes de Terán, 1969: 61). Además de realizar una primera aproximación geográfica a dicha cultura, circunscripta a la provincia de Sevilla y sus provincias limítrofes, que será ampliada por investigadores como Amores (1982), Carrilero, Martínez y Martínez (1982), Pellicer (1986) y Hornos, Nocete y Pérez (1987) hacia el Sur de Portugal, Huelva, el Bajo Guadalquivir, el norte del río Rajo y a toda la cuenca del Río Guadalquivir hasta Cazorla.

Y es a Márquez (2001) a quien debemos la definición definitiva de "cultura de los silos" con la inclusión de nuevos tipos de estructuras negativas: fosos, zanjas en sección en "U" y/o "V", etc. (Carrilero *et al.*, 1982).

Actualmente, en el siglo XXI, presenta una amplia heterogeneidad representada por diferentes líneas de investigación, que ya desglosaremos en el capítulo cuarto.

Finalmente, en cuanto a los estudios correspondientes al yacimiento de "El Trobal" no se observa una amplia bibliografía, representada por algunos artículos como el de González (1987), Ramos *et al.* (1989, 1992d, 2001b) y Ruiz *et al.* (1991). De igual manera, se han realizado estudios más específicos sobre la cerámica (Ruiz y González, 1994) y sobre la lítica hallada en los dos fondos de cabaña de dicho yacimiento (Ramos, 1991b).

Por el contrario, "La Esparragosa" cuenta con más información, ya que cada una de las memorias, tanto preliminares como definitivas, de las distintas campañas de excavación llevadas a cabo se encuentran en la Delegación de Cultura de Cádiz; además de otras publicaciones: Pineda, 2004; Ruiz y Gil, 2004; Pérez *et al.,* 2005; Ramos *et al.,* 2006a; Pineda y Toboso, 2010; Vijande *et al.,* 2018 y 2019.

Geología y Geografía. Medio natural de la provincia de Cádiz

3.1. Introducción

A lo largo de toda la historia, y sobre todo en la Prehistoria, el ser humano ha habitado un espacio determinado por la orografía, el clima, la vegetación, la hidrografía, etc., el cual ha contribuido al desarrollo del grupo social establecido en dicha zona. Lo que convierte el conocimiento del medio natural en esencial para el estudio de las sociedades de la Prehistoria.

Hablaremos en un primer lugar de Andalucía debido a que presenta a nivel geológico (Fig. 3.1) unas características distintas del resto de la península Ibérica, posteriormente descenderemos a un nivel más concreto, la provincia de Cádiz, y, por último, nos centraremos tanto en el término municipal de Jerez de la Frontera como en el de Chiclana de la Frontera, términos donde se localizan los enclaves prehistóricos a estudiar.

La composición de suelos y el paisaje actual nada tiene que ver con las cronologías a tratar, ya que desde la Transgresión Flandriense (7.500 B.P.) hasta nuestros días se han ido creando las bahías marítimas gracias a las progresivas acumulaciones de sedimentos marinos y fluviales. Asimismo, esta transgresión provocó pequeñas oscilaciones climático-eustáticas debido a la estabilización del nivel del mar, dando lugar a la creación de barras arenosas en el litoral y a su vez al cegamiento de los espacios interinsulares (Arteaga y Hoffman, 1999; Arteaga, Schulz y Roos, 2008; Arteaga et al., 2001; Ramos et al., 2008b).

Además, es necesario atender a la transformación que sufre el medio por parte del factor antrópico de las sociedades a partir del IV milenio a.n.e. Este proceso se debe a un mayor uso de la madera y a la necesidad de mayor espacio para los cultivos, lo que provoca un proceso de deforestación y a su vez una mayor erosión del terreno (Arteaga y Hoffman, 1999; Arteaga, Schulz y Roos, 2008).

Por todo ello, y al no poder extrapolar el medio físico actual al de la época del tránsito del IV al III milenio a.n.e., es preciso ejecutar diversas reconstrucciones paleogeográficas. En la Bahía de Cádiz se han realizado varias, al igual que múltiples estudios geomorfológicos como las perforaciones realizadas en Cádiz y en San Fernando por Arteaga, Schulz y Roos (2008) y Arteaga et al. (2001), y las que se hicieron en Sevilla y Huelva (Arteaga y Roos, 1992, 1995; Schulz et al., 1992, 1995; Arteaga, Schulz y Roos., 1995).

3.2. Geografía y geología de Andalucía

Andalucía es una de las comunidades autónomas que conforman España, localizada al sur de la península ibérica y a sólo 14 km del continente africano a través del Estrecho de Gibraltar y cuenta con tres grandes unidades ambientales: Sierra Morena, el valle y la Penibética (Vera, 1994).

El inicio de la geología de Andalucía se remonta al Precámbrico con una cronología de más de 570 millones de años, aunque no será hasta hace 300 Ma, con el plegamiento herciniano, cuando surjan las primeras estructuras montañosas, Sierra Morena y posteriormente, en el Mesozoico (225 Ma - 65 Ma) la subbética y prebética.

Con la orogenia Alpina, en el tránsito del Mioceno superior al inferior (20 Ma), se originaron los Sistemas Béticos y las depresiones localizadas entre el macizo Hercínico de la Meseta y el borde septentrional de las Cordilleras Béticas. Finalizando la formación geográfica de Andalucía en el Cuaternario con el modelado hídrico del Guadalquivir que ha ido colmatando las zonas inundadas y desplazando la costa hacia el suroeste (López, 2003).

Debido a esta disposición, se observa una división geográfica entre la zona oriental y el norte con las formaciones rocosas y la zona occidental con un gran valle fluvial en forma de triángulo. De igual manera que Andalucía presenta tres grandes unidades ambientales, también presenta tres grandes dominios litológicos:

- Las Unidades Precámbricas en Sierra Morena conformadas por la Zona Centro Ibérica en las provincias de Jaén y Córdoba con pizarras y cuarcitas, la Zona Ossa-Morena en la sierra del norte de Córdoba y Sevilla con gneis, anfibolitas, esquistos y cuarzos y la Zona Subportuguesa en las zonas extremas en la provincia de Huelva con pizarras, cuarcitas, lutitas y areniscas. (Vegas y De Vicente, 2004).
- Las Unidades Alpinas en los Sistemas Béticos (Fig. 3.2): un conjunto de cadenas montañosas de edad geológica más reciente que Sierra Morena divididas en dos unidades geológicas: la Zonas Externas o Cordillera Subbética desde el Campo de Gibraltar hasta las sierras de Cazorla, Segura y Las Villas y formadas por tres grandes conjuntos geológicos: materiales detríticos rojos, materiales marinos someros y costeros y facies margosas que conforman un relieve suave de lomas cultivadas. A su vez la Zona Interna se caracteriza por un conjunto de sierras costeras paralelas a la costa mediterránea con diversas unidades geológicas. (Consejería de Medio Ambiente de Andalucía 2008)
- Unidades Cuaternarias o las Depresiones neógenas en las zonas deprimidas, siendo la de mayor importancia la Cuenca del Guadalquivir, aunque dentro de las Cordilleras Béticas también se observan algunas de

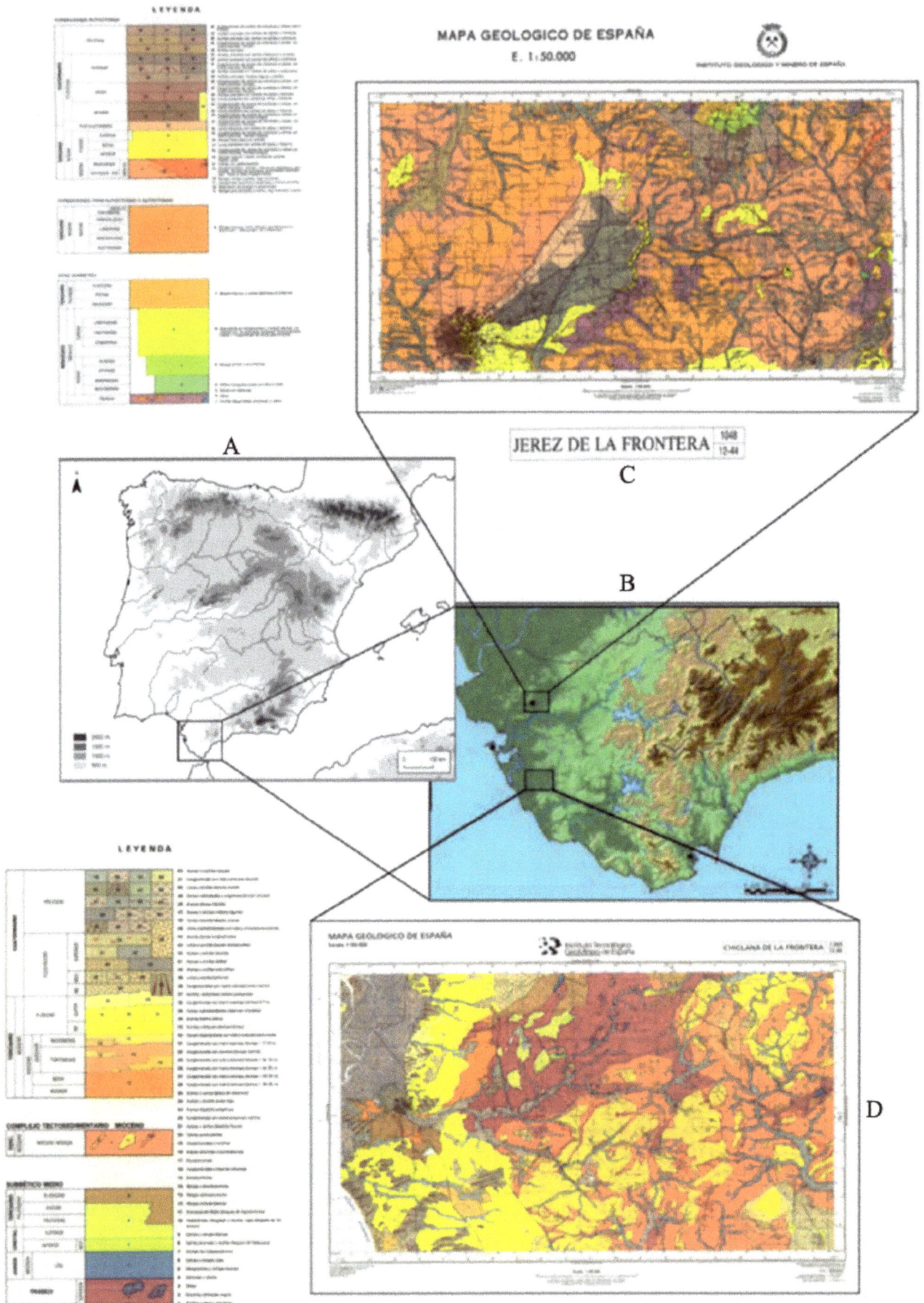

Figura 3.1. Encuadre geográfico (A y B) y leyenda y mapa geológico (C) del entorno del yacimiento de 'El Trobal' (Jerez de la Fra.) a partir de la Hoja 1048 del Mapa Geológico Nacional, serie MAGNA, escala 1:50.000, IGME. Y leyenda y mapa geológico (D) del entorno del yacimiento 'La Esparragosa' (Chiclana de la Fra.) a partir de la Hoja 1069 del Mapa Geológico Nacional, serie MAGNA, escala 1:50.00, IGME. Modificación de la fig. 3.1.: 14 (Vijande *et al.*, 2019).

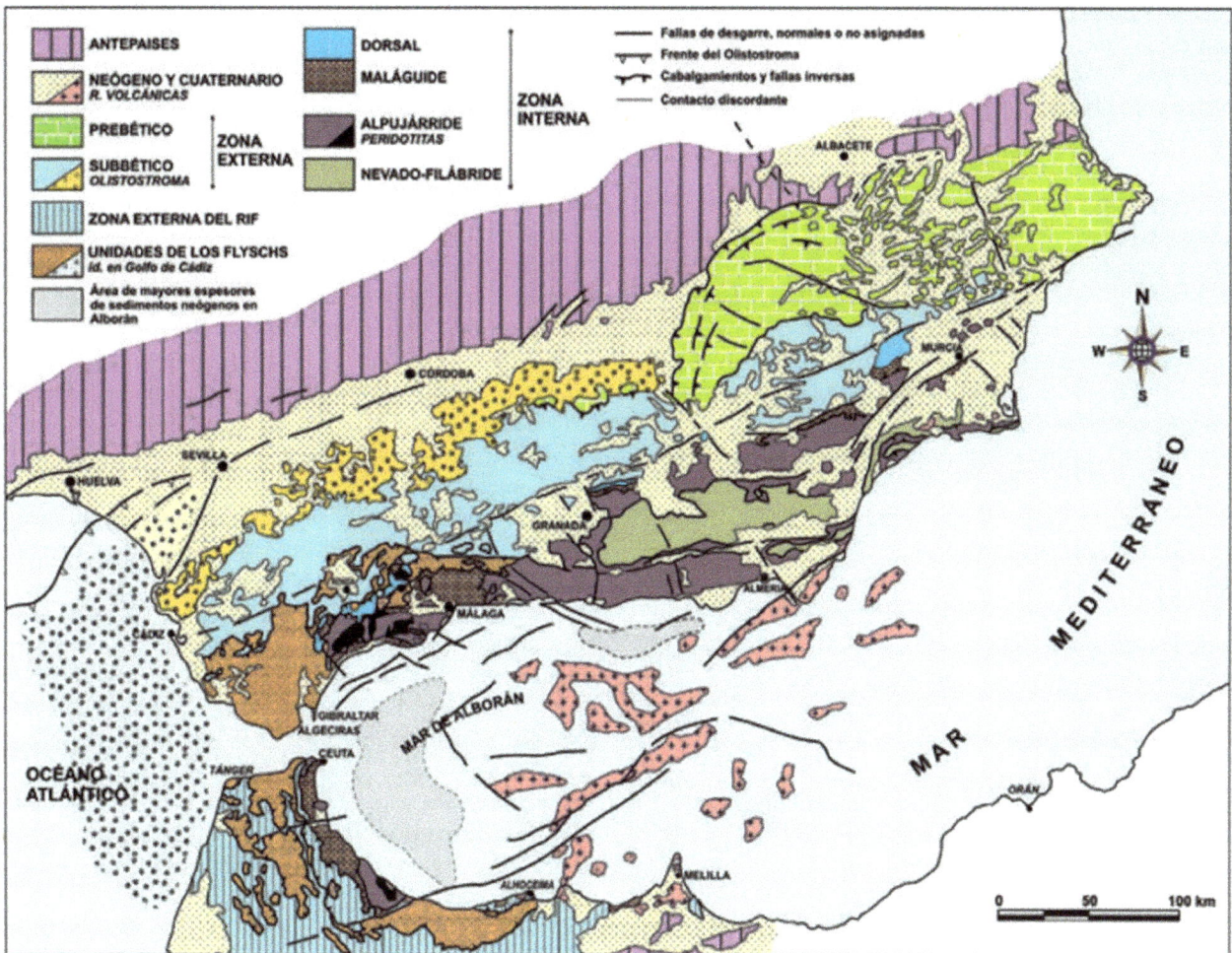

Figura 3.2. Mapa geológico simplificado de la Cordillera Bética (Sanz *et al*., 2007: 186, Fig. 3).

ellas. La Depresión Bética o Cuenca del Guadalquivir es una llanura extensa de forma triangular abierta al océano Atlántico y rodeada por Sierra Morena al Norte y las Cordilleras Bética al Sureste. Vertebrada por el río Guadalquivir y sus afluentes presenta una gran riqueza agrícola. Mientras que la zona oriental se caracteriza por paisajes ondulados (campiña) y formas llanas (vegas), la zona occidental muestra llanuras de limos y fango arenoso y zonas de marismas. Por ello, se divide en tres sectores bien diferenciados en virtud de su morfología:

° Sector oriental o jiennense: se corresponde con la provincia de Jaén. Es la zona más estrecha con materiales del Terciario, en su base se depositaron materiales del Trías magros yesífero y los materiales del Mioceno se observan en la loma de Úbeda.

° Sector central o cordobés: se centra en la provincia de Córdoba y se caracteriza por la presencia de una campiña de materiales Miocenos con tres capas: margas arcillosas, margas arenosas calcáreas y areniscas.

° Sector occidental: se localiza en las provincias de Cádiz, Huelva y Sevilla. Los materiales son del Terciario en el NE y del Cuaternario con dunas en las marismas. A lo largo de esta zona se dan diferentes áreas: un sistema de terrazas en el valle del río, alcores y campiñas menores en Sevilla,

Jerez o Huelva y en la parte litoral marismas, dunas y un tómbolo.

Finalmente, los cambios paleogeográficos más significantes ocurrieron durante el Mioceno inferior y superior, con la colisión continental, la formación de las Cordilleras Bética y la individualización de las depresiones neógenas, provocando constantes cambios de la línea de costa. Por lo tanto, en el Plioceno Inferior (5 Ma) la línea de costa se encontraría por Sevilla, mientras que en el Pleistoceno (1'6 Ma) sería prácticamente igual a la actual debido al levantamiento generalizado de una gran parte de Andalucía, teniendo en cuenta la colectación del *Lagus ligustinus*.

3.3. Geografía y geología de la Provincia de Cádiz.

La provincia de Cádiz se encuentra dentro de Andalucía occidental y limita con las provincias de Sevilla, Huelva y Málaga, es la más cercana al continente africano a través del Estrecho de Gibraltar y se divide en seis comarcas: la Bahía de Cádiz, la campiña de Jerez, la Costa Noroeste, la sierra, la Janda y el Campo de Gibraltar. A grandes rasgos presenta tres zonas naturales: el Litoral, la campiña y la sierra. Tanto la Cuenca del Guadalquivir como la Cordillera Bética están presentes y entre los materiales más antiguos destacan los del Triásico (250 Ma), mientras que no hallamos representación de las Zonas Internas ni del Dominio Prebético. Sin embargo, sí están presentes el Complejo del Campo de Gibraltar y el Dominio Subbético en el Subbético medio y Prebético (Fig. 3.3) (Durán *et al.* 2005).

El Complejo del Campo de Gibraltar (Gutiérrez *et al.,* 2016) se encuentra constituido a su vez por tres dominios: el de Alborán, el del Surco de los Flysch y el Subbético y Magrebí, con materiales de tipo arcilloso-cargosos y contiene rocas correspondientes al Sistema Cretácico (135 a 65 Ma) y del Sistema Terciario (65 a 1'8 Ma). Por otro lado, el Dominio Subbético se puede ubicar en la zona de las sierras medias y comprende materiales entre el Tiránico (250 Ma) y el Mioceno medio (1'6 Ma) y en él se puede analizar rocas del Sistema Triásico (250 Ma) con arcillas y margas con yesos rojos y blancos, del Sistema Jurásico (205 a 135 Ma) en el sector nororiental con dolomías y calizas tableadas, del Sistema Cretácico (135 a 65 Ma) constituidas por calizas nebulosas y margas de tonos blancos, grises y verdes, del Sistema Terciario (65 a 1'8 Ma) con margocalizas blancas, calizas arenosas y arcillas verdosas y del Sistema Cuaternario (1'8 Ma) con travertinos, depósitos lacustres, litorales, fluviales y de laderas.

3.4. Geografía y geología del término municipal de Jerez de la Frontera.

En dicho término municipal es donde se encuadra uno de los yacimientos a estudiar, 'El Trobal'; es el de mayor superficie de la provincia de Cádiz y se encuentra situado en la zona de la campiña de la vega de los ríos Guadalquivir y Guadalete.

A su vez, se divide en cuatro grandes zonas geográficas: los llanos y marismas del Guadalquivir y del Guadalete, la región de pequeñas colinas con matorrales, los montes de Jerez y la Serranía, con una gran diversidad de suelos.

En él afloran materiales de tres dominios sedimentarios diferentes: materiales prerrogénicos de la zona Subbética, materiales afectados por la tectónica de corrimientos (albarizas del Mioceno inferior y medio) y materiales recientes. Todo ello, ofrece una diversidad de paisaje, con predominio del terreno llano en el NO, en el E y S, a diferencia de la zona W, dominada por las sierras del valle. Además de numerosas lagunas y zonas húmedas, destacando la Laguna de Medina y la de Tollos.

El yacimiento en cuestión se sitúa en la campiña de Jerez caracterizada por ser una zona llana o suavemente alomada con alturas de unos 300 KM que presentan terrenos postotogénicos del Mioceno superior con margas, arenas y calcarenitas, terrenos preotogénicos denominados Moronitas o albarizas del Mioceno inferior y medio muy abundantes en la zona noroeste y por último, los Sistemas Mofogénicos integrados por el Sistema fluvial de los ríos Guadalete, Barbate y Salado, por el Sistema de gravedad-vertiente autor de los taludes de derrubios, por el Sistema Kárstico quien genera cuevas, galerías o chimeneas en la zona de la sierra y por el Sistema lagunar conformado por diversas lagunas, destacando la de la Janda, desecada en los años 50 del siglo XIX (Gutiérrez *et al.,* 1991).

Por otro lado, este complejo de terrenos da lugar a una variada complejidad edafológica (A.A.E., 2009) y de suelos:

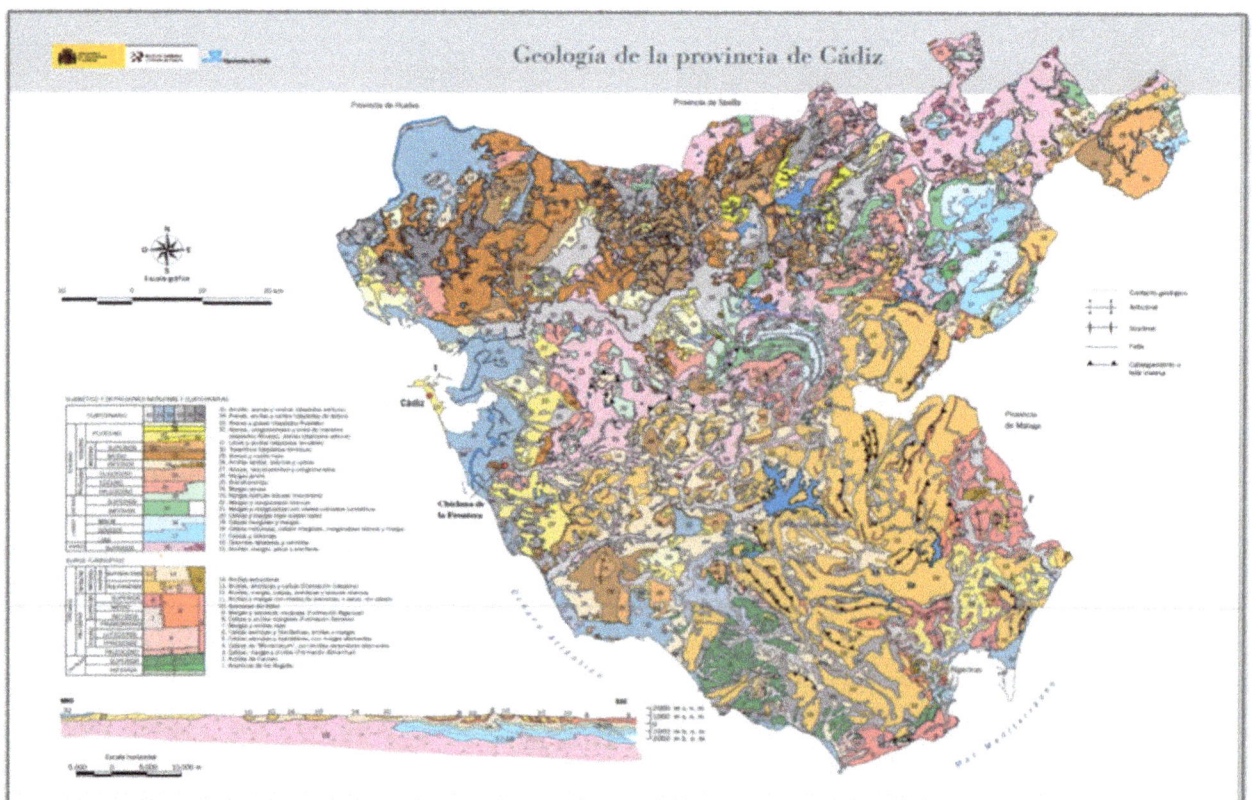

Figura 3.3. Mapa de la geología de la provincia de Cádiz. Extraído de Andreo. *et al.*, (2005: 72). Autor: A. García de Domingo.

- Los bujeos: son suelos arcillosos sobre materiales también arcillosos del Complejo del Campo de Gibraltar, originan tierras negras con un alto contenido de arcilla expansiva constituyendo profundas grietas en las estaciones secas (vertisoles).
- Las albarizas: son de color blanco y dan lugar a un suelo con textura arcillosa, muy propicios para la producción vinícola de la zona.
- Los suelos sobre materiales miocenos y pliocenos producen suelos de tipo rojo mediterráneo de textura arenosa o arenosa-limosa, poco profundos, pobres en humus y contienen caliza en proporciones variables y se localizan tanto en Jerez como en Arcos de la Frontera, el Puerto de Santa María, Puerto Real, Conil, Chiclana y Vejer.
- Y entre los suelos sobre materiales cuaternarios se pude distinguir cuatro tipos:
- Suelos aluviales situados en las vegas y llanuras de inundación de los principales cursos fluviales con presencia de materiales de transporte y son suelos profundos de matriz limosa.
- Suelos diluviales o de arroyada, que ocupan las partes altas de las antiguas terrazas fluviales; presentan un color rojizo o pardo, textura arenosa y pobres en humus.
- Suelos coluviales localizados en las laderas de los principales relieves, sobre todo en las laderas de las sierras del Campo de Gibraltar y presentan unas texturas arcillosa-arenosa.
- Suelos del litoral, bien eólicos con materiales muy arenosos o salitrosos de marisma con un gran contenido en sales, de color pardo grisáceo y alto contenido en cloruros y sulfatos.

Resumiendo, el término municipal de Jerez posee unas indiscutibles características para el asentamiento de grupos humanos a lo largo de la Historia, debido a la variabilidad de suelos ventajosos para el cultivo (Fig. 3.4) y a la existencia de fuentes de agua naturales como los ríos y lagos, canales de comunicación desde la Prehistoria y hasta la actualidad.

Y dicha diversificación geológica permitió que las sociedades prehistóricas asentadas en dicho término municipal dispusieran de una rica variedad de materias primas autóctonas (Domínguez-Bella, 2002, 2006; Domínguez-Bella *et al.,* 2002a, 2002b; Gutiérrez *et al.,* 1991) utilizadas para confeccionar las herramientas líticas.

Contamos con sílex en la zona de la sierra al NE de la provincia (Ramos *et al.,* 1990-91, 1992c), con areniscas silíceas de gran calidad en la zona centro y este de Cádiz (Ramos, Vallespí y Alvares, 1993), cantos rodados a lo largo de las terrazas del Guadalete (Giles *et al.,* 1991a, 1992, 1995, 1998, 2002; Gutiérrez *et al.,* 1991; Ramos *et al.,* 1991; Valverde *et al.,* 1992; Santiago *et al.,* 2010), ofitas en la sierra de Gibalbín para la elaboración de productos pulimentados (Pérez, 1997; Domínguez-Bella, Ramos y Martínez, 2011) y margas blancas con diatomeas en el área de la campiña.

A todo ello es necesario añadir la flora y la fauna propia de esta época, pues como ya hemos comentado anteriormente, a lo largo de la Historia varían constantemente según la climatología y el medio ambiente. De la zona de Jerez no tenemos estudios polínicos ni antropológicos, pero estos si se han realizado en zonas colindantes como la banda atlántica de Cádiz, con presencia de bosque mediterráneo con acebuches, encinas, leguminosas y matorrales (Uzquiano y Arnanz, 2002; Ruiz *et al.,* 2005; Ruiz y Gil, 2008; Uzquiano, 2008). Lo mismo ocurre con la fauna,

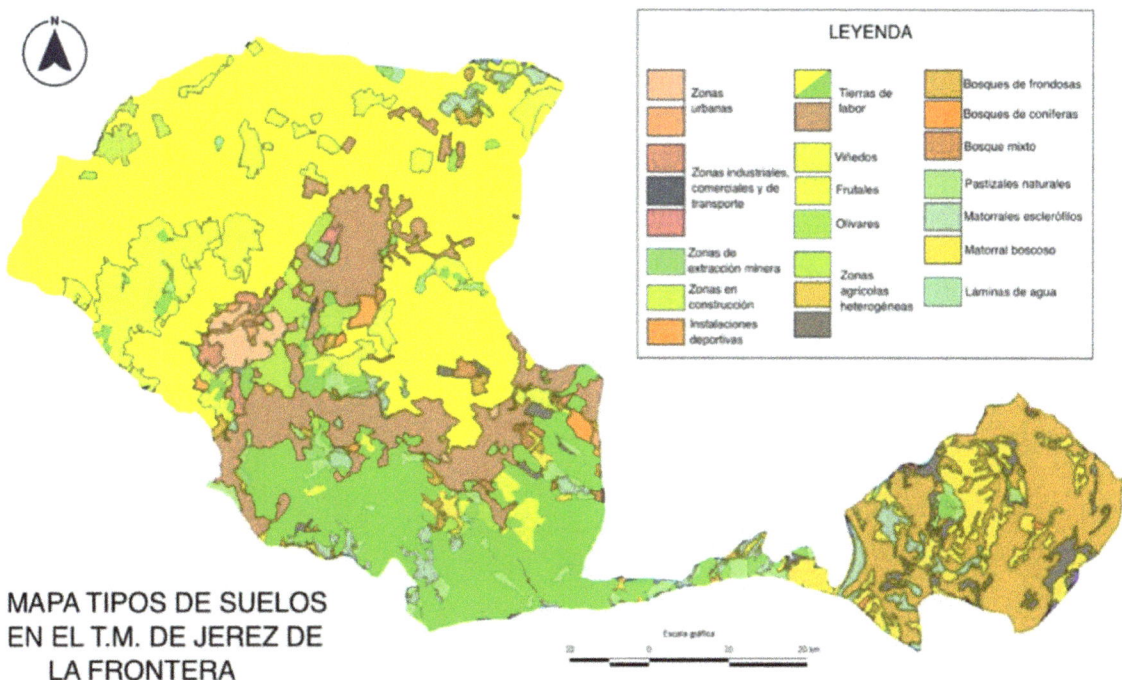

MAPA TIPOS DE SUELOS EN EL T.M. DE JEREZ DE LA FRONTERA

Figura 3.4. Mapa de tipos de suelos en el T.M. de Jerez de la Fra. Información obtenida del Corina Land Cover map 2006. Realizado por R. Martinez.

de la cual se tiene constancia tanto de especies salvajes (ciervos o jabalíes) como domesticada (ovicápridos, bovinos…) (Boessneck y Von den Driesch, 1980; Acosta y Pellicer, 1990), además de recursos marinos, desde peces a marisqueo, bien documentados en los yacimientos litorales (Ramos y Lazarich, 2002; Ramos y Cantillo, 2009; Ramos *et al.,* 2011; Cantillo, 2012).

3.5. Geografía y geología del término municipal de Chiclana de la Frontera.

El término municipal de Chiclana de la Frontera se localiza al oeste de la provincia de Cádiz, aunque presenta un relieve suave, en el interior encontramos el punto más alto, el Cerro de la Salinilla (134 m). Actualmente, se caracteriza por la presencia de espacios naturales en casi toda su extensión.

Geológicamente (Delegación de Medio Ambiente de Chiclana de la Frontera, 2005) se engloba en las zonas externas de las Cordilleras Béticas, compuesta por diferentes litologías: del Subbético sólo se aprecia materiales triásicos (margas yesíferas, areniscas y calizas) configurando un espacio de cerros y depresiones con las Lagunas de Jeli y Montellano, el Complejo del Campo de Gibraltar se sitúa en el sureste del término con margas, a areniscas de grano grueso y lutitas o silexitas, y de los Terrenos Postotogénicos, propios del Cuaternario, presenta margas blancas y calizas en la zona sur y oeste de la ciudad de Chiclana; calcarenitas, arenas, margas y calizas en la Loma del Puerco, Cabeza de Vaca y Hozanejos; arenas amarillas en casi todo el término y arenas rojas, limos y arcillas en el noroeste.

Desde un punto de vista edafológico, se divide en ocho unidades (A.A.V.V., 1963; Gutiérrez *et al.,* 1991; Ramos *et al.,* 1993-94; Gracia, 1999; Delegación de Medio ambiente de Chiclana de la Frontera, 2005): fluvisol en zonas planas o casi planas, regosol calcáreo en colinas entre 50 a 900 m, vertisol en zonas de 20 a 600 m, vertisol/crómico/cambisol vértico en zonas de cultivo actual, solonchaks en zonas de formación de salinas, cambisoles euréticos en zonas de montaña de 100 a 1100 m, cambisol vértico/vertisol

en altitudes de 50 a 300 m y luvisol cálcico en zonas de bosque y matorral mediterráneo.

Finalmente, con todo ello, se puede observar la presencia de un total de once tipos de paisajes (Delegación de Medio ambiente de Chiclana de la Frontera, 2005) (Fig. 3.5):

- Marismas al borde noreste con 2839 ha con relieve plano, morfología de caños y esteros, vegetación de halitas y variaciones de tierra y agua.
- el Complejo rural urbano se extiende de norte a suroeste por el centro del término con unas 5000 ha, con un paisaje artificial por la construcción de los edificios y las infraestructuras.
- las Colinas de Picapollo, Cercado y Miralamar realizan una función de transición entre la zona más abrupta y la más llana y se encuentran al norte con una superficie de 1217 ha.
- el Cerro triásico y complejo endorreico con 1355 ha se da en el extremo nororiental, presenta lagunas y cuencas endorreicas.
- los principales ríos que surcan el término crean las Vegas del Iro y del Carrajolilla.
- en los Cerros de Camila y Lomas del Junco Real, al suroeste con un relieve intenso, se encuentra la última zona de alcornocales
- entre la desembocadura del caño de Sancti-Petri y la frontera con el T.M. de Conil se desarrolla los fondos y aguas litorales
- el litoral lo integra la barra arenosa de la desembocadura del caño de Sancti-Petri, la isla de Sancti-Petri, las playas de Lavaculos y la Barrosa, los cordones dunares de ambas playas, el acantilado vivo de Punta Bermeja, los mantos eólicos y el acantilado de Torre del Puerco.
- la Campiña con 3941 ha se encuentra acotada entre los cerros del este y las vegas del río Iro al norte.
- en la zona centro-sur se extienden los pinares y otras formaciones naturales subcosteras.
  ° la Nava de La Vieja y Nava del Taraje se caracterizan por suelos profundos excelente para la agricultura extensiva al sureste, próximo a Medina, Vejer y Conil.

MAPA TIPOS DE SUELO EN EL T.M. DE CHICLANA DE LA FRONTERA

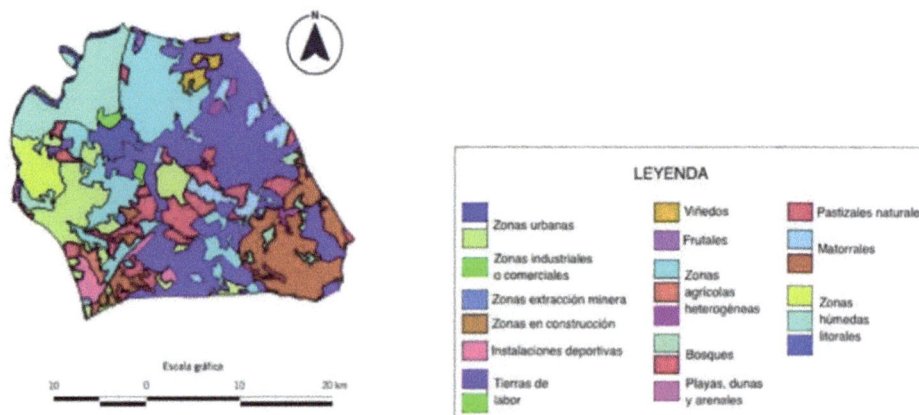

Figura 3.5. Mapa de tipos de suelos en el T.M. de Chiclana de la Fra. Información obtenida del Corina Land Cover map 2006. Realizado por R. Martínez.

4

El tránsito del IV al III Milenio a.n.e. en Andalucía occidental y el valle del Guadalquivir

4.1. El Neolítico

La división de períodos cronológicos que los investigadores realizan para el estudio de la Historia es aplicable igualmente a la Prehistoria. En este trabajo analizamos el tránsito del IV al III milenio a.n.e. no sólo como uno de esos períodos, sino también y, sobre todo, como la transformación que supuso para las sociedades de aquella época, debido al paso del Neolítico al Calcolítico. Para ello, es preciso remontarse a los siglos precedentes al III milenio a.n.e.

Debemos a Manuel de Góngora (1868) los primeros estudios sobre el Neolítico en Andalucía tras su descubrimiento del yacimiento de la Cueva de Los Murciélagos (Granada) de la que realizó planimetría y documentó los escasos restos, tanto de enterramientos como de material arqueológico que en ella quedaban tras los expolios sufridos a lo largo del tiempo. Su conclusión de *"enterramiento de una raza primitiva, prehistórica, que habría cruzado la Alpujarra"* (Góngora, 1868) es considerada como muy novedosa para la investigación de aquellos asó y más aún sus aportaciones en la recogida de información de varios dólmenes en las provincias de Jaén y Granada (Muñoz, 1970).

En esta misma época, los hermanos Siret (1887, 1893, 1913, 1931), cuyo nombre todos relacionamos con el yacimiento de El Algar en Almería, establecen la primara secuencia temporal completa de la península Ibérica desarrollando una visión global de la Prehistoria ibérica en su obra *Las primeras edades del metal en el Sudeste de España* (1887) e incluyen en sus estudios otras ciencias como la geología (Maicas, 2015).

En el siglo XX, cabe destaca los trabajos de Bonsor (1902, 1924, 1927; Maier, 1999) en el yacimiento de Los Alcores (Sevilla) entre 1900 y 1911, que llevó a defender la presencia del eneolítico en la región al relacionar la cerámica campaniforme y los dólmenes funerarios, y distinguí así en el Bajo Guadalquivir dos etapas cronológicas dentro del eneolítico.

Y no podemos olvidar a Tarradell (1960, 1964) cuyos interrogantes sobre la cronología, las cuevas como lugar de hábitat, el origen, los rasgos culturales de los distintos grupos sociales que lo habitaron, etc., no han perdido actualidad.

El concepto "Neolítico" como tal fue acuñado por John Lubbock (1986) para definir al lapso de tiempo caracterizado por la creación de herramientas de piedra pulimentadas ligada a la agricultura, además de la cerámica y la ganadería. Es por ello, que, en muchos de los yacimientos estudiados, se ha tomado la cerámica como electo de natación en base a su decoración, si bien este sistema no se puede considerar una categoría absoluta de natación. Sin embargo, sí permitió, en su momento, mostrar la amplia diversidad de culturas existentes relacionadas entre ellas por la existencia de yacimientos periféricos y nucleares tal y como lo esbozó Pellicer (1967).

En esta misma línea, Acosta (1995) desarrolló una síntesis sobre los diferentes períodos en los que se subdividiría el Neolítico: Neolítico Antiguo, Neolítico Medio y Neolítico Final. Así pues, el Neolítico Antiguo se iniciaría a finales del VII milenio a.n.e. o en la primera mitad del VI milenio a.n.e. basado en estudios de radiocarbono calibrado de los yacimiento (Fig. 4.1) "La Cueva de la Dehesilla" (Algar, Cádiz) (Acosta, 1987; Acosta y Pellicer, 1990), "La Cueva Chica de Santiago" (Cazalla de la Sierra, Sevilla) (Acosta, 1976, 1982, 1995; Díaz, 2015) y "La Cueva de los Murciélagos" (Zuheros, Córdoba) (Góngora, 1868; Carrasco, 1945; Mata, 1946; Vincent y De la Quadra, 1964; Vincent y Muñoz, 1973; Hopf, 1974; Asquerino, 1990, 1991; Arjona, 1991; Gavilán, 1991, 1993, 1994, 1997; Gavilán y Vera 1992, 1996, 1999; Gavilán *et al.*, 1994, 1996; González *et al.*, 1994, 2000; Gavilán y Mas, 2006). Esta etapa estaría relacionada con la cerámica a la almagra, con facies microlaminar de supervivencia epipaleolítica y con algunas azuelas. Además, el hábitat propio de dicha cronología serán las cuevas.

Durante el Neolítico Medio se observa el apogeo de la cerámica a la almagra y de la existencia de la cerámica incisa, además del carácter microlaminar con tipología de lámina y lascas retocadas para obtener raspadores, buriles, perforadores raederas, y de la presencia de hachas, azuelas y cinceles. Para la cronología se estipula la segunda mitad del V milenio a.n.e. y la primera mitad del IV, basadas en estudios radiocarbónicos de los yacimientos comentados anteriormente. Aunque continúa el hábitat en cueva, se desarrollan los asentamientos tanto en valles fluviales como en marismas, surgiendo un hábitat de superficie.

Y el Neolítico Final - entre el 3500 y el 2800 a.C. - se caracteriza por una reducción de la decoración en la cerámica. Entre la lítica continúan en menor medida el raspador nucleiforme, la laminita de borde abatido, las muescas, las fracturas retocadas, los denticulados y algunos geométricos trapezoides y triangulares, persistiendo las hachas y azuelas, y con aumento de los molinos y las moletas. Se abandona casi por completo los hábitats en cueva en beneficio de los asentamientos en superficie, casi de una hectárea y distribuidos en zonas, con poblados de cabañas circulares y zócalos de piedra o barro, con fosos, silos y trincheras, lo que dará lugar a la "cultura de los silos.

Cueva de la Dehesilla (Cádiz)

Fuente: Daniel García Rivero (Proyecto de la Cueva de la Dehesilla)

http://institucional.us.es/evocultura/dehesilla/index.php?page=historiografia

Cueva de Santiago (Cazalla de la Sierra, Sevilla)

Fuente: Geophotopedia

https://www.flickr.com/photos/94830640@N07/13583810534

Cueva de los Murciélagos (Zuheros, Córdoba)

https://www.juntadeandalucia.es/medioambiente/portal/web/ventanadelvisitante/detalle-buscador-mapa/-/asset_publisher/Jlbxh2qB3NwR/content/cueva-de-los-murcielagos-2/255035

Figura 4.1. Fotos de los ejemplos de yacimientos del Neolítico Antiguo.

Por su parte, Pedro Bosch Gimpera realizó una división del Neolítico en base a cuatro grupos culturales: de las cuevas, de Almería, megalítica portuguesa y pirenaica. La primera categoría "de las cuevas" se relaciona con el tipo de hábitat de estas sociedades, unido a la cerámica a la almagra decorada, mientras que la "cultura de Almería" se relacionaba con un hábitat al aire libre, en altura, fortificado, desarrollado en el sureste peninsular y vinculado a necrópolis de tipo tubular (Hurtado, 1987; Camalich y Dinas, 2013).

Pero ¿cuál fue o fueron los orígenes del Neolítico en la península Ibérica? En un primer momento, y relacionado con las teorías difusionistas, los principales investigadores de la época debatieron entre un origen o bien africanista o bien orientalista, siendo ya en 1981 cuando se abogó por un origen autóctono, aunque con influencias exteriores

(Pellicer, 1981). Si bien es cierto que, a día de hoy, no se puede resolver esta incógnita debido a la falta de estudios del Epipaleolítico (Muñiz, 1997), se observa que determinadas condiciones ambientales pudieron ser el inicio de la economía de producción, de base pastoril, dada la existencia de algunas especies domesticables como suizos y bovinos. En el caso de ovicápridos, cuya domesticación es posterior, cabría pensar en algún mecanismo de difusión. En cambio, el cultivo según Asquerino (1987) debió de introducirse mediante influencias y/o relaciones exteriores, destacando tres especies (Fig. 4.2) en Andalucía: *Triticum dicoccum* (escanda), *Triticum aestivum* (trigo común) y *Hordeum vulgare bar Nudum* (cebada desnuda). Es por ello por lo que algunos autores como Pellicer y Acosta (1986), Asquerino (1987) y Acosta y Pellicer (1990) determinan que la cría de animales domésticos precedió a la agricultura, hecho que en la actualidad no se puede

Figura 4.2. Triada del cereal neolítico: A. *Triticum dicoccum* **(escanda) (www.nat.urepl.com) B.** *Triticum aestivum* **(trigo común) (www.naturepl.com) C.** *Hordeum vulgare var. nudum* **(cebada desnuda) (http://www.biolib.cz/en/image/id48252/)**

tomar como válido, ya que las metodologías usadas para la obtención de semillas en los yacimientos durante los años 80 y 90 no fueron las correctas.

Estas sociedades, también se alimentaban de moluscos y peces, según se ha podido constatar en los diversos asentamientos con restos malacológicos compuestos por conchas de bivalvos dulceacuícolas, mejillones y/o náyades, y por restos de ictiofauna: dorada (*Sparus aurata*), esturión (*Acipenses sturio*) … (Linné, 1758; Hain, 1982).

Este hecho se ha extrapolado igualmente a la dicotomía entre el Neolítico de cueva con economía ganadera y cazadora-recolectora y el Neolítico al aire libre con una economía agrícola (Molina y Roldán, 1983; Ramos *et al.*, 1994a, 1994b, 1994c; Gutiérrez, Prieto y Ruiz, 1996). Aunque en la actualidad, se aboga por la existencia de un Neolítico homogéneo con diferencias según la materia prima, tras la revisión del material lítico procedente de yacimientos de hábitat en cueva que ha demostrado la presencia de "pátina de siega" (Ibáñez y González, 1996; Vera, 1997; Camalich y Dimas, 2013).

Por otra parte, se concluye que se desarrolló antes el hábitat de cueva y posteriormente se pasó a un hábitat al aire libre, pero esta presunción ha resultado también errónea pues desde el comienzo del Neolítico se han documentado yacimientos al aire libre como son los casos de "Esperilla" en Cádiz (Gutiérrez, Prieto y Ruiz, 1996), "Lebrija" (Caro,

Acosta y Escacena, 1990) o "Las Barrancas" y "Los Álamos" en Sevilla (Fernández y Gavilán, 1995).

Todo ello ha llevado a autores como J. Ramos Muñoz a defender en la actualidad las conexiones entre Marruecos y la península Ibérica, en base a los paralelismos tecno-económicos y a los modelos de ocupación del territorio y del asentamiento (Mikdad y Eiwanger, 2000). En la misma línea, trabajos como el de Linstaedter *et al.* (2012) nos acercan a la idea de creación de redes entre las poblaciones del norte de Marruecos y el sur de la península Ibérica durante el Neolítico ante la gran similitud tecnológica ambas zonas, aunque en cada una de ellas la evolución de los productos cerámicos y líticos ha seguido un proceso propio marcada por diferentes influencias. Así lo defiende P. Acosta (1995) mostrando la existencia de una zona nuclear en las sierras de Cádiz con expansión posterior a las marismas del Guadalquivir tras analizar las altas fechas carbónicas, el fuerte sustrato epipaleolítico y la fauna doméstica.

4.2. El Calcolítico

El término Calcolítico tuvo como recurso el de Eneolítico acuñado por Dechelette (1909) a causa de la aparición de objetos de cobre, pero ante la observación en algunos estudios de la utilización paralela del bronce y los materiales líticos, dicho término empezó a ser considerado impropio para designar esta nueva etapa histórica. Con el avance de las investigaciones aparecieron comunidades culturales con tradiciones neolíticas que utilizaban el cobre, dando lugar a nuevos términos cono Neo-Eneolítico (Bosch, 1928, 1932, 1944, 1945, 1954, 1956), lo que provocaba confusiones en el ámbito científico. Así pues, Pericot (1950) designa este período como Bronce I sustituyendo el término Eneolítico, aunque tampoco fuera del todo correcto. Finalmente, se impone Calcolítico (chalos: cobre + lithos: piedra) (Pellicer, 1981; Gilman y Thornes, 1985) para referirse a estas sociedades que presentan aún rasgos neolíticos y se encuentran en el tránsito económico, tecnológico, social y urbanístico hacia una sociedad metalúrgica.

Cronológicamente, según algunas fechas radiocarbónicas de yacimientos como "Santiago Chica" (Acosta, 1976, 1982, 1995; Díaz, 2015), "Papa Uvas" (Martín de la Cruz y Ruiz, 1977; Martín de la Cruz, 1985, 1986a, 1986b, 1987a, 1992, 1994, 1996, 2005a, 2005b; Martín de la Cruz, Gómez y Conseugra, 1990; Monge y Martín de la Cruz, 1996; Martín de la Cruz y Lucena, 2003; Martín de la Cruz y Jabalquinto, 2018), el poblado del "Negrón" (Cruz-Auñón y Rivero, 1987, 1990; Cruz-Auñón, Moreno y Cáceres., 1989, 1990; Cruz-Auñón *et al.,* 1995; Fernández, Cruz-Auñón y Rivero, 1989; Moreno y Cáceres, 1995; Cruz-Auñón y Valverde, 2000) o el tholos de la "Cabeza" en Valencina de la Concepción (Fernández y Ruiz, 1978; Fernández y Oliva, 1980; Fernández, 2013) se observa una primera fase inicial en la primera mitad del III milenio a.n.e. y una segunda más avanzada en la segunda mitad (Pellicer, 1981, 1986, 1992; Pellicer y Acosta, 1982, 1986; Acosta, 1983, 1986, 1987, 1995; Acosta y Pellicer, 1990).

El hábitat se desarrollaba en espacios abiertos, fértiles y con un control del territorio, encontrándose la "cultura de los silos" en pleno desarrollo con las diferentes tipologías de estructuras que veremos en el siguiente capítulo. Aunque la mayoría de los poblados en llanura no presentaban fortificación, sí se observa a partir de la fase Plena la existencia de poblados en lugares altos, denominados fortines, como el de Cabezo de los Vientos (Huelva) (Leisner, 1943; Cerdán y Leisner, 1952; Piñón, 1987). En este período se controla ya todo el valle del Guadalquivir con una economía basada en una agricultura rotatoria y de policultivo ceramista, con predominio de animales domésticos (ovicápridos, bovinos, cerdo) sobre los salvajes (ciervo, jabalí, conejo), si bien, en otras zonas se impone la caza a la ganadería. Y se constata el uso de tejidos a partir del hallazgo en diversos yacimientos de pesas de telar.

En cuanto al material arqueológico propio de este período destacan las cerámicas lisas sin decorar, en algunos casos a la Almagro y surge la retícula bruñida. En lo que a lítica (Fig. 4.3.) se refiere, se aprecia un aumento del volumen, aparecen los foliáceos con abundantes puntas de flechas, los geométricos alcanzan su apogeo y los pulimentados son abundantes (hachas, azuelas, alisadores y cinceles). Y respecto a la industria ósea aumenta más en cantidad que en variedad: punzones de media caña, dientes preparados, espátulas, punzones finos, peines… (Acosta, 1995; Pellicer, 1992). Ya en un momento avanzado del Calcolítico acontece la metalurgia del cobre con pequeños punzones, hachas trapezoidales planas y posteriormente, los puñales de lengüeta y cinceles.

Finalmente se pueden establecer tres grandes horizontes durante este período cronológico (Martín de la Cruz *et al.,* 2000):

- Neolítico Final o Calcolítico Inicial: presenta hábitats en poblados en llano y sin sistemas defensivos, con zanjas y estructuras siliformes y caracterizado por cazuelas carenadas, cuencos, hojas largas de sílex y puntas de flechas, como ya documentaron Góngora y Martínez (1868), Bonsor (1902, 1927) o los hermanos Siret (1913, 1931) en sus respectivos trabajos.
- Calcolítico Inicial o Pleno: con poblados en zonas más elevadas, control del territorio, abundantes platos de borde engrosado, cuencos, dientes de hoz, "cuernecillos", puntas de flechas y algunos productos metálicos.
- Calcolítico Final o Campaniforme: tránsito a la Edad del Bronce y caracterizado por la cerámica tipo campaniforme.

Por otra parte, el Calcolítico fue estudiado por diversos historiadores pertenecientes a varias corrientes ideológicas (Hernando, 1987-88), entre ellos destacaron:

- P. Bosch (1922, 1928, 1944, 1954, 1956, 1975): rector y catedrático de Prehistoria de la Universidad de Barcelona, y posteriormente de la Universidad

Figura 4.3. Ejemplos de material arqueológico del Calcolítico: A. Conjunto de puntas de flechas de sílex (MAN: 1876/1/MILL/40/208, 1976/1/MILL/7/l, 1976/l/MILL/40/154; MAL: DJ02057) B. Hachas pulimentadas (MAL: CE00043, CE00058) C. Vaso cerámico liso (MAN: 1876/1/MILL/7/6) D. Dibujos de microlitos (http://www.research.net/figure/Piezas-de-silex-del-nivel-calcolitico_fig2_281828330).

de México donde realizó investigaciones sobre la prehistoria americana. Fundador de la Escuela de Barcelona inspirada en la escuela histórica-cultural alemana, y defensor de la teoría difusionista desde el Occidente Mediterráneo y de "los círculos culturales" para diferenciar culturas dentro de la península Ibérica. Por otro lado, explica las semejanzas culturales desde un punto de vista étnico común (pueblos, no razas) o debido a las relaciones comerciales.

- El matrimonio Leisner (1949): a caballo entre la escuela histórica-cultural alemana y el "método colonial", mantienen los modelos difusionistas, aunque se refieren a relaciones con las "islas orientales". A su vez, son dos claros exponentes de la metodología normativista,

reconocen la primacía de las cuestiones étnicas, pero a través de interferencias, lo que dio lugar a la tradición neolítica, la de la plena Edad del Cobre y la de la Edad del Bronce como "círculos culturales".

- R.W. Chapman (1975, 1984): concerniente al modelo difusionista, aporta una nueva visión sobre la economía y la sociedad centrada en el estudio de los enterramientos del Sureste y Oeste peninsulares. Y defiende que la jerarquización social durante el Calcolítico se inició en el Sureste sobre el agua y su distribución.
- Mathers (1984a, 1984b): funcionalista, tiene en cuenta la diversidad de ecosistemas del Sureste, no explica cómo se produce el control social, ni cuál fue la clave del cambio, ni cómo se establece la jerarquización, etc.
- Ramos Millán (1981): dentro del modelo materialista cultural, utiliza el esquema de M. Harris (1982), realiza un estudio estructurado en dos partes: a infraestructura con los modos de producción y reproducción, y la estructuras donde trata la economía doméstica y la política, pero no los explica.
- Gilman (1976, 1981, 1987a, 1987b): pertenece al modelo materialista dialéctico proveniente de la evolución cultural de Marx y Engels, señala que son tres rasgos los que revelan la jerarquización social (el aumento de la especialización artesanal, la división de clases dentro de las comunidades y el militarismo), considera los sistemas de irrigación y del policultvo el motor para transformar las relaciones de producción, y las condiciones ambientales no se han visto transformadas.
- Shennan (1982): se integra en la Arqueología Radical, estudia el proceso de jerarquización social en el registro arqueológico y en los enterramientos. Su base se apoya en el Neo-marxismo, se limita a constatar la diferenciación de los procesos.
- Arteaga (1992, 2000, 2002, 2004): creador de la "Geoarqueología de Andalucía" basada en el estudio de las transformaciones paleoambientales y alteraciones ecológicas ocurridas en las costas atlánticas-mediterráneas de Andalucía durante todo el Holoceno, y por ende evaluar el impacto antrópico propiciado por las sucesivas formaciones sociales desde la Prehistoria. Además de analizar la "teoría del Estado" y el proceso formativo de las sociedades a partir del 3000 a.n.e.
- Nocete (1984, 1988, 1989a, 1989b, 1994a, 1994b, 1997, 2001): integrado dentro de una perspectiva materialista histórica, defiende la idea de relaciones centro/periferia en cuanto a las relaciones de dependencia y explotación del territorio, dándose así la creación de las clases sociales y los mecanismos de dominio de unas sobre otras, surgiendo los primeros estos. Además de estudiar los orígenes de la primera metalurgia en el mediodía peninsular, especialmente en el Suroeste.

4.3. De sociedades cazadoras-recolectoras-pescadoras a sociedades clasistas iniciales

En primer lugar, hay que entender que el proceso de cambio de un tipo de sociedad a otra no va a ser el mismo en todas las áreas geográficas y por lo tanto no es posible hablar de un único modelo de "neolitización".

Algunos investigadores como Ramos Muñoz (2008a, 2008b) observa que las sociedades cazadoras-recolectoras no se adaptaron al medio natural, sino que lo transformaron mediante la utilización de la tecnología, y por lo tanto *"el control de la naturaleza vino por medio del trabajo en sociedad (Vargas, 1986)"* (Ramos, 2008a: 162). Es por eso por lo que dentro de un modo de producción se pueden encontrar distintos modos de vida, ya que estas primeras sociedades explotan aquellas materias primas más próximas a ellos: caza, recolección, pesca, marisque, etc., pero sin una sobreexplotación de estas, manteniendo así un equilibrio con el medio.

Estos grupos fundamentan sus relaciones sociales en la solidaridad, en el apoyo mutuo y en la reciprocidad. Además, los procesos económicos son simples basados en la distribución y en el cambio. Por otro lado, estas sociedades no presentan signos de acumulación de excedentes debido a que son sociedades nómadas, e ideológicamente no conciben el acopio de productos. Aunque algunos investigadores como Testart (1985) defiende que estas sociedades, pese a que no presentan propiedad de la tierra, sí serían *"co-propietarios de la fuerza de trabajo y de los instrumentos de la producción"* (Ramos, 2008b: 165). Lo que conlleva a sociedades con forma de propiedad colectiva a un sistema más o menos igualitario de apropiación, donde se produce una división del trabajo según los roles y el sexo, lo que ha propiciado en las últimas décadas la investigación de estudio sobre la mujer y las diversas unidades domésticas, composición, variedad y fluctuaciones de los grupos (Bate, 1986; Weniger, 1991).

El inicio de las sociedades tribales se produjo con un cambio de concepción ideológica en cuanto a la propiedad. Mientras que las sociedades cazadoras-recolectoras-pescadoras obtenían los recursos del medio en el que habitaban sin la necesidad de que dicho territorio les perteneciera, con el cambio ideológico producido, se inicia un proceso de semisedentariead, y por ende, se desarrolla el concepto de pertenencia de las tierras en las habitan y explotan (Vargas, 1987), y del objeto del trabajo (recursos cinegéticos, marisqueo, pesca...) (Bate, 1998; Arteaga, 2004), dando lugar a una sociedad doméstica tanto d ellas plantas como de los animales (Arteaga y Hoffman, 1999).

Surge el concepto de comunidad, a raíz de la agrupación en comunidades de estas sociedades, cuyos miembros tendrían el derecho a la expropiación del territorio y estarían relacionados a través de la filiación, creando linajes (Arteaga, 2004). Lo que daría lugar a un proceso de sedentarización en torno a los recursos y a los productos acumulados, son asentamientos estables, un aumento de la población y nuevas formas de relaciones sociales (Bender, 1975; Testart, 1982; Bate, 2004), apareciendo un nuevo patrón de comportamiento territorial, con aldeas bases y zonas cíclicas de producción (Arteaga, 2004; Ramos, 2004a). Y, además, un grupo se ordenaría internamente por principios genealógicos, que provocarían diferentes grados de "insolidaridad" en su interior (Vincent, 1998).

Todo ello, trajo consigo la conformación de un nuevo paisaje fruto de la antropización, más acusada desde el IV milenio a.n.e. al desarrollarse como tal un asentamiento estable entre las sociedades tribales (Ramos *et al.,* 1992c, 1993-94, 2010; Nocete *et al.,* 1993, 1997), y que dará lugar a la colectación de la desembocadura del Guadalquivir.

Así pues, con anterioridad al IV milenio a.n.e. habría tenido lugar el proceso de sedentarización, con aldeas bases y aldeas secundarias o asentamientos estacionales que proporcionaban determinados productos para las primeras, es decir, se inicia el proceso de fijación y control de la propiedad de la tierra.

En el IV milenio a.n.e., la creación de espacios de pastos y el control del agua demuestran el establecimiento de la ganadería (Martínez, 2013). Además, es en esta época cuando surgen los primeros "campos de silos", elemento primordial para el abastecimiento del excedente de productos agrícolas, específicamente de cereales y señal de la organización territorial en aldeas, todo ello sin el abandono de la caza, pesca y marisqueo.

Y ya en el III milenio a.n.e. nos encontraríamos con un completo dominio del territorio por parte de las sociedades prehistóricas asentadas en aldeas fijas estructuradas en zonas y basadas en la agricultura y la ganadería, con desarrollo de las primeras sociedades jerarquizadas y la transformación del medio por la implantación de poblados con silos y las prácticas del almacenaje del cereal.

Así pues, el tránsito del IV al III milenio a.n.e. o entre el Neolítico y el Calcolítico no supuso una ruptura, sino una evolución de las sociedades, con nuevas concepciones en la distribución de productos y en la división de grupos sociales entre grupo privilegiados y una mayoría explotada.

Por último, la "Revolución Neolítica" trajo consigo una serie de transformaciones en los patrones de movilidad, en el aumento del tiempo de los ciclos de producción y consumo, en el desarrollo de técnicas de almacenamiento y en la preservación de alimentos, en el proceso de la sedentarización, en la propiedad sobre los recursos y en la domesticación de plantas y animales (Vargas, 1987; Sanoja y Vargas, 1995; Bate, 2004). Todo ello supuso una concepción de la propiedad tanto del territorio como de las materias primas, lo que dará lugar a una concentración d ella población en aldeas gracias a la domesticación de productos agrícolas y ganaderos, con nuevos métodos de relaciones sociales (Vargas, 1987).

Finalmente, el surgimiento de una clase social con poder dentro de las sociedades tribales dio origen al inicio de la sociedad clasista inicial con los estados prístinos, generando nuevos tipos de relaciones tanto sociales como económicas, y un marco ideológico que institucionaliza y legaliza el derecho a la explotación, resultado de las contradicciones parentales. Además, los enterramientos nos permiten comprobar la existencia de una clase dominante dedicada al trabajo intelectual y a las prácticas guerreras que controla los excedentes agrícolas frente a una mayoría explotada (Picazo y Full, 1989; Arteaga, 1992, 2000, 2002).

Por otro lado, es en estos momentos cuando se desarrolla la ganadería mixta (*Ovis-Capra-Bos*) (Ramos *et al.*, 1992c), la agricultura intensiva de cereal que origina un proceso de deforestación, y la aparición de poblados con silos para acumular el excedente agrícola asociados a una tecnología lítica tallada (hojas con lustres, elementos de hoz…) (Ramos *et al.*, 2004-5, 2008a), e instrumentos pulimentados (hachas, azuelas, molinos, moletas…) (Pérez, 1997; Pérez *et al.*, 1998). Dicha domesticación del medio queda reflejada en la erosión y la sedimentación del terreno (Arteaga *et al.*, 1995, 2001; Arteaga y Hoffman, 1999; Arteaga, 2006). Y la organización social queda reflejada por la organización espacial distribuida en aldeas productoras, algunas de acumulación de excedentes, otras de pago de tributos, etc., entendiendo el tributo *"como retribución a los productos y servicios recibidos en el modelo distributivo colectivo"* (Ramos *et al.*, 2008a: 352).

4.4. El valle del Guadalquivir

El proceso social de neolitización se desarrolla de formas diferentes según el contexto geográfico, por ello vamos a tratar en dicho apartado qué ocurrió en el valle del Guadalquivir, debido a que nuestro estudio se basa en dicha zona.

El valle del Guadalquivir, a excepción de otras áreas, presenta unas cronologías cardiocarbónicas elevadas, además de la presencia de intercambios comerciales entre las diferentes aldeas que lo habitaron, por ello autores como Nocete (2001) ven en dicha zona la existencia de un estado prístino (Arteaga *et al.*, 1995; Arteaga y Hoffman, 1999). Debemos recordar que Nocete aboga por las relaciones centro/periferia dada la jerarquización de las sociedades prehistóricas (Nocete *et al.*, 1993) y por ello defiende que *"la formación de la sociedad clasista inicial está necesariamente vinculada a la consolidación de los primeros mecanismos de control y disposición de la fuerza de trabajo humano"* (Nocete, 2001: 25). Por todo ello, Nocete (2001) observa que en dicho espacio se produce a lo largo del III milenio a.n.e.:

1. El poblamiento sufre una ordenación jerarquizada hacia el interior del valle del Guadalquivir (Nocete, 1989a, 1989b, 1994a, 1994b).
2. En la periferia norte (Sierra Morena y Faja Pirítica) se desarrolla una minería y metalurgia del cobre altamente especializada (Contreras, Nocete y Sánchez, 1987a, 1987b, 1990, 1991; Contreras *et al.*, 1992; Nocete *et al.*, 1997, 1998a, 1998b).
3. Y una constante circulación desde la periferia norte hacia el valle del Guadalquivir de productos metálicos (Contreras, Nocete y Sánchez, 1987a, 1987b, 1990, 1991; Contreras *et al.*, 1992; Nocete, 1989a, 1989b, 1994a, 1994b; Nocete *et al.*, 1997, 1998a, 1998b).

Pero debemos inquirir que ocurrió antes del III milenio a.n.e. en el valle del Guadalquivir. Pues hasta el IV milenio a.n.e. y durante toda su primera mitad (Nocete, 1989a; Lizcano *et al.*, 1991-92, 1993; Lizcano, 1995) no se produciría una explosión poblacional en el Alto Guadalquivir. Esta expansión demográfica pudo deberse a varios modelos de poblamiento durante el VI y V milenio a.n.e., siendo el primero un constante conglomerado de grandes asentamientos estructurados según el tipo de trabajo realizado, mientras que el segundo se basa en diversos poblados, cada uno de ellos especializados en la producción de diversas materias primas, que organizan un determinado espacio geográfico.

Es, en este segundo modelo de distribución, donde el Alto Guadalquivir adquiere su mayor auge, posiblemente producto de la movilidad de las sociedades hacia los valles. En este contexto geográfico aparecen las aldeas denominas "puerta de entrada" entre las sierras Béticas y el propio valle, caracterizados por ser grandes establecimientos fortificados para el control de la circulación de productos lejanos, aún sin una fuerte jerarquización social que no comenzará hasta la segunda mitad del IV milenio a.n.e.

Ya en el III milenio a.n.e., el tipo de relaciones intersociales provoca el primer desarrollo desigual del sur de la península Ibérica iniciado en las áreas mineras (Sierra Morenas, Faja Pirítica, sierras Subbéticas) o en las de articulación entre los territorios de producción y los de consumo (piedemonte), dada la configuración del valle del Guadalquivir como une estado prístino (Arteaga, Schulz y Roos, 1995; Arteaga y Hoffman, 1999) con estratégicos enclaves de control del territorio del Aljarafe (Valencina de la Concepción) y de los Alcores sevillanos (Gandul, Carmona, Acebuchal, etc.) (Lazarich *et al.*, 1995), en donde la provincia de Cádiz actuaría como territorio productivo agrícola y ganadero (Montañés, 1998; Montañés *et al.*, 1999; Pérez *et al.*, 1999; Ramos, 2004b). Por lo que el territorio se dividiría en determinadas áreas, según Nocete (2001) presentaría la variante de territorio modular disimétrico, en donde el crecimiento de los asentamientos periféricos se debía al flujo comercial con el centro. Así pues, en dicho territorio modular prístino observaríamos:

1. El centro primado: pera el valle del Guadalquivir ubicado en Valencina de la Concepción en el Aljarafe sevillano. De aparición tardía, su posición geográfica lo convierte en puerta de entrada de todos los productos exóticos y de prestigio, de ahí las medidas que adquiere entre 150 y 300 Ha según Ruiz (1976) y su adjudicación en un principio como yacimiento "puerta de entrada". Aún así, Valencina de la Concepción se presenta como núcleo debido a la acumulación de excedente agrario y de fuerza de trabajo, a la presencia de las tumbas megalíticas y al complejo trazado del propio asentamiento (Cruz-Auñón y Arteaga, 1995; Arteaga y Cruz-Auñón, 1999).
2. El territorio jerarquizado: se situaría en la zona de los Alcores de Carmona (Belén *et al.*, 2000), con grandes centros de población independientes o *dipolis* de

unas 25 Ha muy fortificados y situados en enclaves estratégicos, que controlarían una red dispersa de pequeños asentamientos (<1 Ha) no notificados que optimizan la explotación agraria y las rutas comerciales a escala regional.

3. El territorio modular disimétrico: se desarrollaría en las campiñas occidental del Alto Guadalquivir, núcleo de la forma modular prístina del 3000 a.n.e., serían cerros políticos que controlarían el territorio del valle y sus periferias en ambas orillas, es el caso de Porcuna, que llegará a ser el núcleo de un gran centro supracomarcal en el 2200 a.n.e.

4. El territorio modular secundario: se expande en el límite oriental del valle, aunque los asentamientos presentan las mismas dimensiones y están fortificados, no exteriorizan una jerarquización. En dicha zona se mantendrían las formas arcaicas de concentración de la fuerza de trabajo del 3000 a.n.e.

Y en cuanto a las zonas de apropiación de materias primas mineras se observan tres áreas:

• La periferia minera occidental: situada en la comarca del Andévalo en Huelva, fue la mayor fuente de riqueza minera, al contrario que en el valle del Guadalquivir, sufrió un proceso de disgregación poblacional sistemática. A partir del III milenio a.n.e. aparecen pequeños poblados fortificados cuya producción supera las necesidades locales, convirtiéndose así en centros especializados de producción para abastecer a otras zonas (Linares, Nocete y Sáez, 1998; Nocete *et al.*, 1996a, 1996b, 1997) pues dichos productos no son detectados en los asentamientos próximos a esta zona de extracción minera.

En un primer momento se centran en la cantería, aunque posteriormente, aparecerán nuevos recursos como la variscita y la metalurgia del cobre, lo que provoca un mayor volumen de población involucrada, nuevos procesos tecnológicos y su influencia en una diferenciación de clase.

Estos centros se aprovisionaban de alimentos de otras zonas llegados a través de las rutas de comercio con el valle y no formaban parte de la periferia del estado del valle del Guadalquivir, sino que se trataba de un territorio ocupado militarmente en donde la población local se dedicaba al aprovisionamiento del mineral.

Los altos niveles de contaminación por metales pesados de las cuencas del río Tinto y Odiel (Davis *et al.*, 2001) demuestran el apogeo alcanzado por esta zona en el III milenio a.n.e. mientras que en el II milenio a.n.e. se desplaza la producción a la zona nororiental del Alto Guadalquivir.

• La periferia minera meridional: ubicada en las sierras Subbéticas de Málaga. En dicho territorio se produce, al igual que en el valle, una concentración poblacional iniciada ya en el IV milenio a.n.e. en las denominadas "puertas de entrada" de manufacturas talladas y

excedentes pecuarios. Dicha zona presenta centros territoriales de jerarquización como consecuencia de un circuito minero interrumpido, a excepción de finales del III milenio a.n.e. por el colapso de las actividades masivas (Aguayo, Martínez y Moreno, 1990).

• La periferia minera oriental: en las estribaciones de Sierra Morena, al norte de las provincias de Córdoba y Jaén, basada en la metalurgia del cobre y con un mayor grado de dependencia del valle. Dicho territorio no se encuentra jerarquizado, los asentamientos no están fortificados y hay presencia de instrumentos de producción agrícola, lo que hace pensar en una producción propia. Y a finales del III milenio a.n.e. aparecen asentamientos "puerta de entrada" hacia el valle y una progresiva especialización causada por la intensificación de la demanda por parte del valle.

Debido a toda esta organización del territorio, éste sufrió una transformación reflejada en la estratigrafía con depósitos coluvio-aluviares o dunas, relacionados con momentos de aridez. Por otro lado, los estudios polínicos también señalan un alto porcentaje de leguminosas con cultivos de regadío, además de cereal, al igual que una mayor sequedad ambiental (López y López, 2001).

En cuanto al material que se encuentra en el valle del Guadalquivir, estudios de J. Ramos (1988-89) han demostrado la presencia del sustrato epipaleolítico en conjuntos andaluces de superficie, lo que apoyaría la teoría de Pellicer (1992) de que los inicios del Neolítico "*estaría respaldados por la secuencia evolutiva de la industria lítica de características microlaminares y de raíces claramente epipaleolíticas locales; por la presencia de vasos de arcilla sin cocer y con improntas de cestería en su superficie externa, procedentes de niveles epipaleolíticos; por la posibilidad de la existencia de cerdos domésticos [...]; por corresponder las primeras cerámicas a la almagra...*" (Pellicer, 1992: 10).

La ausencia de cerámica cardial en esta zona en los inicios del Neolítico no puede ser objeto guía para determinar la cronología de los yacimientos, pues hay constancia de otras técnicas decorativas en enclaves atribuidos al Neolítico Antiguo. Y en cuanto a las herramientas líticas, se observa la presencia de hojas retocadas con retoques continuos y de uso, predominio de escotaduras y presencia moderada de denticulados con muescas y denticulados, con un predominio del sílex y de carácter microlítico. Además de una clara presencia de productos de tradición paleolítica (raspadores y perforadores) y de tradición epipaleolítica (láminas y laminadas con borde abatido y geométricos).

Hacia el final del Neolítico o la transición entre el Neolítico y el Calcolítico surgen las formas cerámicas cazuelas carenadas (Ramos *et al.*, 1994c) y las puntas de flecha, asimismo se produce un cambio en las dimensiones de las hojas de sílex y un aumento de los pulimentados. Caracterizándose ya el Calcolítico por un resurgimiento de la industria microlítica; se realizan grandes vasos cerámicos de gran volumen y de menor calidad que en el

Neolítico, apenas sin decoración; aparición de la técnica de la retícula bruñida; vasos abiertos con borde almendrado, y entre la lítica se observará macroindustria de tipo laminar de grandes hojas con o sin retoques y la microindustria de geométricos y foliáceos, al igual que puntas de flechas de talla bifacial, de bases recta o cóncava.

4.5. La provincia de Cádiz

Si bien es cierto que todo el valle del Guadalquivir ha sido estudiado en profundidad, no lo ha sido menos la provincia de Cádiz, sin apenas lagunas históricas, gracias a los estudios ejecutados por la Universidad de Cádiz no sólo de la Prehistoria sino también de la Prehistoria Reciente, de época antigua, medieval, moderna y contemporánea.

En cuanto a las cronologías objeto de este trabajo, las primeras investigaciones fueron dirigidas por el Dr. José Ramos con el proyecto de la banda atlántica de Cádiz, que se remonta a cronologías anteriores a las aquí tratadas, pues su estudio no sólo se corresponde a un inventariado de yacimientos, sino que analiza la evolución del ser humano a lo largo de toda la prehistoria, mostrando la continuidad de la presencia poblacional en la provincia (Ramos *et al.*, 2010).

Y aunque el objeto de estudio se centra en dos enclaves concretos pertenecientes al contexto cronológico del IV al III milenio a.n.e., no hemos querido dejar de enumerar otros yacimientos de esta provincia. Así, durante el IV milenio a.n.e. cabe destacar yacimientos como "El Estanquillo" (Ramos, 1992, 1993; Ramos *et al.*, 1992a) o "Campo de Hockey" (Vijande, 2009; Vijande *et al.*, 2015) en San Fernando; "La Mesa" (Ramos *et al.*, 1993-94, 2001a; Gracia, 1999; Montañés *et al*, 1999; Pérez *et al.*, 1999; Barba *et al.*, 2006) y "La Esparragosa" (Pérez *et al.*, 2005; Vijande *et al.*, 2019; Martínez, 2020) en Chiclana de la Frontera; "Valdespino" (Pérez y Cantillo, 2008; Cantillo, 2009; Pérez, Vijande y Cantillo, 2010) y "El Trobal" (González, 1987; González y Ruiz, 1999; Martínez 2018a) en Jerez de la Frontera; "SET Parralejos" en Vejer de la Frontera (Villalpando y Montañés, 2016); "Cantarranas-Las Viñas" en el Puerto de Santa María (Perdigones *et al.*, 1987; Ruiz, 1987, 1994a, 1994b; Ruiz y Ruiz, 1987, 1989, 1999; Valverde, 1991, 1993; Ramos *et al.*, 1992b; McClellan *et al.*, 2003); "Base Naval" (Gener, 1962; Berdichewsky, 1964; Ruiz y Ruiz, 1989, 1999) o "El Bercial" (Ruiz y Ruiz, 1999) en Rota, etc. Todos ellos ejemplo de la diversidad de asentamientos que coexistían en la zona litoral. Siendo además notoria la existencia de yacimientos en la zona de la sierra: "La Cueva de la Dehesilla" (Pellicer y Acosta, 1982; Acosta, 1986, 1987; Acosta y Pellicer, 1990), "El Jadramil" en Arcos de la Frontera (Lazarich, 2003; Lazarich, Richarte y Ladrón de Guevara, 2003; Aguilera, Richarte y Lazarich, 2003); la zona de la Depresión de Ronda (Morales *et al.*, 1992) prospectada en toda su amplitud por fases y excavaciones en la propia Ronda; "Cueva del Fantasma" en Benaocaz (Gutiérrez *et al.*, 2000); el yacimiento del "Cortijo de Carija" en Bornos-Espera (Perdigones, Molina y Rojo,

1989) o "Torrevieja y Cerro de la Gloria" en Villamartín (Gutiérrez *et al.*, 2000).

Prueba todo ello, del gran número de yacimientos existente en la provincia en cuanto al IV milenio a.n.e., cuya cifra se incrementa en el III milenio a.n.e., con continuidad cronológica en algunos de ellos, como en el caso de "Cantarranas-las Viñas" en el Puerto de Santa María, "La Mesa" en Algar, "La Esparragosa" en Chiclana de la Frontera, "El Trobal" en Jerez de la Frontera, "El Jadramil" en Arcos de la Frontera y "La Base Naval" de Rota.

Asimismo, también se han documentado otros enclaves como "El Dolmen de Hidalgo" en Sanlúcar de Barrameda (Carriazo, 1959, 1970, 1973, 1975, 1978) y "La Cueva de Alventus" en Trebujena (Carriazo, 1959, 1970, 1973, 1978; Berdichewsky, 1963, 1964). De gran importancia son las Cartas Arqueológicas de Lavado (1986, 1987) y de Riesco (1987) realizadas, la primera en la zona norte de la desembocadura del ́rio Guadalquivir con un total de 25 yacimientos y la segunda en la zona sur de la desembocadura del río Guadalquivir con 27 emplazamientos.

Y en cuanto a la zona litoral (Riesco, 2018) se han constatado enclaves como "Arroyo Occidental" (McClellan *et al.*, 2003), "Zahora" (Bernabé, 1995), Trafalgar y Caños de Meca (Ramos *et al.*, 2001b, 2002), al igual que se tiene presencia de poblaciones en la zona de sierra como "La Dehesa" en la sierra de San Cristóbal (Ruiz, 1994a, 1994b), "Buenavista" (Ramos *et al.*, 1989; Ruiz, 1994b), "Las Beatillas" (Ruiz, 1994a), "Las Lagunetas I y II" en Conil de la Frontera (Ramos *et al.*, 1994a, 1998), "Los Charcones" en Casas Viejas (Ramos *et al.*, 1995), etc.

La cultura de los silos en Andalucía occidental

5.1. ¿Qué es la cultura de los silos?

La cultura de los silos es un término creado a mediados del siglo XX por Collantes de Terán (1969) para englobar a aquellos asentamientos que presentaban silos o estructuras negativas en época Neolítica y Calcolítica, emplazados junto a surgencias de agua o ríos, y que presentan una cultura material semejantes.

Los primeros hallazgos de este tipo de estructuras negativas se remontan a finales del siglo XIX en los yacimientos de "El Acebuchal", "Campo Real" y en "Los Alcores" estudiados por G. Bonsor (1899), que las denomina *subterráneos de las cabañas primitivas* (Bonsor, 1899: 234), sin atribuirles una función determinada.

Será J.M. Carries quien determina la utilización de los silos como contenedores del excedente agrícola, hipótesis refutada por la realización de estudio de polen de las paredes de los silos. Si bien, se ha comprobado que no era esta la única función de dichas estructuras, siendo también utilizadas como basureros, pozos de agua o incluso como enterramientos (Estácio da Veiga, 1886; Siret, 1893; Bonsor, 1899).

En estos primeros años de la investigación, J.M. Carries y Collantes de Terán proponen una primera aproximación de su expansión geográfica, acotada en un principio a la provincia de Sevilla y a sus provincias colindantes. Posteriormente, hallados nuevos yacimientos adscritos a dicha cultura, se ampliarán dichas barreras al Sur de Portugal, Huelva y Bajo Guadalquivir (Amores, 1982; Carrilero, Martínez y Martínez, 1982), el norte del río Tajo (Pellicer, 1986) y a toda la cuenca del río Guadalquivir hasta Cazorla (Hornos, Nocete y Pérez, 1987).

Por otra parte, la falta de dotaciones absolutas llevó a definir una horquilla cronológica demasiado amplia, entre el IV y el II milenio a.n.e. (Chapman, 1988; Madsen, 1988; Lizcano *et al.*, 1991-92; Nocete, 2001), al basarse únicamente en el material arqueológico hallado. Pero será con los estudios de los yacimientos de "Valencina de la Concepción" (Fernández y Oliva, 1980, 1985, 1986; Ruiz, 1983) de "La Pijotilla" (Hurtado, 1986) cuando la definición *"extensiones de terreno por veces de gran magnitud, perforado por una legión de hoyos o fosas excavadas en la roca base [...]"* (Márquez y Jiménez, 2010: 17) fue revisada por la aparición de nuevos elementos negativos (fosos, zanjas en sección en "U" y/o "V") (Fernández y Oliva, 1980, 1986). Hasta entonces se entendía que los yacimientos con silos no se encontraban ni planteaban mayores problemas, pero la aparición de dichos elementos probó la amplitud de usos de dichos

elementos arquitectónicos: sistemas defensivos (Martín de la Cruz, 1986a, 1986b, 1995; Pellicer, 1986; Ferrer, 2002) y/o mecanismos de drenaje (Fernández y Oliva, 1980, 1985; Pellicer, 1986). Además de comenzar a entender "la cultura de los silos" dentro del contexto megalítico, en donde la primera se relaciona con la vida mientras que el segundo con la muerte. Lo que va a dar lugar inicio al siguiente debate: ¿por qué se emplean dichas estructuras negativas como enterramientos?

Los primeros hallazgos de este aprovechamiento de los silos como enterramiento se localizan en las excavaciones de Valencina de la Concepción, Papa Uvas, La Minilla, etc., aunque ya en el siglo XIX se tenían noticias de su existencia por parte de Luis Siret (1893). Sin embargo, ni ajuar no presentes u ofrendas acompañan a los individuos enterrados en estas estructuras negativas, lo que lleva a Dechelette (1909), Carriazo (1975), Caro (1982), Carrilero, Martínez y Martínez, (1982) o Escacena (1992-93) a defender la presencia de otro ámbito funerario diferente al megalitismo, mientras que G. Childe (1940), Ruiz, Martín y Alcázar (1992), Arteaga y Cruz-Auñón (1999), García y Fernández (1999) o Nocete (2001) abogan por la utilización de los silos como basureros donde se inhumaron individuos de rango o clase inferior, relacionados con la jerarquización de la sociedad o incluso con la aplicación de castigos.

5.2. Teorías explicativas de la cultura de los silos en el siglo XXI

Anteriormente al siglo XXI, las diferentes estructuras negativas que configuran los asentamientos pertenecientes a la cultura de los silos fueron analizadas en cuanto a su funcionalidad, desarrollándose así una amplia red de hipótesis para cada una (Miret i Mestre, 2015; Martínez, 2018b).

Así pues, las zanjas o trincheras fueron entendidas como fosos defensivos (Pellicer, 1986; Martín de la Cruz, 1986a, 1986b; Hornos, Nocete y Pérez, 1987; Ruiz, 1990; Ruiz, Martín y Alcázar, 1992; Cámara y Lizcano, 1996; Lago *et al.*, 1998; Cruz-Auñón y Arteaga, 1995; Nocete, 2001), sistemas de drenaje (Fernández y Oliva, 1985; Pellicer, 1986; Ruiz, Martín y Alcázar, 1992), abrevaderos para el ganado (Fernández y Oliva, 1985), sistema de canalización de aguas o regadío (Ruiz, 1983; Perdigones y Guerrero, 1987), depósitos de agua (Fernández y Oliva, 1985), lugares para cazar (Martín de la Cruz, 1986a, 1986b), rediles o refugio del ganado (Martín de la Cruz, 1986a, 1986b; Cámara y Lizcano, 1996) o como elemento de cohesión social del grupo (Lizcano *et al.*, 1991-92). En la actualidad, determinados autores defienden su uso para delimitar extensos recintos circulares.

Los pozos o silos fueron interpretados como almacén de cereal (Cámara y Lizcano, 1996; Márquez, Fernández y García, 1999; Márquez, 2000), depósitos de cereal reutilizados como basureros o enterramientos (Martín de la Cruz, 1985, 1986a, 1986b; Pellicer, 1986; Hornos, Nocete y Pérez, 1987; Gil y Rodríguez, 1987; Ruiz, 1990; Arteaga y Cruz-Auñón, 1999), lugar de obtención de sal marina (Escacena, Rodríguez y Ladrón de Guevara, 1996), e incluso, sitios de posible carácter ritual (Bonsor, 1899; Martín de la Cruz, 1985; Escacena, 1987; Lizcano *et al.*, 1991-92).

Y las cubetas o fondos de cabaña, sólo han sido analizados, como el espacio para la cimentación de las construcciones domésticas (Maluquer de Motes, 1992; Carriazo, 1975).

Pero en el siglo XXI, la cultura de los silos experimenta un giro en cuanto a los modelos interpretativos, impulsando una amplia heterogeneidad. En los años 90 del siglo XX es incluida dentro de la organización territorial del espacio, en donde los yacimientos estructuran el medio físico y reflejan las relaciones de producción y redistribución de los excedentes.

El primer modelo en desarrollarse fue la "Sociedad jerarquizada de tipo comunalista" por los investigadores L. García Sanjuán y V. Hurtado (1997) que unen aspectos del funcionalismo y del posmodernismo. Ambos propugnan la existencia de una sociedad de relaciones parentales que genera círculos concéntricos con una dependencia hacia el poblado central desarrollada entre el 3200-2100 a.C. a través de la colonización y la explotación de terrenos de baja productividad, y centran su estudio en la Tierra de Barros, al sur de Extremadura (Hurtado, 1995, 2013; García y Hurtado, 1997) con el yacimiento de "La Pijotilla" como poblado central.

Dentro de la Arqueología Social, F. Nocete desarrolla otra de las teorías explicativas: "Relaciones y contradicciones centro/periferia en el valle del Guadalquivir" (2001). Dicho modelo trata la evolución poblacional del valle del Guadalquivir desde el VI milenio a.n.e. hasta el II milenio a.n.e. Desarrolla para los milenios VI y V a.n.e. dos modelos: el primero estaría determinado por una economía agrícola y el segundo se subdividiría en dos, el modelo 2a en los cauces de los ríos y agrícolas, y el modelo 2b ganadero y en las altiplanicies. Esta división de modelos va a provocar en el IV milenio a.n.e. una dicotomía entras las tierras altas (Sierra Morena y sierras del Subbético) de economía ganadera y minera, y las bajas del valle del Guadalquivir de economía agrícola, con intercambio de productos entre ambas zonas y desarrollo de los asentamientos de "puerta de entrada" en el Piedemonte de las sierras Subbéticas (Ramos, Gutiérrez y Giles, 2017). Por su parte, en el III milenio a.n.e. asistimos a la dualidad centro/periferia con relaciones de jerarquización por una sociedad clasista inicial y con ella, a la creación de diferentes periferias: central, minera, residencial e interperiferia. Es, en este momento, cuando destaca el yacimiento de Valencina de la Concepción (Sevilla) y su red territorial por su papel de distribución y acumulación de materias primas, así como los yacimientos con fosos o la cultura de los silos, que desaparecerá en el II milenio a.n.e.

Las críticas recibidas por las teorías de F. Nocete han sido mínimas, aunque P. Díaz-del-Río (2004a, 2004b) matiza algunos aspectos en el modelo de organización, promoviendo un modelo de agregación-fisión en el cual la población del valle del Guadalquivir en la Edad del Bronce se distribuiría en diferentes centros a causa de la inestabilidad del poder político de los jefes. Sus estudios se basan en el yacimiento de "Marroquíes Bajos", en donde a partir del 2200 a.C. los líderes de dicho enclave cesaron su inversión en obras públicas, pero continuaron apropiándose del excedente agrícola, propiciando que facciones u otros linajes dejaran de ceder independencia política.

Otras de las grandes líneas de trabajo surge a finales de los años 90 en Portugal cuando se empiezan a identificar los asentamientos con silos como "Monte da Ponte" en Évora (Kali y Höck, 1997), "Cabeco da Mina" en Elvas (Lago y Albergaria, 2001) o "Perdigöes" en Évora (Lago *et al.*, 1998). Al igual que en el valle del Guadalquivir, en Portugal se tenía la concepción de una dicotomía poblacional tanto para el Neolítico final/Calcolítico inicial como para el Calcolítico pleno, caracterizado el primero por asentamientos situados en zonas abiertas y bajas sin defensas ni naturales ni artificiales y el segundo en zonas de control del territorio. Pero con la aparición de los yacimientos con fosos, esta dicotomía es sustituida por la de poblados con fosos en el Neolíticos final/Calcolítico antiguo y poblados de muros y bastiones para el Calcolítico antiguo/pleno.

Dentro de la Universidad de Málaga se inicia una nueva versión del tema, ya que se engloba desde un punto de vista europeo y no provincial. Para estos investigadores, los yacimientos de fosos del sur peninsular amplían sus vistas a un ámbito geográfico y cronológico mayor: Europa occidental (Márquez, 2001, 2003, 2006b, 2007; Márquez y Fernández, 2002; Márquez y Jiménez, 2008). Además, se desestiman algunas funciones de las zanjas y los hoyas hasta ahora aceptadas y también se centran en el proceso de formación del registro arqueológico (Márquez y Fernández, 2002; Márquez, 2004. 2006a, 2006b, 2007; Jiménez y Márquez, 2006; Jiménez, 2007; Márquez y Jiménez, 2008).

Y, por último, la Universidad de Córdoba (Martín de las Cruz y Lucena, 2003; Lucena y Martínez, 2004; Martín de las Cruz, 2005a, 2005b), tras sus estudios sobre el yacimiento de "Papa Uvas", plantea el uso de algunos asentamientos con hoyos como establecimientos estacionales.

Así pues, la mayoría de los investigadores "*consideran los yacimientos con fosos como grandes poblados permanentes, hábitats de grupos sedentarios y campesinos*" (Márquez y Jiménez, 2010: 43), donde las zanjas cumplirían un papel delimitador en la mayoría de los casos, algunas como elementos defensivos, y el resto de las estructuras negativas como silos de almacenamiento.

5.3. La presencia de enterramientos en las estructuras negativas

Los enterramientos en las estructuras negativas continúan siendo, a día de hoy una cuestión sin respuestas para los diversos investigadores, a pesar de la amplia documentación escrita sobre el tema en cuanto a los yacimientos neolíticos y de la Edad de los Metales en Europa central y occidental, no así en el sur de la Península Ibérica donde apenas se ha desarrollado.

La localización mayoritaria de enterramientos en estructuras negativas se ubica en los denominados silos, no obstante, también se han hallado en pozos, zanjas/trincheras, cubetas... y por ello vamos a analizar los diversos tipos uno por uno.

En cuanto a los enterramientos en zanjas o trincheras sólo contamos con los casos del yacimiento de Valencina de la Concepción (Sevilla) con tres individuos en 1975 y en 1976 en diversas áreas del yacimiento, sin ajuar ni la totalidad de sus huesos, algunos quemados. Todo ello llevó a la interpretación de que fueron arrojados a las zanjas sin ningún tipo de ritual. Otros restos humanos fueron ubicados en excavaciones posteriores de este mismo yacimiento en las zonas conocidas como "La Perrera" y el "Cerro de la Cabeza" (Fernández y Oliva, 1980: 25, 1986: 20; Ruiz *et al.,* 1992: 24-25; Fernández, 2013: 133) con tres cráneos y un cadáver no completo, en la finca "La Emisora" (Murillo, 1991: 559) con un esqueleto completo y un cráneo de otros; en la "Cima" (Ruiz, 1991: 462-463; Ruiz, Martín y Alcázar, 1992:22) un esqueleto no completo en conexión anatómica junto al cráneo de otro individuo y en el foso del "Plan Parcial Matarrubilla" (Vargas, 2004: 120). Y en cuanto a la interpretación de este tipo de enterramientos debemos retomar la hipótesis de Arteaga y Cruz-Auñón (1999: 613):

"En Valencina no cabe la menor duda de que se trata de enterramientos aislados de la necrópolis propiamente dicha: dada su repetida observación no solamente en silos sino también en pozos y en fosos colmados como basureros. Frente a los criterios idealistas que rehúyen plantear la existencia de desigualdades sociales durante el Calcolítico atlántico-mediterráneo de la Península Ibérica, a nosotros nos gustaría preguntar cuál era la norma igualitaria que permitía que unos colectivos reivindicando sus linajes ancestrales tuvieran el "derecho" de ritualizar sus enterramientos en unos sectores funerarios determinados, al lado de los grandes sepulcros, mientras que otros individuos sin gozar unas distinciones ceremoniales parecidas, al morir eran arrojados fuera del espacio ocupado por aquellos muertos bien "emparentados", en cualquier basurero, de una manera tan miserable".

Dichos autores propugnan la posibilidad de una sociedad vertical reflejada en las prácticas funerarias (Pereida *et al.,* 2001; Sayago, 2012), siendo así que la clase social alta es enterrada en los grandes sepulcros monumentales, mientras que los individuos de la categoría social más baja eran arrojados en silos, zanjas o cabañas sin la celebración de ritual alguno, lo que explicaría la aparición de cuerpos incompletos, o incluso, cráneos desperdigados, denominados por dichos especialistas como los *"segregados"* (Márquez y Jiménez, 2010: 131).

En relación a las fosas circulares o cubetas en la zona de Andalucía occidental se han documentado en un mayor número de casos la presencia de restos humanos, destacando los yacimiento de "San Bartolomé" de Almonte (Huelva) (Fernández y Ruiz, 1986), "Valencina de la Concepción" (Sevilla), "El Llanete de los Moros" (Montoro, Córdoba) (Martín de la Cruz, 1987b; Chasco, 1989; López y López, 1994), "Marimacho" (Antequera, Cádiz), "El Polideportivo de Martos" (Martos, Jaén) (Lizcano *et al.,* 1993, 1998; Cámara y Lizcano, 1996; Cámara *et al.,* 2010), "Marroquíes Bajos" (Jaén) (Hornos, Zafra y Castro, 1998; Pérez y Cámara, 1999; Pérez y Sánchez, 1999; Ruiz *et al.,* 1999, 2006; Serrano, 1999; Zafra, Hornos y Castro, 1999; Zafra, Castro y Hornos, 2003; Burgos, Pérez y Lizcano,, 2001a, 2001b, 2001c; Serrano *et al.,* 2002; Sánchez *et al.,* 2004; Serrano, Bellón y Rueda, 2005; Rodríguez *et al.,* 2005, 2006; Castro, Zafra y Hornos, 2008) y "El Trobal" (Jerez de la Frontera, Cádiz). En este tipo de estructuras, algunos investigadores no ven elementos rituales, aunque presentan elementos cerámicos, material lítico y restos de fauna (hervido, bólido y/o cerdos), además de la posición fetal presentada por la mayoría de los individuos, lo que supondría la práctica simbólica de las deposiciones sin descarnar, del mismo modo que se advierte una posible ordenación centrífuga de los cadáveres, desplazados hacia las paredes interiores (Olivier, 1960).

Un tercer modelo que se observan en estas sociedades son los pozos, cuyo primer caso se documentó en el siglo XIX tanto en el yacimiento de "El Garcel" estudiado por Luis Siret como en el enclave de "El Acebuchal" por G. Bonsor (1899). Ya en el siglo XX destaca en la zona de Sanlúcar los hallazgos de este tipo en la "Loma del Agostados" por J. de M. Carriazo (1975) y en los yacimientos de "Quincena" y "San Benito" por parte de A. Caro Bellido (1982). Así como la zona de la Bahía de Cádiz con yacimientos como "Base Naval" de Rota (Ruiz y Ruiz, 1989, 1999), "Cantarranas-La Viña" (Ruiz y Ruiz, 1987, 1989, 1999; Ruiz, 1987, 1994a, 1994b; Perdigones *et al.,* 1987; Valverde, 1991, 1993; Ramos *et al.,* 1992b; McClellan *et al.,* 2003), "la colina del Alcázar" de Jerez de la Frontera (Aguilar, 2001), "El Trobal" (González, 1987), "El Jadramil" (Lazarich, 2003). Igualmente se han documentado en "Valencina de la Concepción", en Puebla del Río (Carriazo, 1980) o en el casco urbano de Carmona y sus alrededores en Puebla de los Infantes y en la provincia de Málaga en el yacimiento de "Villares del Algnae" (Márquez y Fernández, 2002). En cuanto a los restos humanos encontrados en este tipo de estructuras se aprecian tanto prácticas de cuerpos sin descarnar como las de descarnamiento y desarticulación previa del cadáver a su enterramiento, con presencia no sólo de esqueletos en conexión anatómica en posición fetal sino también de partes de estos (cráneos, restos sueltos, huesos largos, etc.).

Todo ello viene a dictaminar la celebración de diferentes tipos de rituales según la clase social de los individuos. A lo largo de la historia, la Arqueología siempre ha obtenido mayor información sobre las clases sociales altas: los complejos megalíticos en la Prehistoria, las pirámides o la ciudad de los muertos en época egipcia, los tholos en época griega o tumbas más elaboradas en época romana; mientras que el conocimiento de los rituales o de los tipos de enterramiento del resto de la población ha sido investigado en menor medida. Es por ello que, en un primer momento, los investigadores prehistóricos desterraron la hipótesis de que los enterramientos en silos, zanjas o cubetas de época Calcolítica pudieran corresponde a dicha población, llegando incluso a ignorar estos hallazgos o suponer accidentes fortuitos para explicar la presencia de los restos óseos en ellos encontrados, hasta la aparición del yacimiento de Valencina de la Concepción, cuyos descubrimientos de los dos tipos de enterramiento de ambas clases sociales vino a abrir nuevas líneas de investigación.

5.4. ¿Y qué se considera un ritual funerario en la cultura de los silos?

Tras todo lo comentado anteriormente, surge esta pregunta ¿qué debemos considerar para verificar la presencia de un ritual funerario en la cultura de los silos? En primer lugar, es necesario aclarar que vamos a tratar sobre la ideología funeraria: *"conjunto de prácticas para reproducir una determinada situación justificándola"* (Cámara, Spaneda y Molina, 2018), existiendo así una materialización de un concepto abstracto a través de ceremonias, monumentos, objetos simbólicos y sistemas escritos-orales (Bard, 1992; DeMarráis, Castillos y Earle, 1996; Potter y Perry, 2000; Cámara, 2002; Muir y Driver, 2004; Laneri, 2007). Es por ello por lo que al estudiar los enterramientos prehistóricos se buscan estos componentes: posiciones específicas de los restos humanos, ajuares (material lítico, cerámico, restos faunísticos…), estructuración de los enterramientos, etc. Así pues, se ha centrado la visión funeraria de estas cronologías (IV-III milenio a.n.e.) en los monumentos megalíticos, descartando otras evidencias y/o ritos, ya que la Ideología es una forma de expresión en donde las sociedades muestran sus relaciones y su contexto, expresándolo tanto científicamente como ideológicamente (Cámara, 2001).

En segundo lugar, es necesario entender las diferentes visiones que se han otorgado a los elementos funerarios. Por ejemplo, y centrándonos un poco en los elementos megalíticos, no sólo se han considerado como lugar de entierro de los ancestros de las culturas prehistóricas sino también como (Cámara, 1998):

- Marcadores territoriales políticos debido a una tensión social por la presión demográfica (Renfrew, 1981). Es decir, debido a la posición de estos en el territorio marcaban diferentes zonas controladas por diversos grupos locales.
- Indicadores de rutas y territorios de explotación económicas, siendo varios investigadores quienes han inferido estrategias económicas prehistóricas mediante el emplazamiento de estos monumentos (Chapman, 1981; Jarman, 1982; Yates, 1984; Kalb, 1985; Criado, 1988a, 1988b; Fernández y Pérez, 1988), surgiendo la hipótesis de que marcan antiguas vías de trashumancia (Higgs, 1976) o rutas de desplazamiento (Vaquero, 1989; Boujot, Cassen y Vaquero, 1993; Criado y Vaquero, 1993; Criado, Fábregas y Vaquero, 1994).
- Evidencia de jerarquía social, marcada por las diferencias de ajuar y las distintas tradiciones de enterramiento. Representando una mayor consolidación del poder, no sólo por el espacio del entierro en sí mismo, sino también por el trabajo necesario para su construcción, y por ello, el control del grupo (Scarduelli, 1983).
- Manipulación del paisaje como puntos de referencia para la comunidad.

Y si el estudio bien caracterizado de los elementos megalíticos en la cosmovisión de la muerte en la Prehistoria Reciente ha generado división de líneas de investigación, aún mayor es la problemática suscitada en cuanto a los enterramientos en las diferentes estructuras negativas que caracteriza a la cultura de los silos.

En tercer lugar, ¿qué elementos pueden considerarse ajuares y cuáles no? Ante esta cuestión, se hace patente la necesidad de otros estudios como la traceología en el material lítico, la zooarqueología o la arqueobotánica. Y ¿por qué la necesidad de nuevas ciencias? Normalmente se ha relacionado los materiales de ajuar con piezas que:

- no han sufrido ningún tipo de uso presentando unos filos vivos en las herramientas líticas.
- han contenido líquidos específicos como miel, vino, perfumes, etc., en el caso de los productos cerámicos, al igual que suelen presentar decoraciones muy trabajadas.
- se corresponden con partes concretas de animales, por ejemplo, cráneos, o incluso individuos completos de especies concretas tanto adultos como crías.
- han sido trabajadas en materias primas foráneas al área de extracción o que se relacionan con otras culturas.

Si bien, en la cultura de los silos, la mayoría de los enterramientos hallados en las diferentes estructuras negativas no se asocian a ajuar alguno, pues el material se encuentra revuelto o directamente sólo se observan los restos humanos. Es aquí donde surge la controversia de si los materiales que se localizan en niveles estratigráficos inferiores o superiores a dichos restos se pueden relacionar con ellos y es mediante la realización de estudios actuales donde podríamos obtener respuestas. Sin embargo, en materiales excavados en los años 80, e incluso 90, que no han tenido un correcto tratamiento o conservación, será casi o completamente imposible conseguir esta correlación.

Por otro lado, la obtención de dotaciones ha permitido una diferencia temporal entre los restos óseos de animales y los enterramientos humanos, asociando los animales a un acto de ritual e inaugural de un área y esclareciendo el uso de reaprovechamiento como enterramiento de estas estructuras negativas (Moreno, 2016).

Y en último lugar, ¿existía alguna intencionalidad en cuanto al enterramiento en estructuras negativas dentro de esta cultura? Pese a que intentamos alcanzar una explicación de este emplazamiento funerario, actualmente perduran las mismas incógnitas en cuanto al motivo de aparición de restos humanos en ellas, siendo las hipótesis más generalizadas y con mayor peso, las de su pertenencia a clases sociales bajas o como castigo por algún delito, lo que explicaría la inexistencia de ajuares y de rituales; o la función de basureros.

No debemos olvidar que pretendemos conocer épocas históricas sin presencia de elementos escritos, intentando comprender cosmovisiones que en la actualidad no se materializan o no han perdurado a lo largo de la Historia, dando lugar a varios científicos, donde sólo las hipótesis tienen cabida, sin olvidar que nuevos estudios y/o metodologías podrían dar respuesta a estos vacíos, permitiendo la comprensión de aquellos modos de vida y el pensamiento social de la cultura de los silos.

6

Yacimientos

6.1. El Trobal (Jerez de la Frontera)

6.1.1. Localización

El yacimiento de "El Trobal" (ET) se ubica en el término municipal de Jerez de la Frontera, a unos 13 km al N.E. de dicha ciudad, en la pedanía de El Trobal, en la zona denominada de la campiña, al pie de la antigua llanura diluvial de Caulina, exactamente en las coordenadas geográficas 6°00'42" de longitud oeste y 36°45'16" de longitud norte.

En la actualidad (Fig. 6.1.) sólo se observa un amplio cerro de unos 50 metros de altitud sobre el nivel del mar con unas laderas pronunciadas en el oeste y en el sur debido a los arroyos de La Basurta y La Jarilla, afluentes del Arroyo del Salado, mientras que la ladera oeste apenas presenta buzamiento.

La zona de la campiña de Jerez de la Frontera se caracteriza por la presencia de llanuras aluviales actuales, pero también por suelos terciarios, muy propios para las labores agrícolas que se llevan a cabo. Está conformado por diferentes tipos de suelos: albarizas, del aljibe y de bujeo. Pero las tierras de la campiña no sólo están conformadas por la zona con el mismo nombre, sino también por otras como:

- la zona de las vegas de los ríos Guadalete y de sus numerosos meandros conformando el sistema de terrazas fluviales actualmente usadas para los cultivos de regadío de maíz, alfalfa, remolacha, algodón, zanahorias o patatas.
- el viñedo, sobre todo, en la zona noroccidental
- los montes y sierras con el Parque Natural de los Alcornocales, la sierra de Gibalbín y la sierra de San Cristóbal.
- los pastos o pastizales alrededor del pueblo de Estella del Marqués y en la zona del Circuito de Velocidad.
- las marismas y las salinas, usadas como pasto estacional, con origen en la colectación de los esteros del estuario del Guadalete.

En cuanto a la vegetación de la zona, debemos comprender que el factor antrópico ha provocado numerosos cambios

Figura 6.1. Fotografía aérea actual del yacimiento de "El Trobal". Tomada de Google Earth.

a lo largo de su ocupación. Aún así en la zona de la campáis y en base a diversos estudios realizados en varios yacimientos arqueológicos, se ha podido obtener una aproximación de los elementos vegetales y faunísticos existentes en la época.

Destacamos una vegetación formada por endiñares y coscares, aunque también se han obtenido taxones riparios correspondientes a aliso, fresno (*Fraximus angustifolia*), chopo, sauce (*Salis* sp.) y olmo (*Ulmus menor*), y un alto porcentaje de leguminosas (guisante y/o habas), así como presencia de polen de cereal y de vegetación arbustiva conformada por jarales (*Cistus ladanfer*), torviscos (*Daphne gnidum*), bresales, tarajes (*Tomaris* sp.) … (López, Ruiz y Ruiz, 2008).

Con respecto a la fauna, tenemos constancia de material paleontológico en los propios silos excavados. A falta de estudios de dichos elementos, excepto de la malacofauna (Cantillo, 2013), se pueden concluir los elementos faunísticos predominantes en la época por investigadores de otros yacimientos atribuidos a dicha cultura en el entorno de la propia ciudad de Jerez de la Frontera y de sus alrededores.

Debemos diferencias entre la malacofauna y la fauna terrestre. En cuanto a la primera se han podido constatar diversas especies de bivalvos, gasterópodos marinos y bivalvos de agua dulce (Fig. 6.2.) (Cantillo, 2013):

Figura 6.2. Selección de ejemplares de malacofauna encontrados en el yacimiento de "El Trobal" (Cantillo, 2013).

- Tanto en el yacimiento de "El Trobal" como en varios yacimientos en el núcleo urbano de Jerez de la Frontera (c/Palma 2 y c/Armas de Santiago) se han constatado bivalvos como *Barbatia barbara* (arca barbuda; 1 individuo en El Trobal), *Familia Cardidae* (1 en Armas de Santiago), *Cerastoderma elude* (berberecho, 2 en El Trobal), *Chamalea gallina* (chirla, 1 en El Trobal), *Chlamy* sp. (Zamburiña; 2 individuos en Armas de Santiago, 5 en El Trobal y 1 en Palma 2), *Crassostrea angulata* (ostión; 2 en Armas de Santiago), *Glycymeris* sp. (almendra de mar; 2 en El Trobal), *Mactra Stulorum* (acoquina de Huelva; 1 ejemplar en El Trobal), *Ostrea edulis* (ostra; 5 en Armas de Santiago, 4 en El Trobal y 2 en Palma 2), *Panopea glycimeris* (arola gigante; un ejemplar en Armas de Santiago y otro en El Trobal), *Pectem maximus* (vieira; 4 especímenes en Armas de Santiago y 1 en Palma 2), *Pholas dactylus* (barrena; sólo uno en El Trobal), *Ruditapes decussatus* (almeja; 271 muestras en Armas de Santiago, 60 en El Trobal y 80 en Palma 2), *Scrobicularia plana* (coquina de fango; sólo en El Trobal con 5 evidencias) y *Solem marginatus* (navaja; 8 en El Trobal y 1 en Palma 2).
- En cuanto a gasterópodos marinos se observa *Crepidula* sp. (Sólo en El Trobal con 5 ejemplares), *Ostilinus lineatus* (burgaillo; 1 en Armas de Santiago) y *Zonaria pyrum* (porcelana; 1 individuo en Palma 2).
- De bivalvos de agua dulce sólo se constata *Patomida litorale* (almeja de agua dulce o de río) en El Trobal con un individuo.

- Y, por último, entre los escafópodos se confirma *Antalis* sp. (diente o colmillo de elefante) con un ejemplar en el yacimiento que estamos tratando.

Por otro lado, J.J. Cantillo (2013) determinó distintos usos de la fauna marina: en una primera instancia diagnosticó que la mayoría de las especies eran comestibles, como complemento de la dieta alimenticia; por otro lado, determinadas especies como *Antalis* sp. debido a su fisonomía tabular servían como elementos de adorno-colgante, y por último, a los especímenes *Glymeris* sp., recogidos en la playa post-mortem, se le atribuyen distintas funciones: adornos-colgantes por la erosión y perforación del umbo (Álvarez, 2006), recipientes (Pascual, 2008), pocillos (Maicas, 2007), cucharas (Pascual, 2010) o elemento de intercambio (Weller y Figuls, 2012).

La fauna terrestre localizada en "El Trobal" no ha sido estudiada, aunque en numerosos silos fueron hallados restos de cánidos, además de linces, ciervos, ovicápridos, cabra montesa y jabalí. Incluso en relación a aspectos rituales, se documentó una preparación intencionada de cabezas de jabalí y de un cánido en uno de los silos con enterramiento y del mismo modos, en otros muchos yacimientos del entorno de la ciudad de Jerez, como puede ser el caso de "El Tempul" (Moreno y Barrionuevo, 2017; Moreno, 2018), donde se encontraron suidos en conexión anatómica, ovicápridos y perros como elementos rituales, o en el caso de "c/Palma 2" con restos óseos de bovinos y suidos, además de otros enclaves como "el Alcázar", "c/ Murillo", "Plaza de los Ángeles"…

Así pues, este compendio de suelos, vegetación, fauna y la presencia de agua dulce en la zona conformaron el lugar idóneo para el desarrollo del asentamiento y de sus habitantes en un paleo-ambiente dominado por medios costeros restringidos tipo estuarios y playas arenosas poco expuestas.

6.1.2. Antecedentes

6.1.2.1. Campañas arqueológicas

El yacimiento de "El Trobal" situado en una cantera de áridos fue hallado en los años 80 del siglo pasado entre 1985 y 1988 por la apertura de nuevos frentes por parte del personal del Servicio Municipal de Arqueología del Ayuntamiento de Jerez de la Frontera bajo la dirección de Rosalía González Rodríguez. Ante el riesgo de destrucción de dicho enclave se iniciaron los trabajos de excavación bajo un proyecto de urgencia con la participación de Antonio Santiago Pérez y Esperanza Mata Almonte y un equipo entre seis y siete personas y diversos operarios de la zona, gracias a las ayudas percibidas del plan P.E.R. (Plan de Empleo Rural).

A lo largo de las cuatro campañas de excavación llevadas a cabo se localizaron más de un centenar de silos o

estructuras negativas, con más de tres mil herramientas líticas, una zona de taller con casi mil quinientas piezas y una zona de hábitat conformada por dos fondos de cabañas y abundantes restos líticos como cerámicos.

Durante el año 1984 se realizó la limpieza de una estructura subterránea de tipo siliforme casi de derribada por las palas excavadoras de la cantera, documentándose un enterramiento con ajuar tanto cerámico como lítico en su interior con una cronología correspondiente al Calcolítico pleno en el perfil SW de la cantera.

Entre los años 1985 y 1986, el equipo conformado por cuatro técnicos: A. Santiago, Maribel Molina, Esperanza Mata y Luis Aguilera, con la dirección de Rosalía González, además de la colaboración de varios operarios, excavaron un total de 28 silos de diversas tipologías, dimensiones variadas y cuyas potencias fluctuaban entre 0,5 y 1,5 metros, denominados con letras del alfabeto desde la LL hasta la Z y una segunda vuelta con el número 1 (desde A-1 hasta N-1). En esta primera campaña, las estructuras aparecían en núcleos concentrados de diez, ocho y seis silos, además de apreciar desde cotas muy superficiales el material arqueológico que aumentaba en las capas medias e inferiores.

Pese a que la estratigrafía interna de los silos (Fig. 6.3.) presentaba un paquete más o menos homogéneo, el equipo investigador pudo detectar otra estratigrafía general (Fig.

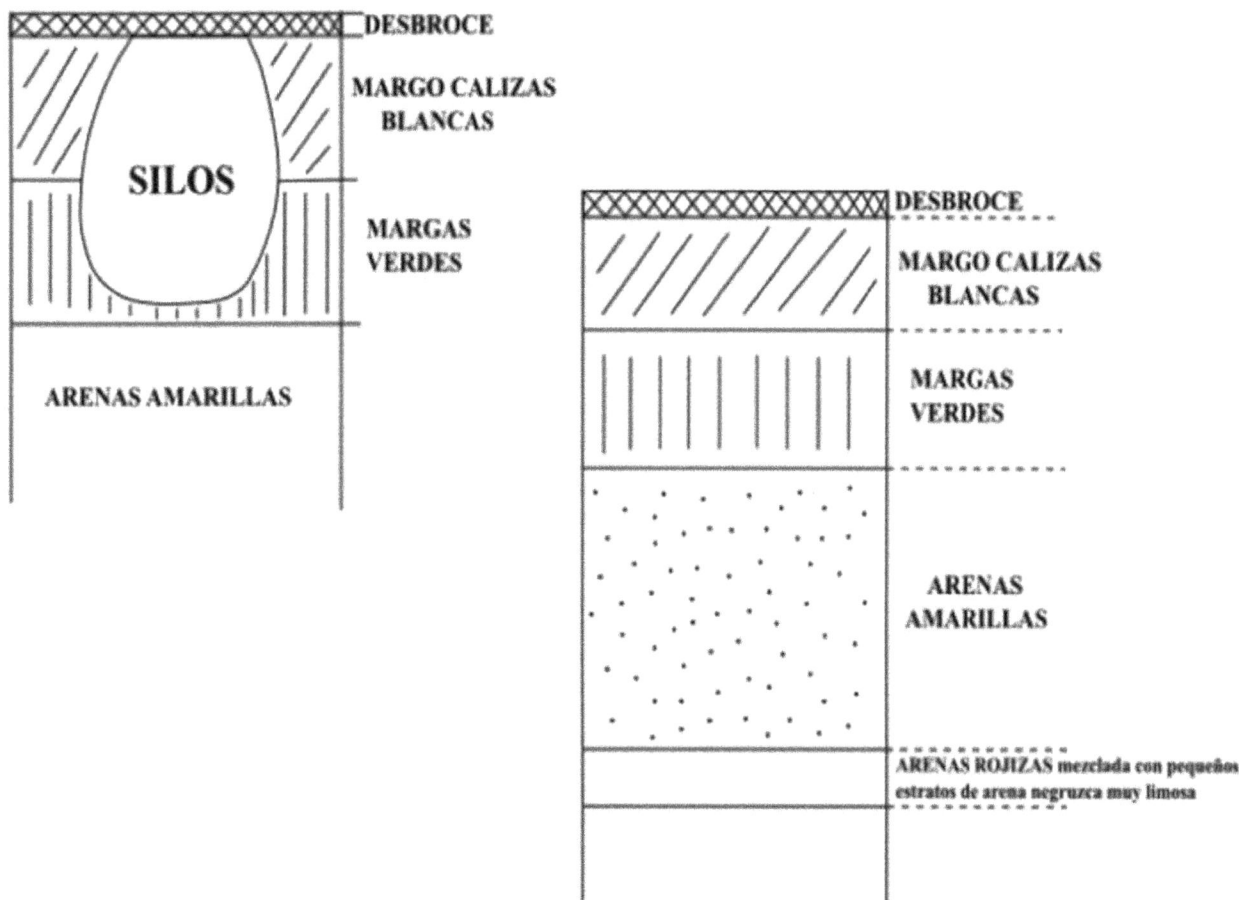

Figura 6.3. Estratigrafía general y localización de los silos según la estratigrafía general. Realizado por A. Santiago en su diario personal de excavaciones de "El TRobal".

6.3.) conformada en un primer lugar por un paquete de margocaliza de coloración blanca, seguido de otro de tonalidad verde donde surgen las estructuras negativas. Tras este, cambia la composición con otro estrato de mayor capacidad de arenas amarillas, y, por último, otro de arenas rojizas mezcladas con pequeños estratos de arena negruzca muy limosa.

A lo largo de esta campaña se hallaron restos humanos correspondientes a doce individuos en los silos A, B, X-1 y LL (Fig. 6.4.) estudiados por Ruiz *et al* (1991). Y, por último, en una época de lluvias muy copiosas, se pudo constatar una de las hipótesis en cuanto a los usos de estas estructuras negativas como recipientes para la conservación del agua, pues esta no se evaporó tras quince días de calor constante.

Entre los meses de junio y julio de 1986, se iniciaron los trabajos correspondientes a la segunda campaña, en la que trabajaron seis obreros, tres licenciados y dos técnicos municipales (A. Santiago y E. Mata) con la dirección de R. González y se excavaron un total de once silos en el perfil NO de la cantera con la siguiente denominación: Q-1, P-1, R-1, S-1, T-1, U-1, V-1, X-1, Y-1 y Z-1 (Fig. 6.4.). Además, se localizó un posible horno romano que contenía ladrillos y fragmentos de regulas y próximo al arroyo del Trobal (Arroyo Dulce) una gran mancha oscura de forma oval de 5x4x0,25, con cerámicas medievales, huesos y abundante carbón en su superficie.

Aunque ya se había iniciado en la primera campaña la recogida de material lítico de la zona denominada como "el taller", fue en esta campaña cuando se recogieron varios kilogramos, y se comprobaron los límites del área de los silos: hacia el S y el NW en donde el estrato de margocalizas se pierde en favor de un potente estrato de calizas blancas de 1 a 3 metros de potencia, mientras que hacia el N y E la destrucción de los silos provocada por la cantera impidió su delimitación exacta.

Durante el año 1987, tuvo lugar la tercera campaña, donde trabajaron seis operarios y dos técnicos (M. Molina y E. Mata) se analizaron y excavaron un total de 18 silos (A-1, A-2, B-2, C-2, D-2, E-2, F-2, G-2, H-2, I-2, J-2, K-2, L-2, M-2, N-2, O-2, P-2 y Q-2) (Fig. 6.4.) con los siguientes objetivos: continuación de la excavación del silo P-1, excavación de los silos A-2 y N-1, y la continuación del silo romano en la cantera Miyarazotán donde apareció el silo K-2 realizándose primero una cata y posteriormente excavándose en su totalidad con un total de 6 piezas, además de la excavación metodológica de las arcillas rojas del silo P-1, la realización de una prospección al otro lado del canal y delimitación del yacimiento y de la zona denominada como "el taller".

Si bien, la zona analizada fue la de menor envergadura, los silos de ésta presentan diferencias con respecto a los excavados en las campañas anteriores, existiendo en primer lugar una colmatación de estos mediante un relleno

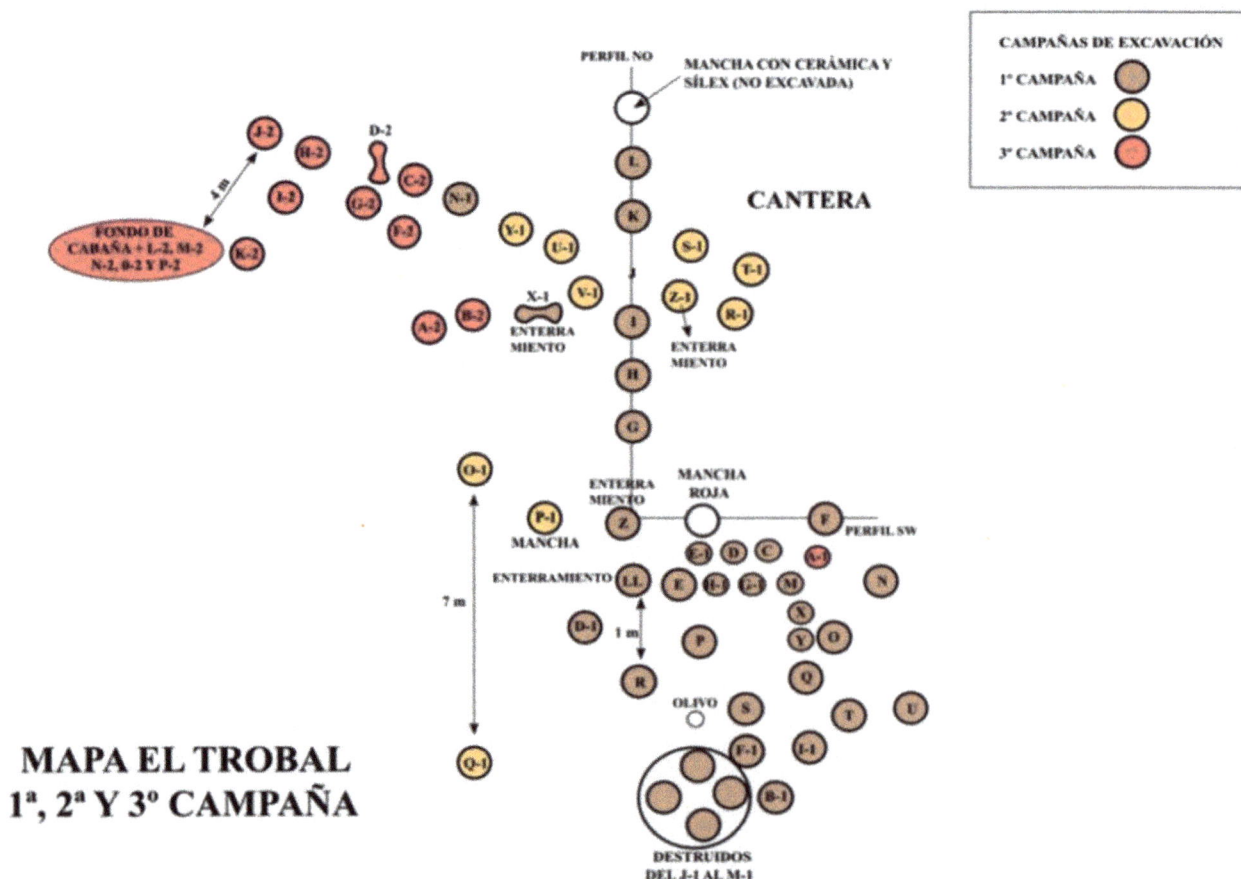

Figura 6.4. Organigrama de las diferentes estructuras negativas documentadas en el yacimiento de "El Trobal". Realizado por R. Martínez.

de piedras de gran tamaño de 15 a 20 centímetros y de roca caliza. Asimismo, se documentaron dos agrupaciones en cuanto a la forma general, por un lado, se desarrollaban silos con cubetas cilíndricas (N-1, A-2, B-2, F-2, y J-2) (Fig. 6.4.) y por otro, silos con un casquete esférico abovedados (E-2, G-2, H-2 y K-2) (Fig. 6.4.), siendo en su mayoría plantas generalmente circulares y con bases planas o ligeramente cóncavas.

Del mismo modo, se llevaron a cabo varias prospecciones colindantes en la zona de la cantera en su ladera Este donde se recogió material lítico, gallos de cerámica a mano y fragmentos de ánforas romanas y algunos fragmentos de Terra sigillata clara, y en los cerros contiguos al yacimiento como el Cerro de la Basurta que presentó la misma estratigrafía que la cantera y el Cerro del Cortijo de El Trobal de oca elevación y plagado de restos de construcción (ánforas, dolium, sigillata clara, sigillata hispánica…) con una cronología del siglo II y III d.C.

Finalmente, en el año 1988, se realizó la cuarta y última campaña, al mando de cuatro técnicos: E. Mata, M. Molina, Pilar Benítez del Castillo y A. Santiago, bajo la dirección de R. González, correspondiéndose con la de mayor extensión y excavándose un total de 52 silos y hallándose otro fondo de cabaña de 4,4x2 metros perteneciente al Bronce final.

A lo largo de las cuatro campañas, la zona conocida como "taller", localizada a lo largo del canal y del frente de cantera y que sobrepasa el límite de la margocaliza (Fig. 6.6.), fue estudiada en profundidad, constatándose la ausencia de silos y cerámica, y con una amplia carga de productos tallados, pulimentados, cantos rodados y bases naturales.

Así pues, "El Trobal" puede ser definido como un yacimiento completo con diferentes áreas: una zona de hábitat con los fondos de cabaña, un sector destinado a la acumulación del excedente agrícola con silos (algunos utilizados como enterramientos), y, por último, una superficie destinada a la producción de herramientas líticas denominada "taller" (Fig. 6.5.).

6.1.2.2. Artículos e investigaciones publicadas.

Si bien, ya comentamos al principio que dicho enclave no contaba con gran cantidad de artículos, sí se han realizado algunos estudios sobre la cerámica, los fondos de cabaña y el material asociado a ellos, los restos óseos humanos y la malacofauna, los cales vamos a detallar a continuación.

Rosalía González (1987) en "El yacimiento de 'El Trobal' (Jerez de la Frontera, Cádiz). Nuevas aportaciones a la cultura de los silos de la Baka Andalucía" en *Anuario Arqueológico de Andalucía* nos avanza los primeros resultados obtenidos en las campañas realizadas hasta la fecha. Dicho artículo, tras presentar el yacimiento y algunas de sus características, se centra en los materiales cerámicos divididos entre formas carenadas, no carenadas y otras formas cerámicas. Entre los primeros se habla de la cazuela carenada presente en todas las estructuras excavadas durante la campaña de 1986. De las formas no carenadas predominan los vasos de cuerpo esféricos y paredes verticales y las ollas globulares, y en menor medida, se trata los cuencos de perfil hemisférico y de paredes rectas, con aparición mínima de los platos de gran diámetro. Y en el apartado de otras formas cerámicas se analizan fragmentos de cucharas y cucharones de arcilla, un embudo completo de 9 cm de alturas y los 'crecientes' o 'cuernecillos' de arcilla con perforaciones en los extremos.

CROQUIS DEL YACIMIENTO EL TROBAL

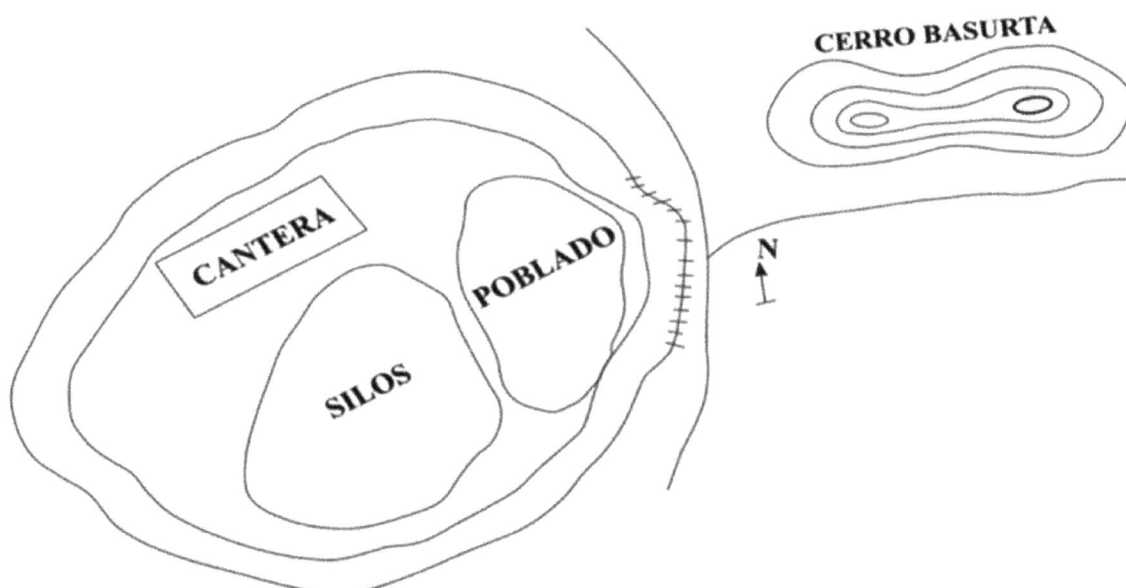

Figura 6.5. Croquis de la estructuración del yacimiento de "El Trobal". Realizado por R. Martínez.

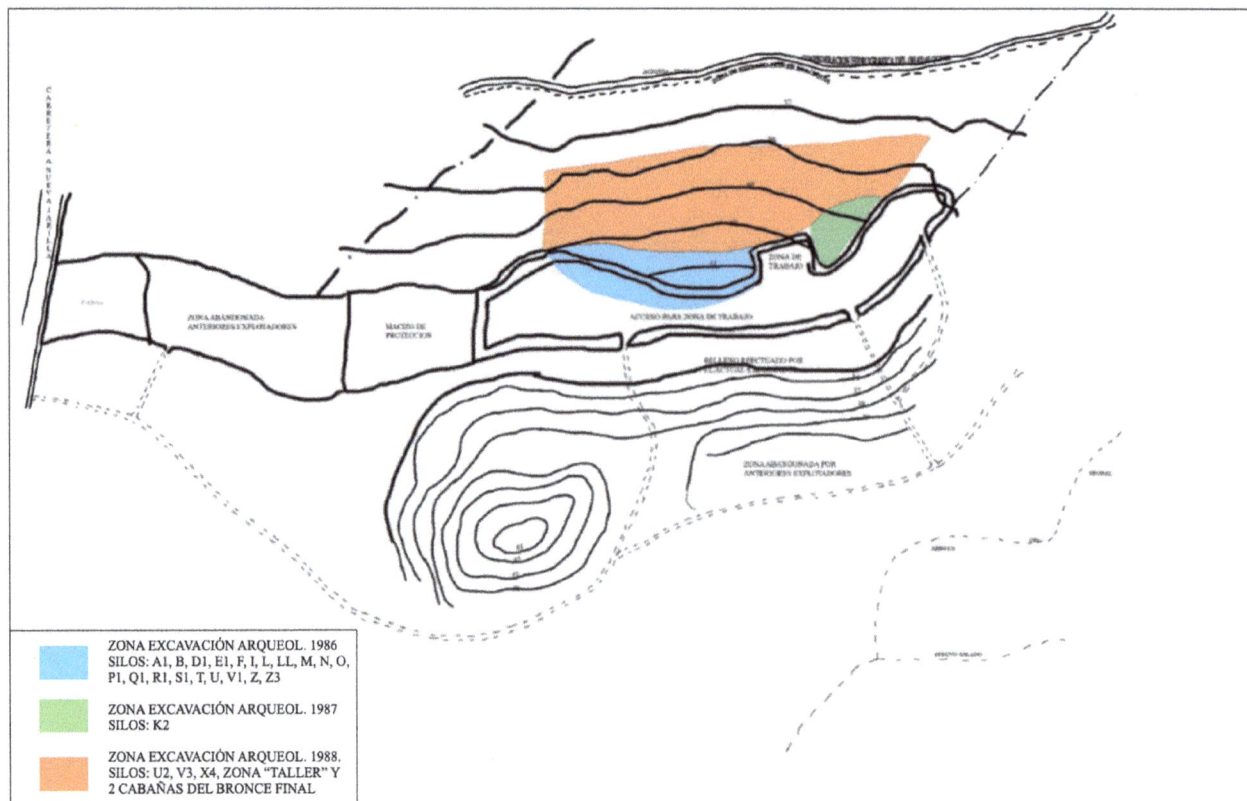

Figura 6.6. Mapa del yacimiento de "El Trobal". Realizado por R. Martínez.

Además de tratar los motivos decorativos como cordones, mamelones, pinturas a la almagra, superficies bruñidas, la técnica incisa, e incluso, algunos fragmentos pintados con motivos geométricos en forma de zigzag, bandas horizontales, líneas verticales…

José Ramos (1991b) en "Las industrias líticas del Bronce final en Jerez. Renovación metodológica y perspectivas económicas de estudio" en *Páginas. Revista de Humanidades* se hizo cargo del estudio de los materiales líticos de las dos cabañas del Bronce final excavadas durante la campaña de 1988 de estructura elíptica-ovoide de 4,4, por 4,2 metros. Se estudiaron un total de 130 objetos líticos, la mayoría de ellos tallados en sílex (94,61%) y en menor medida sílex con vetas de cuarcita (1,54%), en caliza (1,54%) y en cuarcita (2,31%). Se constató una actividad de desbaste y talla dentro de la cabaña debido a la gran presencia de esquírlas y desechos. En cuanto a los núcleos, 11 ejemplares en total, se corroboró la presencia de los tipos levallois, prismáticos, globulosos, con un plano de golpeo, de cresta y diversos. Además de 103 ejemplares de lascas sin retocar, mientras que los productos retocados escasean, con sólo cinco muestras.

M.C. Botella y su equipo (Ruiz *et al.*, 1991) realizaron el estudio antropométrico de los restos óseos humanos en el artículo "Población eneolítica del yacimiento de El Trobal, Jerez de la Frontera", en donde se detallaron todos los restos óseos estudiados y los compararon con las series argáricas y Neo-eneolíticas levantinas, concluyendo que la

mayoría de los individuos pertenecían al tipo mediterráneo grácil, el grupo racial predominante del sur de la Península Ibérica desde el Neolítico (Fusté, 1957), a excepción del individuo 3 del silo LL con rasgos del tipo mediterráneo robusto y del individuo 4 del silo X-1 y dos del silo B con rasgos alpinoides. Además de sugerir una relación más estrecha entre los integrantes del silo LL y que todos ellos tendrían una edad por debajo de los 30 años, encontrándose tres de ellos en edad juvenil. Y en cuanto a las comparaciones, detallan que los restos de los 13 individuos, aunque se aproximan a poblaciones coetáneas cronológicamente con El Agar y Neo-eneolíticas del levante, son más próximas a las primeras.

Y, por último, J.J. Cantillo (2013) en "Los recursos marinos en la Prehistoria reciente del entorno de Jerez de la Frontera. Análisis de su explotación y consumo" detalló los resultados arqueomalacológicos obtenidos en el estudio de los restos de los yacimientos de Armas de Santiago, El Trobal y c/Palma 2, anteriormente detallados al tratar la fauna marina del yacimiento en el apartado 6.1.1 (Localización).

6.1.3. Estudio actual

Tras casi 40 años, exactamente en el 2016, se retoma la investigación del yacimiento de "El Trobal", a partir de este trabajo doctoral, con el estudio de los materiales líticos dentro del marco de la "cultura de los silos". Para ello, se dio comienzo a la búsqueda de todo lo escrito sobre dicho enclave, constatándose la pérdida de la información documentada por los arqueólogos durante las cuatro campañas, buscada en las dependencias del Museo Arqueológico de Jerez de la Frontera, y corroborada la ausencia de entrega en la Delegación Territorial de Cultura, Turismo y Deporte de Cádiz.

Después de una ardua investigación documental, se verificó una escasa bibliografía, con sólo siete artículos, donde algunos versan explícitamente sobre el yacimiento, como son los casos anteriormente comentados, mientras que en el resto sólo se realizan reseñas o menciones: Ramos (2013), Ramos *et al.* (1989, 1992d, 2001b).

Al comprobar que el material lítico se encontraba inédito, se llevó a cabo la redacción del pertinente proyecto de investigación de *Actividad Arqueológica Puntual "Estudio de materiales líticos del yacimiento de El Trobal"* aceptado por la delegada Territorial de Cultura, Turismo y Deporte de la Junta de Andalucía, Dña. Remedios Palma Zambrana, e iniciándose dichos estudios en las dependencias del Museo Arqueológico de Jerez de la Frontera con la dirección de la autoría, Raquel Martínez Romero.

Se han analizado un total de 4176 piezas entre cantos rodados, productos trabajados y elementos pulimentados cuyo análisis presentamos a continuación:

Del total estudiado, el 73% (3042 piezas) corresponde a productos retocados, sólo un 7% son materiales pulimentados (269 herramientas) y el 20% restante

responde a cantos rodados (803 elementos) (Fig. 6.7.). Esto se debe a la estructura organizativa del propio yacimiento, ya comentada, con la existencia de un taller propio, donde se desarrollan procesos de desbaste y talla.

Entre la materia prima (Fig. 6.8.) predomina, en su mayoría, el sílex (97,44%), seguido del cuarzo (1,10%) y de arenisca (0,83%), y en menor medida, cuarcita (0,29%), diorita (0,27%) y pizarra (0,05%) en lo que a productos retocados y a cantos rodados se refiere. Mientras que la materia prime principal de los pulimentados coincide con la diorita (66,33%), seguido de la arenisca (29,25%), además de sílex (3,13%), cuarcita (0,79%) y piedra volcánica (0,5%).

La amplia coloración del sílex y su aspecto nos permite deducir distintos tipos, aunque la falta de estudios arqueométricos y geoarqueológicos, nos impide dictaminar fehacientemente las áreas de captación de materias primas. Aún así, por la geografía colindante, y detallada en el capítulo segundo, podemos casi asegurar que casi la totalidad de sílex se corresponde con las Peñas y Marismas del Cuervo, con las sierras de Cádiz y con la sierra de Gibalbín, detallándose la siguiente tipología:

- Tipo I. Con una tonalidad grisácea, no presenta una buena calidad para la configuración a través de la talla a presión, presente en las Peñas del Cuervo I.
- Tipo II. Carente entre los elementos taladlos y documentado entre los cantos rodados, de coloración rojiza propia de la Laguna de los Tollos y del piedemonte de Las Peñas del Cuervo.

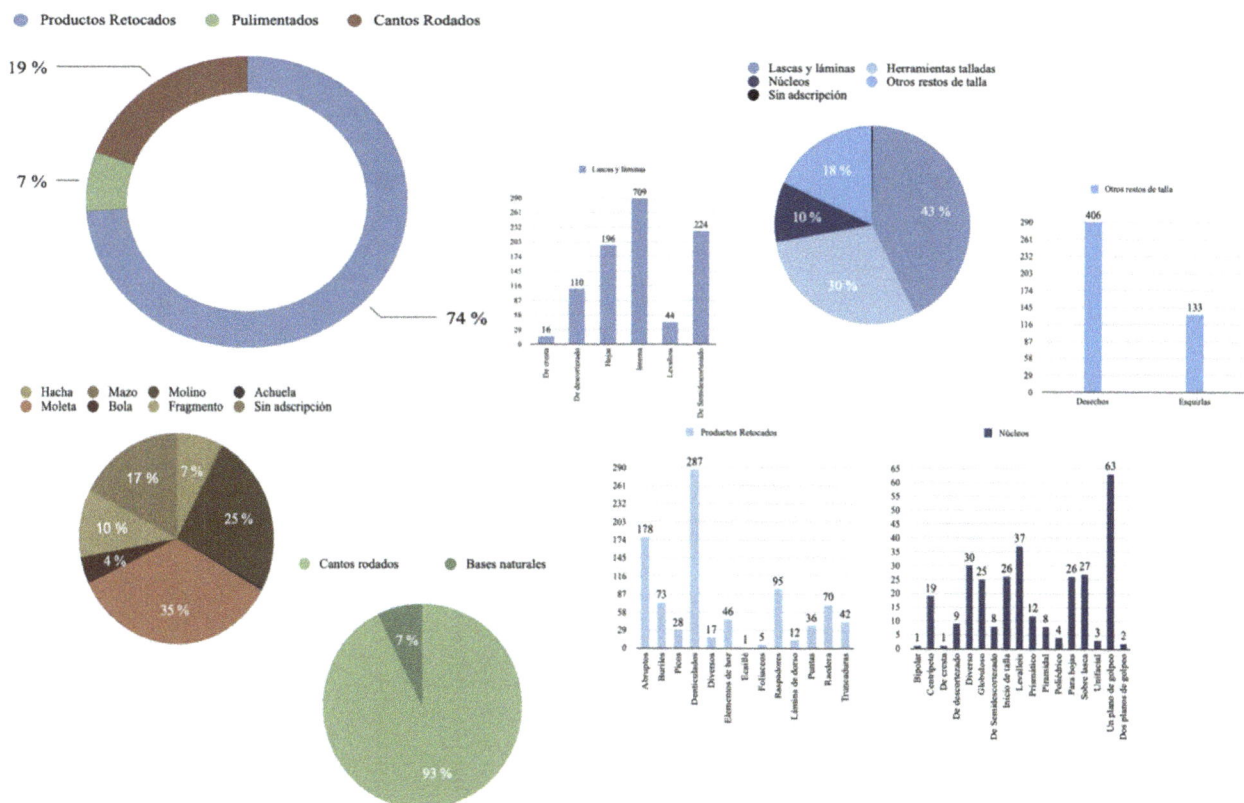

Figura 6.7. Cómputo general del material lítico del yacimiento de "El Trobal". Realizado por R. Martínez.

MATERIA PRIMA

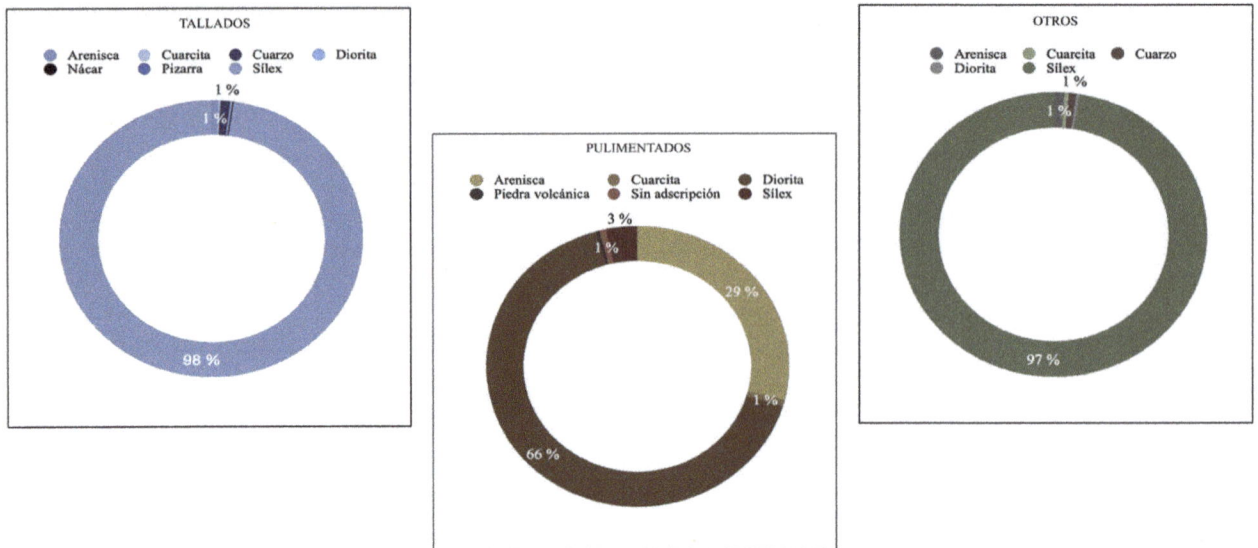

Figura 6.8. Gráfica sobre la materia prima de los productos líticos del yacimiento de "El Trobal". Realizado por R. Martínez.

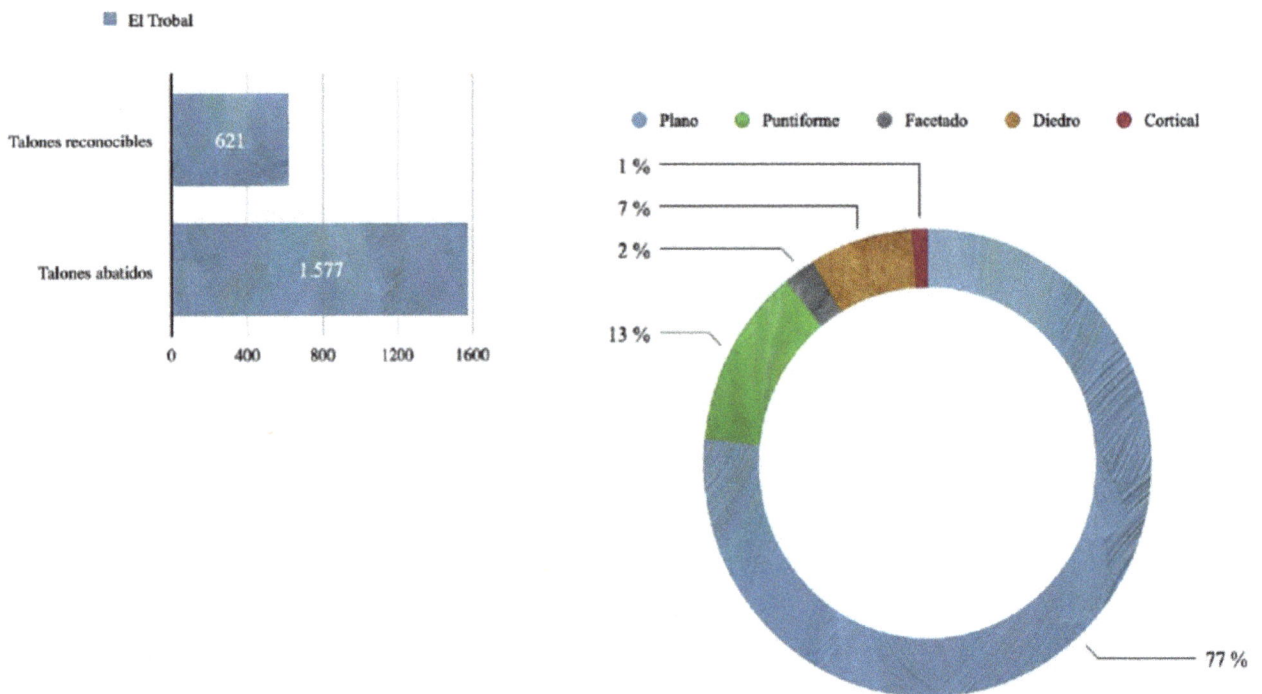

Figura 6.9. Gráfica sobre tipología de talones del yacimiento de "El Trobal". Realizado por R. Martínez.

- Tipo III. Con mayor abundancia y cuya procedencia exacta se desconoce. Presenta una gama de blancos con pátinas beige-amarillentas y concreciones calcáreas.
- Tipo IV. De las zonas del Subbético o de las sierras de Cádiz se corresponde con sales de tonos grises y negros de gran calidad, propios de los elementos de hoz y raspadores.

En cuanto al resto de materias primas, hay presencia de areniscas de la laguna de los Tollos y del piedemonte de

Las Peñas del Cuervo; cuarcitas de muy buena calidad, de la conexión del Guadalquivir con el Guadalete; y para las rocas subvolcánicas metamórficas existen afloramientos en las sierras de Gibalbín (Becerra, 2017).

En relación a las herramientas talladas, predominan las lascas frente a las láminas, obteniendo sólo la tipología del talón de 621 piezas, en su mayoría microlascas, lascas pequeñas y microlascas laminares. Abundan los denticulados (BN2G-D), raspadores (BN2G-G-), raederas (BN2G-R) y elementos de hoz (BN2G-DIV-EH). Además

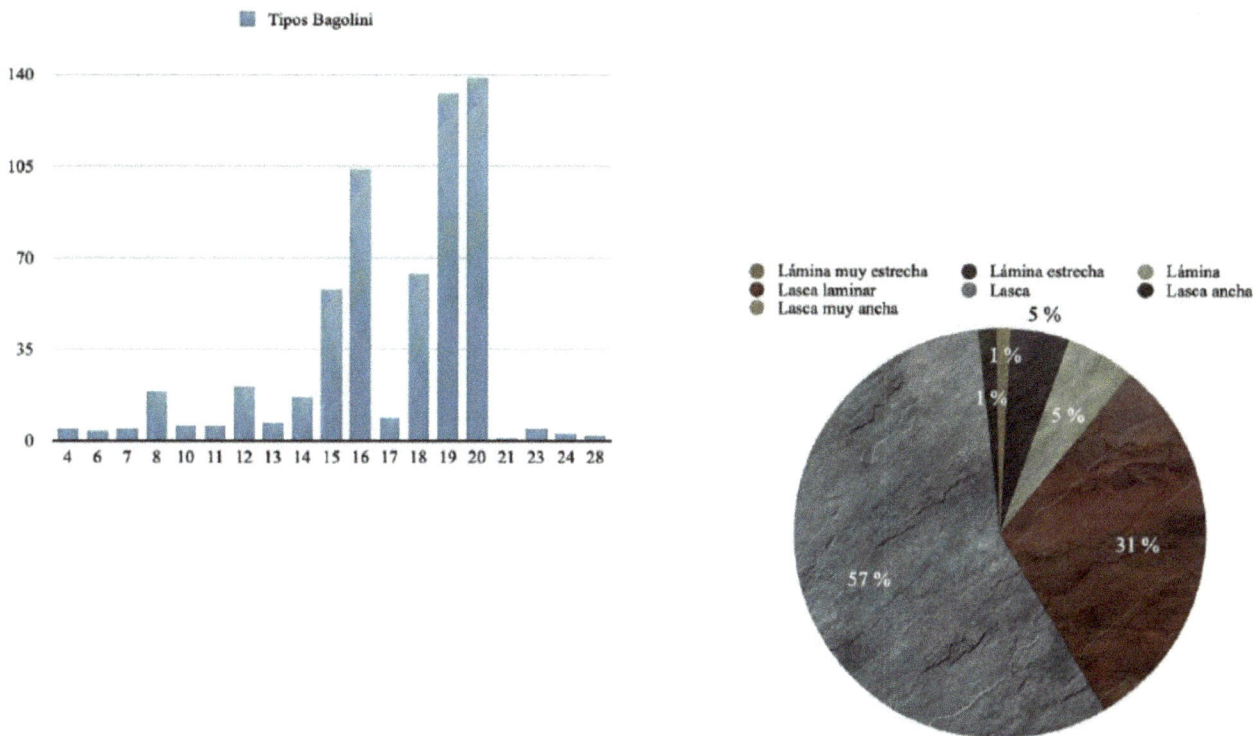

Figura 6.10. Gráficos sobre el estudio de los módulos tipométricos según B. Bagolini del material lítico tallados de "El Trobal". Realizado por R. Martínez.

de puntas (BN2G-P), láminas de dorso (BN2G-LD) o foliáceos (BN2G-F). Mientras que entre los pulimentados destacan las moletas, seguidas de las hachas, molinos y bolas, y un grupo de 26 fragmentos sin adscripción (Fig. 6.7.). Toda la industria está poca rodada, con aristas vivas y frescas. Se trata de un material sin señales aparentes de patinación ni rodamiento, pudiendo decir que no han sufrido alteraciones morfológicas físicas.

Con respecto al análisis de los talones se ha tenido en cuenta todo el material a excepción de los ORT (Otros Restos de Talla), tanto desechos como esquirlas. Así pues, en el total de la industria predominan los talones abatidos (72%) frente a los reconocibles (28%), entre los cuales destacan los lisos con un 77%, seguido de los puntiformes (13%), los diedros /7%), los facetas (2%) con mayor presencia de los facetados cóncavos frente a los facetas convexos y lisos, y, por último, los corticales (1%) (Fig. 6.9.).

Empleamos el sistema de B. Bagolini (1968), obviando material con fracturas y lascas con talones abatidos. Del total de 2225 lascas analizadas sólo se ajustan al estudio 609. Se observa una ausencia de las lascas anchísimas, mientras que los dos grupos más numerosos son las lascas (57%) y las láminas laminares (31%). Los grupos de tipo ancho apenas son significativos, en cambio, los tipos micro ascienden al 53%, por su parte los pequeños suponen el 31%, los normales el 14% y los grandes sólo el 3% (Fig. 6.10.). Por tanto, existe un predominio del conjunto microlítico y un gran peso laminar de la industria.

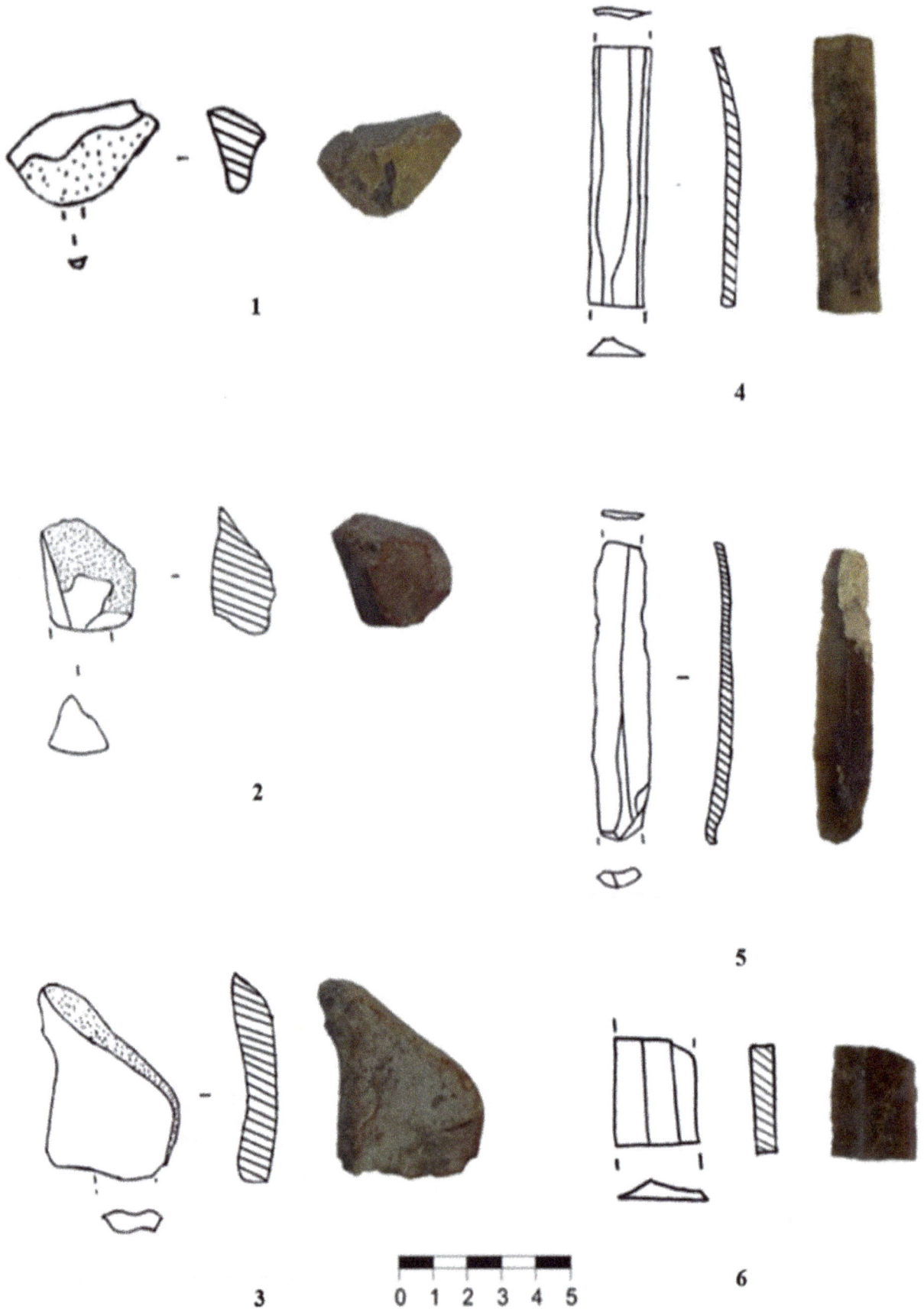

Bases Positivas (BP): 1.-BP-D (Descortezado), 2 y 3.- BP-SD (Semidescortezado), 4.- BP-DNH (para el desbaste de núcleos para hojas), 5 y 6.- BP-H (Hojas)

Figura 6.11. Lascas y láminas (BP) del yacimiento de "El Trobal". Realizado por R. Martínez.

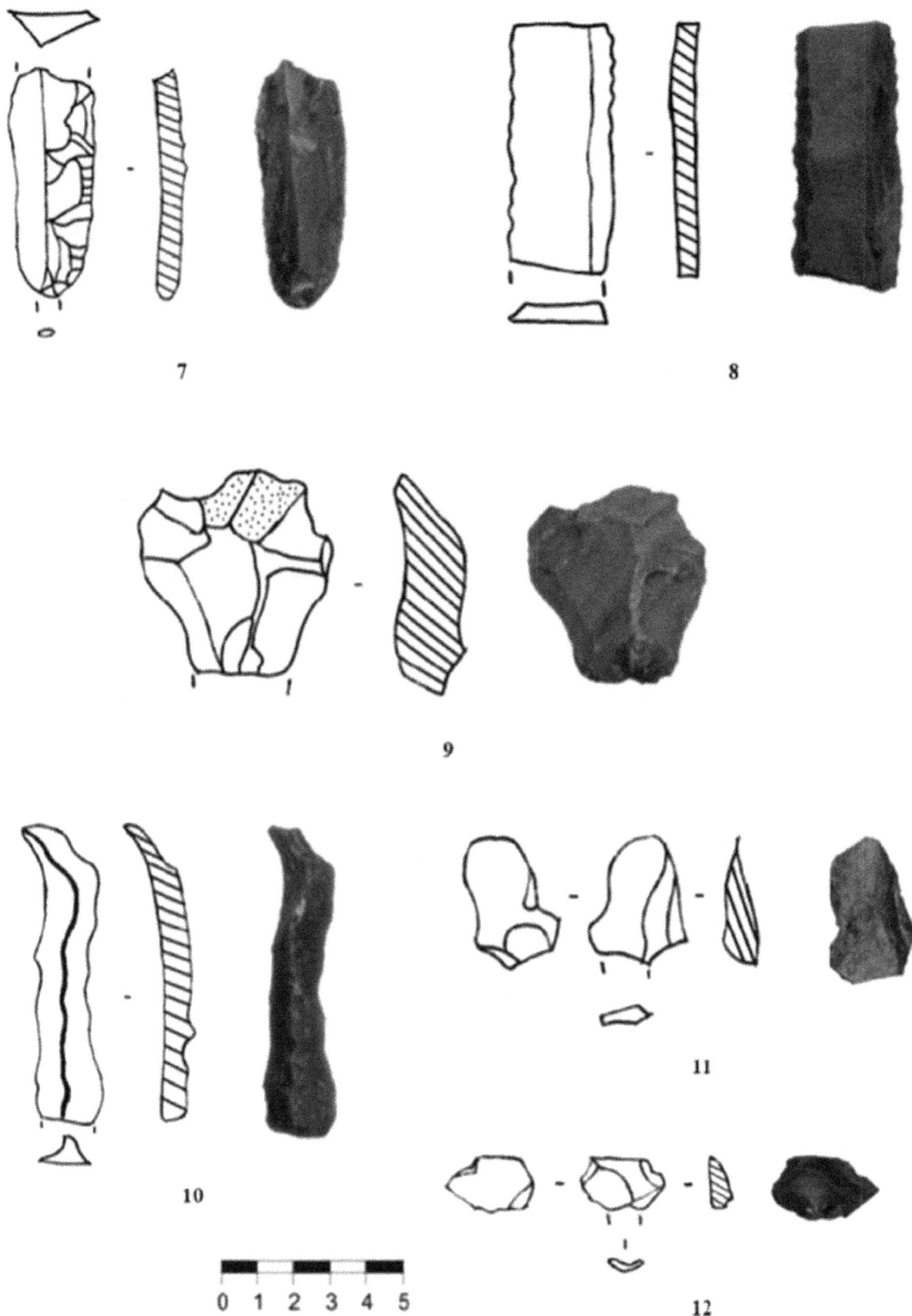

Bases positivas (BP): 7 y 8.-BP-H (Hojas); 9.-BP-L (Levallois); 10.-BP-C (de Cresta); 11 y 12.-BP-I (Internas)

Figura 6.12. Lascas y láminas (BP) del yacimiento de "El Trobal". Realizado por R. Martínez.

6.1.4. Inferencias socioeconómicas a partir del análisis de la industria

Así pues, nos encontramos ante un yacimiento con una cronología del tránsito del Neolítico final al Cobre antiguo o del Calcolítico (Cobre pleno y final) debido a la tipología lítica, en donde los elementos microlíticos, las hojas estrechas (Fig. 6.11. y 6.12.), los productos de tradición paleolítico y epipaleolítica y las láminas con retoques continuos se relacionan con el primer período, mientras que los elementos de hoz (Fig. 6.13.), los foliáceos (Fig. 6.14. y 6.15.), los núcleos globulosos y poliédricos, el mantenimiento de los prismáticos y los ejemplares sobre lascas con un plano de golpeo son claramente propios del Calcolítico.

Los elementos o dientes de hoz, piedras sobre lascas o láminas o esquirlas cortantes de forma geométricas, con un filo denticulado y dorsos y extremos abruptos que posteriormente se enmangaban (Juan, 2008: 173; Fortea, 1973: 107), constituyen una de las principales evidencias de la importancia de la producción cerealícola, siendo un utillaje altamente especializado específico de los trabajos de recolección en época de cosecha. En cuanto a la cronología, aunque estos elementos tienen una base Neolítica, su apogeo se desarrolla en el Calcolítico, produciéndose una disminución y paulatina sustitución por hoces de metal a partir de la Edad del Bronce. En los 44 elementos de hoz estudiados se observan todas las características morro-técnicas, con bordes denticulados bifocales o unifaciales, con una o dos truncadas, dorsos abatidos de retoques abruptos (Fig. 6.13).

Por otro lado, existe un predominio de lascas y láminas con retoques continuos, destacando las láminas con melladuras de uso, seguidas por hojas con retoques abrupto, con presencia significativa de muescas y denticulados.

Las herramientas de tradición paleolítica están ligadas a actividades domésticas y productivas, con raspadores frontales simples, carenados o no, y frontales con retoque lateral. Y los buriles son de paño lateral y sobre plano natural.

En cuanto a los elementos correspondientes del Cobre se contabilizan cuatro cepillos (Fig. 6.16.), algunos de ellos con retoque plano, raederas (Fig. 6.17.) y puntas foliáceas (Fig. 6.14. y 6.15.).

Vienen a completar las industrias líticas no talladas, propias de la transición del Neolítico final al Cobre, una serie de hachas y los fragmentos pulimentados (Fig. 6.18.) y crece la presencia de molinos (Fig. 6.19.) y moletas (Fig. 6.18.) en el Cobre antiguo y pleno.

Por lo tanto, tecnológicamente esta transición del Neolítico final al Cobre demuestra el mantenimiento de elementos típicos del Neolítico con la aparición de los primeros elementos de hoz y los foliáceos.

Por todo ello, podemos plantear un breve esquema provisional sobre la funcionalidad, a pesar de no haber podido realizar este tipo de estudio.

En primer lugar, la agricultura alcanza importancia en la transición documentada por las láminas-hoz y por los elementos de hoz (Fig. 6.13.), además de la presencia de moletas, molinos barquiformes y hachas (Fig. 6.18. y Fig. 6.19.).

En segundo lugar, debido a las muescas (Fig. 6.20. y 6.21.), denticulados (Fig. 6.14. y 6.15.) y cepillos (Fig. 6.16.), la carpintería sería otra de las actividades que se desarrollarían, comenzando una importante deforestación, y, por ende, una antropización del espacio.

El ámbito de la alimentación, además de por la agricultura, estaría conformado por la caza como demuestran las puntas foliáceas (Fig. 6.14. y Fig. 6.15.), sin olvidar la cantidad de restos óseos faunísticas que se hallaron, con presencia destacada de ruidos y ovicápridos. No obstante, la falta de estudios, nos impide conocer si formaban parte del ritual funerario o si se relacionaban con la ganadería de esta sociedad. Otro gran aporte alimenticio lo constituían el marisqueo y la pesca. Sabemos de la importancia de la actividad del primero gracias al estudio de Cantillo (2013), no así de la segunda, carente de investigaciones hasta el momento.

De igual modo, podemos hablar de actividades domésticas realizadas con productos retocados como raspadores (Fig. 6.16.), buriles (Fig. 6.20.) y raederas (Fig. 6.17.), y de actividades cotidianas como perforación de huesos, pieles o madera gracia a los perforadores-taladros (Fig. 6.21. y 6.22.).

Y finalmente, aunque no ha sido parte del estudio, las pesas de telar en forma de "crecientes" encontrados entre la cerámica constatan el valor del tejido en estas cronologías, ya que es en el Calcolítico cuando se desarrolla.

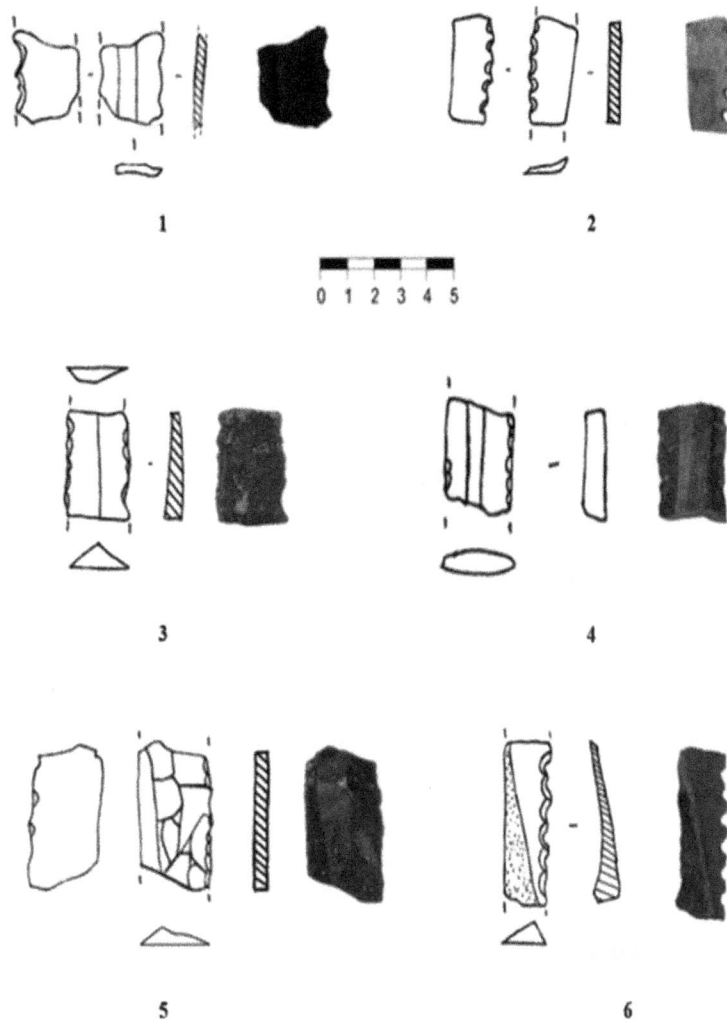

Figura 6.13. Elementos de hoz del yacimiento de "El Trobal". Realizado por R. Martínez.

Bases Negativas de Segunda Generación (BN2G):
14.-BN2G-D-4 (Punta denticulada); 15.-BN2G-D-5 (Raedera denticulada); 16.-BN2G-DIV (Buril de paños latero-transversal y abrupto denticulado espina); 17.-BN2G-DIV (Denticulado muesca y truncadura oblicua); 18.-BN2G-F-11 (Raedera); 19.-BN2G-F-12 (Raedera foliácea transversal); 20.-BN2G-F-32 (Punta foliácea doble); 21.-BN2G-F-33 (Punta foliácea ojival)

Figura 6.14. Productos retocados (BN2G) del yacimiento de "El Trobal". Realizado por R. Martínez.

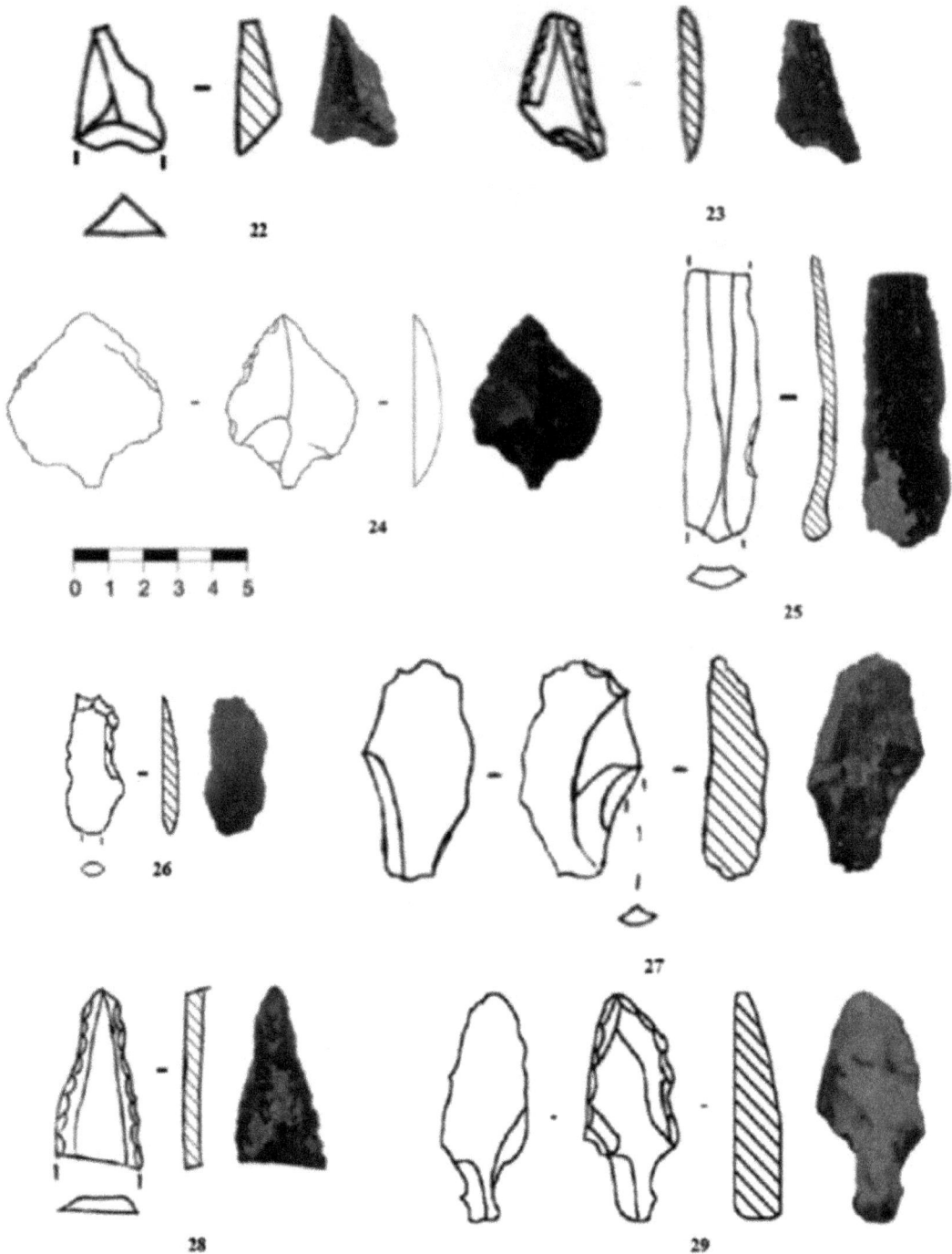

Bases Negativas de Segunda Generación (BN2G):

22.-BN2G-F-34 (Punta foliácea base truncada), 23.-BN2G-F-35 (Punta foliácea con escotadura); 24.-BN2G-F-36 (Punta foliácea con pedúnculo); 25.-BN2G-LD-21 (Lámina de dorso simple); 26.-BN2G-LD-22 (Lámina de dorso anguloso); 27.-BN2G-LD-31 (Lámina de dorso con escotadura adyacente); 28.-BN2G-LD-32 (Lámina de dorso con escotadura opuesta); 29.-BN2G-LD-33 (Lámina de dorso con pedúnculo

Figura 6.15. Productos retocados (BN2G) del yacimiento de "El Trobal". Realizado por R. Martínez.

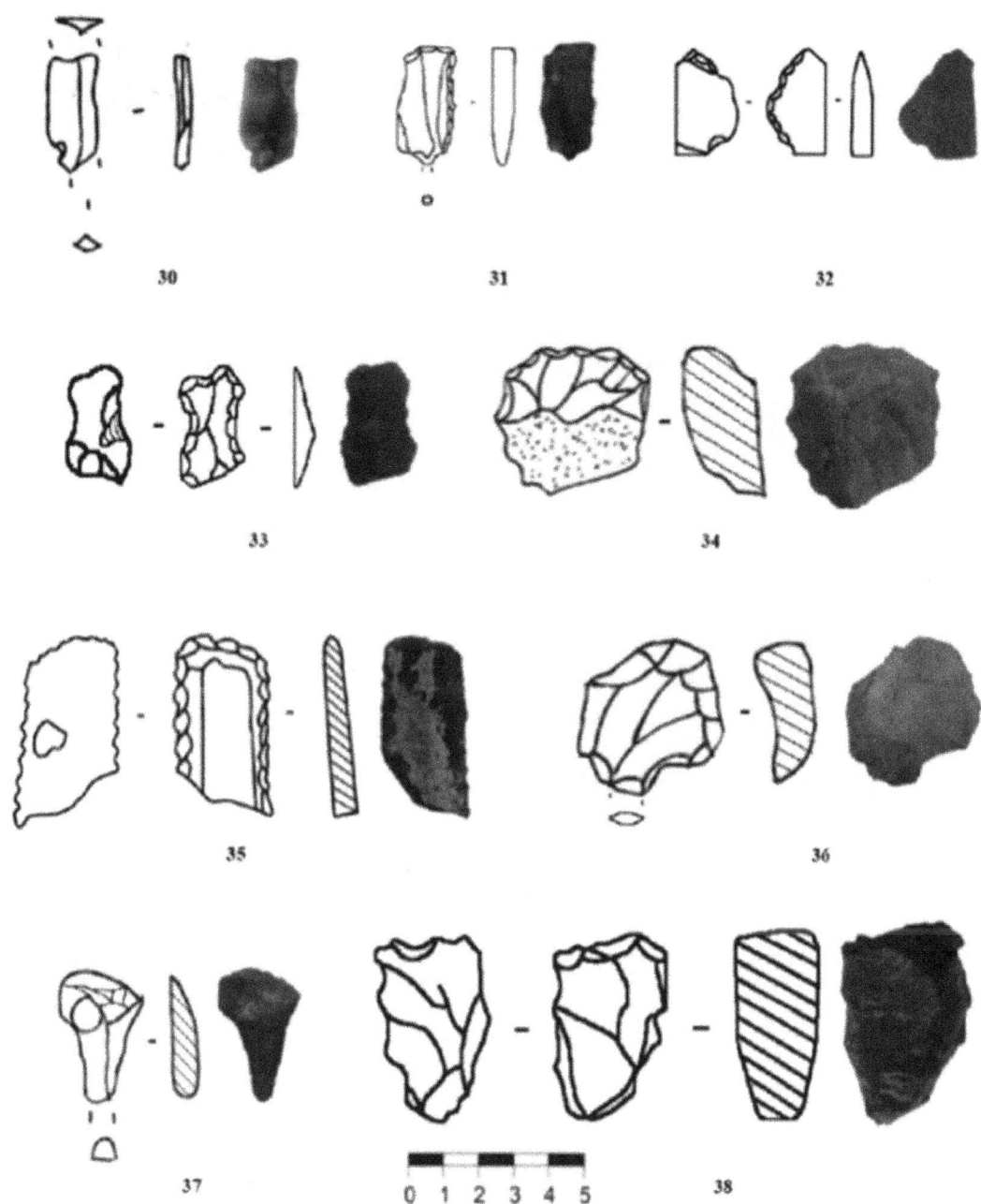

Bases Negativas de Segunda Generación (BN2G):
30.-BN2G-LDT-11 (Lámina de dorso truncada oclusa); 31.-BN2G-LDT-21 (Lámina de dorso truncada abierta); 32.-BN2G-LDT-23 (Lámina de dorso truncada mixta); 33.-BN2G-LDDT-11 (Lámina de dorso truncada oclusa); 34.- BN2G-G-11 (Raspador frontal simple); 35.-BN2G-G-12 (Raspador frontal con retoque lateral); 36.-BN2G-G-13 (Raspador circular); 37.-BN2G-G-22 (Raspador en hocico); 38.-BN2G-G-23 (Raspador nucleiforme o cepillo)

Figura 6.16. Productos retocados (BN2G) del yacimiento de "El Trobal". Realizado por R. Martínez.

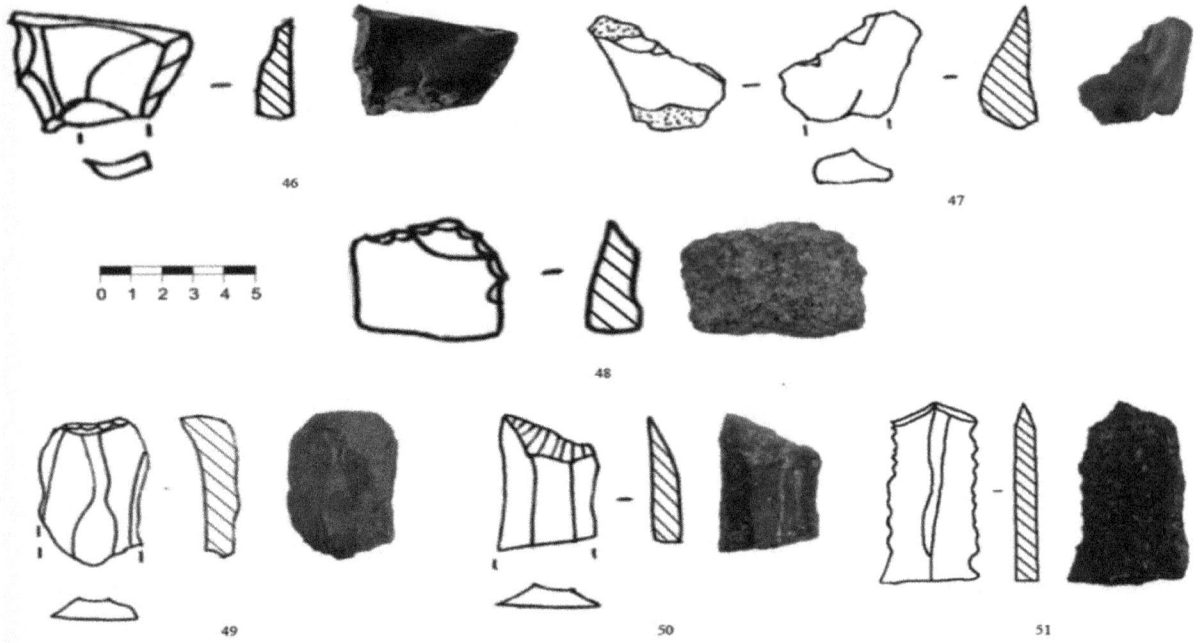

Bases Negativas de Segunda Generación (BN2G):
46.-BN2G-R-1 (Raedera lateral); 47.-BN2G-R-2 (Raedera transversal); 48.-BN2G-R-3 (Raedera latero tranversal); 49.-BN2G-T-1 (Truncadura normal); 50.-BN2G-T-2 (Truncadura oblicua); 51.-BN2G-T-3 (Truncadura segentiforme).

Figura 6.17. Productos retocados (BN2G) del yacimiento de "El Trobal". Realizado por R. Martínez.

Figura 6.18. Productos pulimentados del yacimiento de "El Trobal". Realizado por R. Martínez.

Figura 6.19. Molino barquiforme del yacimiento de "El Trobal". Realizado por R. Martínez.

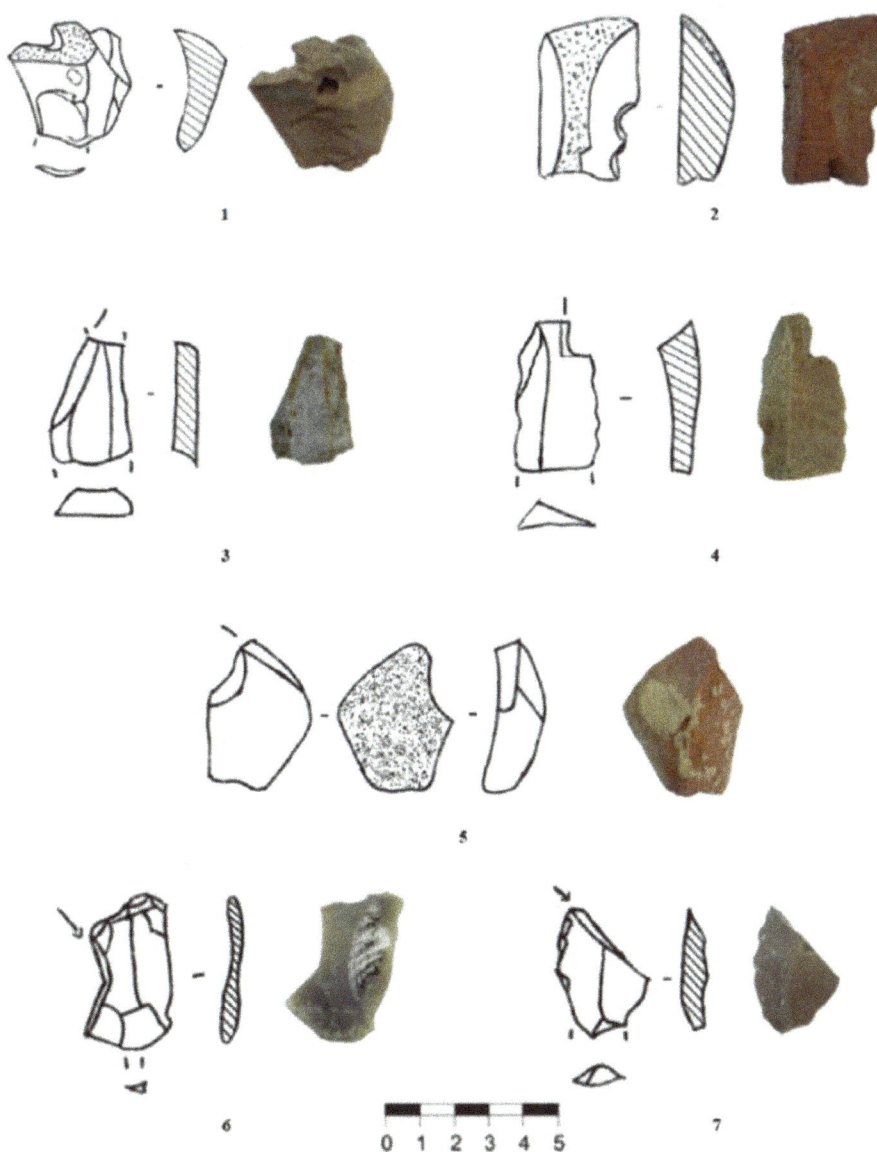

Bases Negativas de Segunda Generación (BN2G):
1.-BN2G-A-11 (Abrupto denticulado muesca); 2.-BN2G-A-12 (Abrupto denticulado espina);
3.-BN2G-B-11 (Buril sobre plano natural); 4.-BN2G-B-12 (Buril sobre rotura);
5.-BN2G-B-21 (Buril sobre retoque lateral); 6.-BN2G-B-22 (Buril transversal sobre retoque
transversal); 7.-BN2G-B-23 (Buril transversal sobre retoque lateral

Figura 6.20. Productos retocados (BN2G) del yacimiento de "El Trobal". Realizado por R. Martínez.

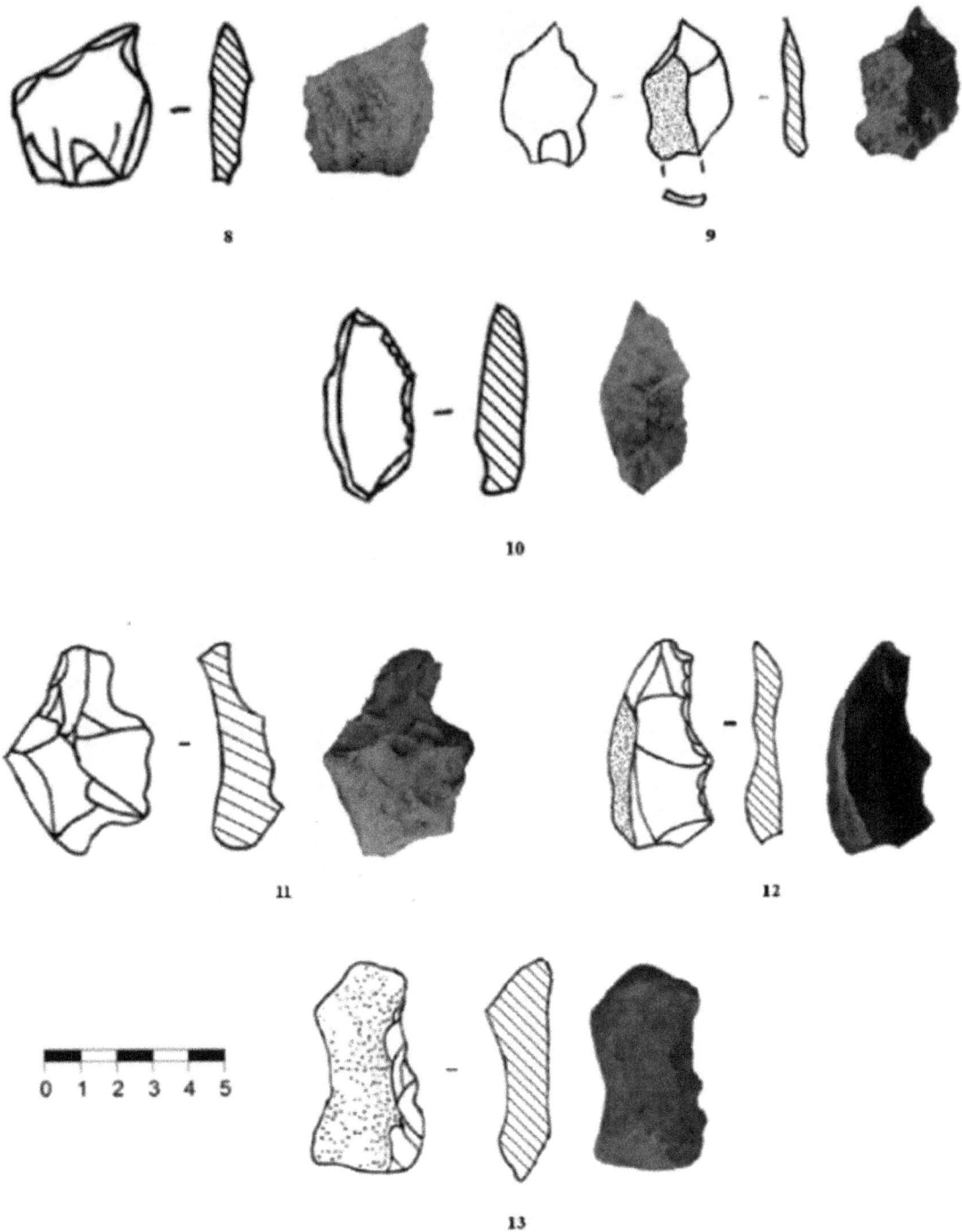

Bases Negativas de Segunda Generación (BN2G):
8.-BN2G-Bc-1 (Pico-truncadura); 9.-BN2G-Bc-2 (Pico punta de dorso);
10.-BN2G-BT-1 (Bitruncadura segentiforme); 11.-BN2G-D-1 (Denticulado muesca);
12.-BN2G-D-2 (Denticulado espina); 13.-BN2G-D-3 (Raedera denticulada)

Figura 6.21. Productos retocados (BN2G) del yacimiento de "El Trobal". Realizado por R. Martínez.

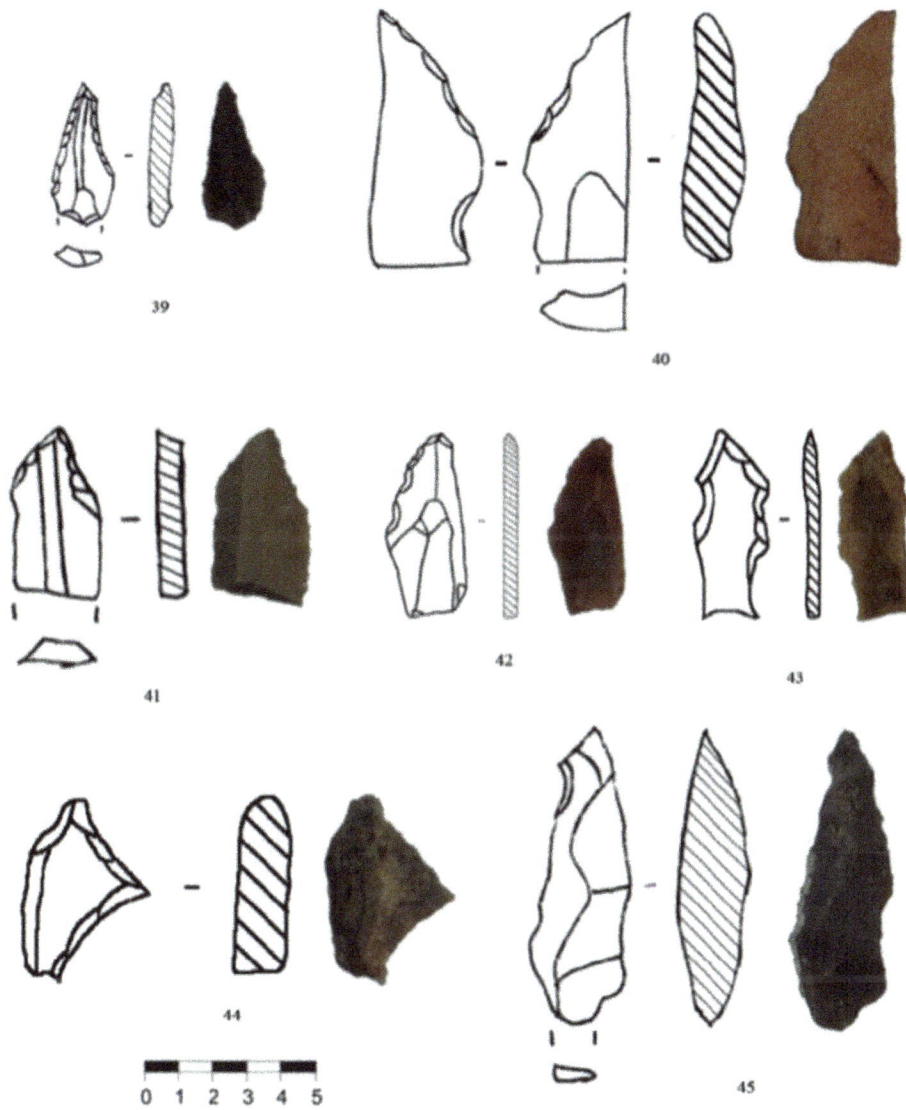

Bases Negativas de Segunda Generación (BN2G):
39.-BN2G-P-1 (Punta simple); 40.-BN2G-P-2 (Punta en extremo destacado); 41.-BN2G-PD-11
(Punta de dorso parcial secante); 42.-BN2G-PD-12 (Punta de dorso parcial tangente); 43.-BN2G-
PD-21 (Punta de dorso continua); 44.-BN2G-PD-31 (Punta de dorso con escotadura adyacente);
45.-BN2G-PDD-21 (Punta de doble dorso total continuo)

Figura 6.22. Productos retocados (BN2G) del yacimiento de "El Trobal". Realizado por R. Martínez.

6.2. La Esparragosa (Chiclana de la Frontera)

6.2.1. Localización

El yacimiento de "El Carrascal - La Esparragosa" (CA o LE) se encuentra ubicado en la campiña litoral de Cádiz en el término municipal de Chiclana de la Frontera, escasamente a unos 3,6 Km del casco urbano de Chiclana en las coordenadas geográficas 6º06'35" W y 36ª24'47" N, al sur de la Bahía de Cádiz en la orilla norte de la región geohistórica del Estrecho de Gibraltar. Aunque en la actualidad (Fig. 6.23.) ha sido eliminado en su totalidad por la cantera de áridos, tenemos conocimiento de que se situaba en una plataforma relevante del río Iro, de unos 27 y 30 m de altitud, controlando el paso natural de dicho río (Pérez, 2005).

La zona de la campiña litoral de Cádiz se caracteriza por una gran diversidad edafológica, presenta suelos de vega aluvial y de terrazas diluviales, suelos calizos y tierras negras andaluzas, además de suelos margosos del Trías, suelos rojos mediterráneos y suelos de lehm margosos (A.A.V.V., 1963) muy útiles para los trabajos de agricultura que en ellos se desarrollan.

Por otro lado, el cerro en el que se asienta, presenta arenas amarillas del Plioceno Inferior-Medio. En relación a su potencial, además de presentar suelos aptos para actividades agrícolas y ganaderas, en el entorno se ubican dehesas de alcornoques y encinas, se han documentado materias primas locales (arcillas, sílex, cuarcitas...) y su cercanía con la costa sería objeto de un gran aporte de recursos marinos (pesca, marisqueo y sal) (Pérez *et al.*, 2005; Vijande, 2006a, 2006b; Ramos *et al.*, 2013).

La orografía actual no se correspondería mucho con la existente en el momento de ocupación, a unos 200 m de la orilla del río Iro/Arroyo del Salado y aproximadamente a unos 4km de la costa, lo que facilitaría el acceso al mar.

Figura 6.23. Vista actual del yacimiento de "El Carrascal - La Esparragosa". Google Earth.

Referente a la presencia de fauna, se tiene conocimiento de la documentación de cánidos, además de ovicápridos, vacuna y porcina. Asimismo, se ha constatado ciervo, lagomorfos, conejo y liebre en pro de la fauna silvestre (Riquelme, 2019).

En lo que concierne a los restos malacológicos se han documentado bivalvos: *Anomia ephippium* (ostra de perro), *Cardiidae* y *Cerastoderma elude* (berberechos), *Callista* (concha fina), *Chalmy* sp. (zamburiña), *Cassostrea* sp. (Ostión), *Glycymeris* sp. (almendra de mar), *Mactridae* (almejas de paro), *Ostrea edulis* (ostra), *Panopea glycimeris* (arola gigante), *Pecten maximus* (vieira), *Pholas dactylus* (barrena), *Scrobicularia plana* (coquina de fango), *Solen marginatus* (navaja) y *Ruditapes decussatus* (almeja fina); gasterópodos: *Cymbium Olla* (voluta del Algarbe), *Hydrovia ulvae* (uña de barro), *Nassarius reticulatus* (caracola trompetera), *Phorcus lineatus* (bígaro)… y entre los crustáceos: *Brachyura* (cangrejo) (Cantillo y Soriguer, 2019). Aunque la mayoría de todos ellos presenta un papel de recurso alimenticio como *T. decussatis, S. plana* o *S. marginatus,* otras muchas pueden tener una doble función, tal es el caso de *Pecten maximus,* no sólo como elemento de adorno sino también como instrumento para actividades de raspado para procesar la piel y fibras vegetales, en definitiva, para manufacturas o procesar materias blandas o de dureza media (Cuenca, 2010; Cuenca, Clemente y Gutiérrez, 2010; Cuenca *et al.,* 2013).

Y por lo que se refiere a la flora, se tiene constancia de la presencia de *Juniperus* (Sabinas y enebros) y *Quercus.*

El conjunto arbustivo lo conforman *Rosáceas* y más puntualmente *Ericaceae*. Resulta de interés la detección de taxones arbóreos de ribera (*Almus* y *Ulmus*, incluso *orylus*). Concluyendo, nos encontramos ante un clima mediterráneo de carácter seco con bosque local de sabinas/enebros y encinares con ausencia de acebuches y presencia de olmos y alisos debido a la cercanía del río.

Todo ello nos lleva a suponer el alto grado de antropización que sufrió la zona, dado el aumento de taxones herbáceos, sustituyendo a los matorrales y al bosque abierto (Ruiz y Gil, 2019). Además, la presencia de distintas fases en cuanto al comportamiento del polen estudiado, indica que la zona debía ser abandonada, en pro de cultivos de las familias de *Apiaceae* y *Fabaceae*, indicador de las prácticas agropecuarias (Ramos *et al.,* 2006).

6.2.2. Antecedentes

6.2.2.1. Campañas arqueológicas

En relación a la primera campaña de 2002 nos remitimos al monográfico "La Esparragosa (Chiclana de la Frontera, Cádiz). Un campo de silos neolítico del IV milenio a.n.e." de Vijande *et al.,* 2019.

Además de la campaña de 2002 (Fig. 6.24.), en dicho enclave se realizaron tres más, en 2004 dirigida por Pilar Pineda Reina donde se corroboró la amplia extensión del yacimiento con un total de 89 nuevas estructuras (Pineda,

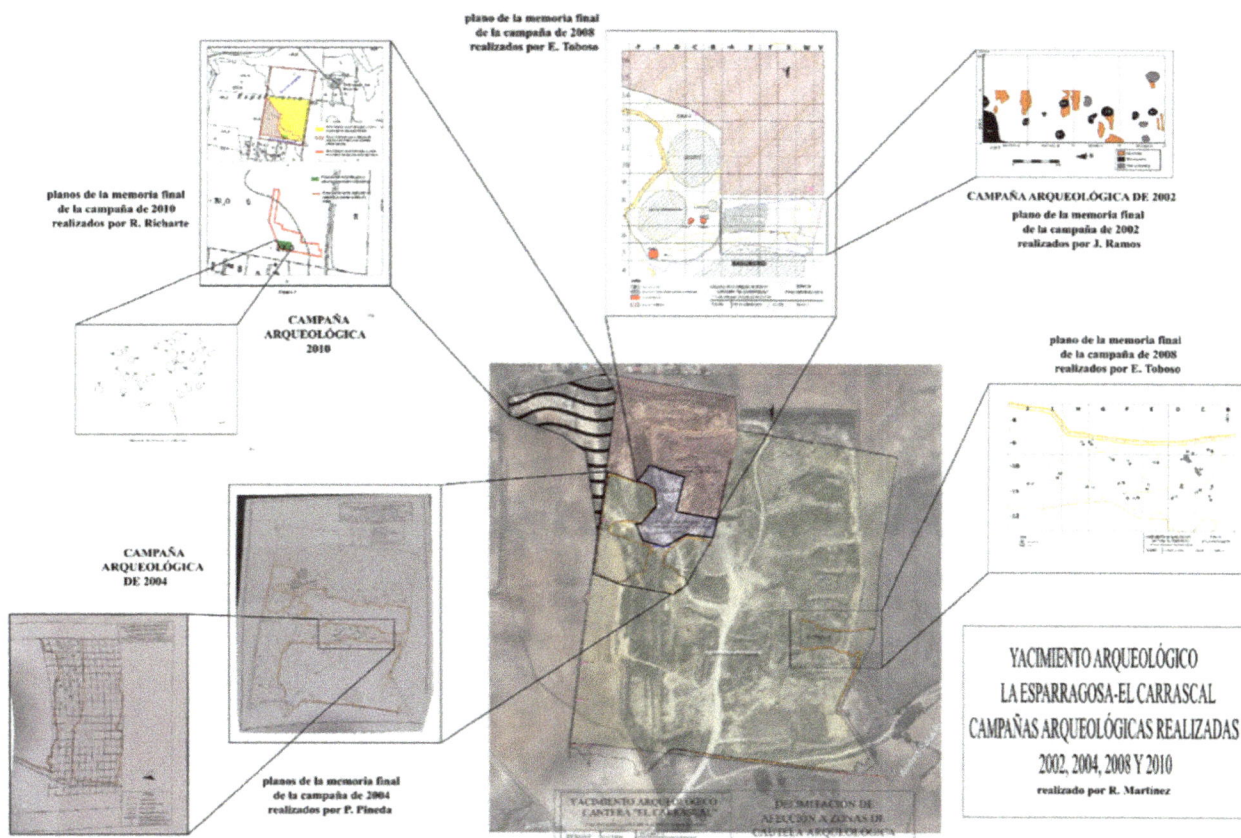

Figura 6.24. Mapa conceptual de todas las campañas arqueológicas realizadas en el yacimiento de "La Esparragosa". Realizado por R. Martínez.

2004; Díaz *et al.*, 2019); en 2008 bajo la dirección de Ernesto J. Toboso Suárez con dos actuaciones (Toboso, 2009) y en 2010 bajo la supervisión de los arqueólogos Mª.J. Richarte y L. Aguilera, donde se documentaron un total de 28 estructuras negativas. (Richarte y Aguilera, 2010).

En 2004 (Fig. 6.25.) se señaló la existencia de un pequeño patrón de asentamiento conformado por pequeñas cabañas, de tipo familiar, por grupos de seis u ocho individuos en la primera fase de ocupamiento del poblado (Neolítica) identificada desde la estructura 20 a la 33, mientras que, en la segunda etapa, el grupo humano debió de ser mayor debido al tamaño y a la complejidad de las estructuras (2-18, 36-42 y 51) de la Edad del Cobre (Pineda y Toboso, 2010). Por otra parte, también apuntan a un uso estacional del poblado en períodos secos, ya que el comportamiento geotérmico del suelo transformaría la zona en un lodazal impracticable con las precipitaciones otoñales, lo que daría lugar, de esta manera, a un circuito de movimientos estacionales.

Además de los silos, se constaron otros tipos de estructuras denominadas zapatas y alineaciones de zapata: esquinas redondeadas, de sección trapezoide o rectangular y fondos planos, rellenados por arcillas de color rojizo. Estos elementos se compaginan con huellas circulares (30-40 cm de diámetro) ordenadas en línea de Este a Oeste con una distancia de 6,25 metros entre cada una, detectadas como improntas relacionadas al cultivo de la vid (Pineda y Toboso, 2010).

En lo que respecta a las estructuras excavadas, se registraron un total de 108 en los sectores B. C y D (Fig. 6.25.), en la zona oeste de la parcela, ratificándose la idea de 'campo de silos'. En su mayoría presentan plantas circulares o subicirculares, con observancia de una mayor diversidad en cuanto a las secciones y las profundidades. A excepción de tres estructuras (23-V3, 25-U3 y 23A/B-V3) que parecen evidenciar dos momentos de ocupación, el resto de ellas solo exteriorizan un único momento de relleno. Y aunque presentan una función final de basureros, algunas de ellas estaban destinadas al almacenaje de áridos (estructuras 2 a 18) y reutilizadas como lugar de enterramiento (estructuras 13, 41 y 88) con restos óseos humanos en conexión anatómica pertenecientes a la segunda etapa de ocupación.

En relación al material recuperado, los restos cerámicos son muy abundantes definiendo una amplia tipología con formas reconocibles, algunas de ellas de gran formato como grandes cuencos hiperhemiesféricos, grandes ollas globulares con un corto labio recto, vasos alargados en forma de S… Todas ellas a mano, alisadas, espabiladas y algunas piezas bruñidas y decoradas con mamelones. Y los restos de fauna se relacionan con especies como el hervido con tres cornamentas casi completas, ovicápridos, lagomorfos, cánidos con un esqueleto casi completo y ruidos. Además de restos de malacofauna, sobre todo bivalvos y varias caracolas de gran tamaño.

Figura 6.25. Levantamiento topográfico Cantera "El Carrascal". Campaña de excavación 2004. Fuente: Memoria final de las actividades arqueológicas realizadas. (Pineda, 2004) Delegación de Cultura de Cádiz.

La campaña de 2008 (Fig. 6.26.) se inicia como una actividad arqueológica de tipo preventivo que garantizase la investigación arqueológica del yacimiento en relación a los trabajos de extracción de áridos de dicha cantera. A lo largo de la campaña se realizaron dos actuaciones

denominadas Zona A y Zona B. La primera ocupó una superficie de 675 m2, con continuación de los trabajos de 2004, por el contrario, en la Zona B sólo se realizaron trabajos de desbroce y delimitación de estructuras

localizadas, quedando solamente delimitada y cautelada.

De la zona A se localizaron un total de 21 estructuras, manteniéndose la numeración de estas de forma correlativa a las que se excavaron en la campaña de 2004. En dicha zona se identifican no sólo silos de cronología prehistórica, sino además una gran escombrera (EST. 89) donde se halla la planta de un horno romano de 5m de diámetro y otras tres estructuras más (EST. 90, 91 y 92) pertenecientes al mismo encuadre cronológico.

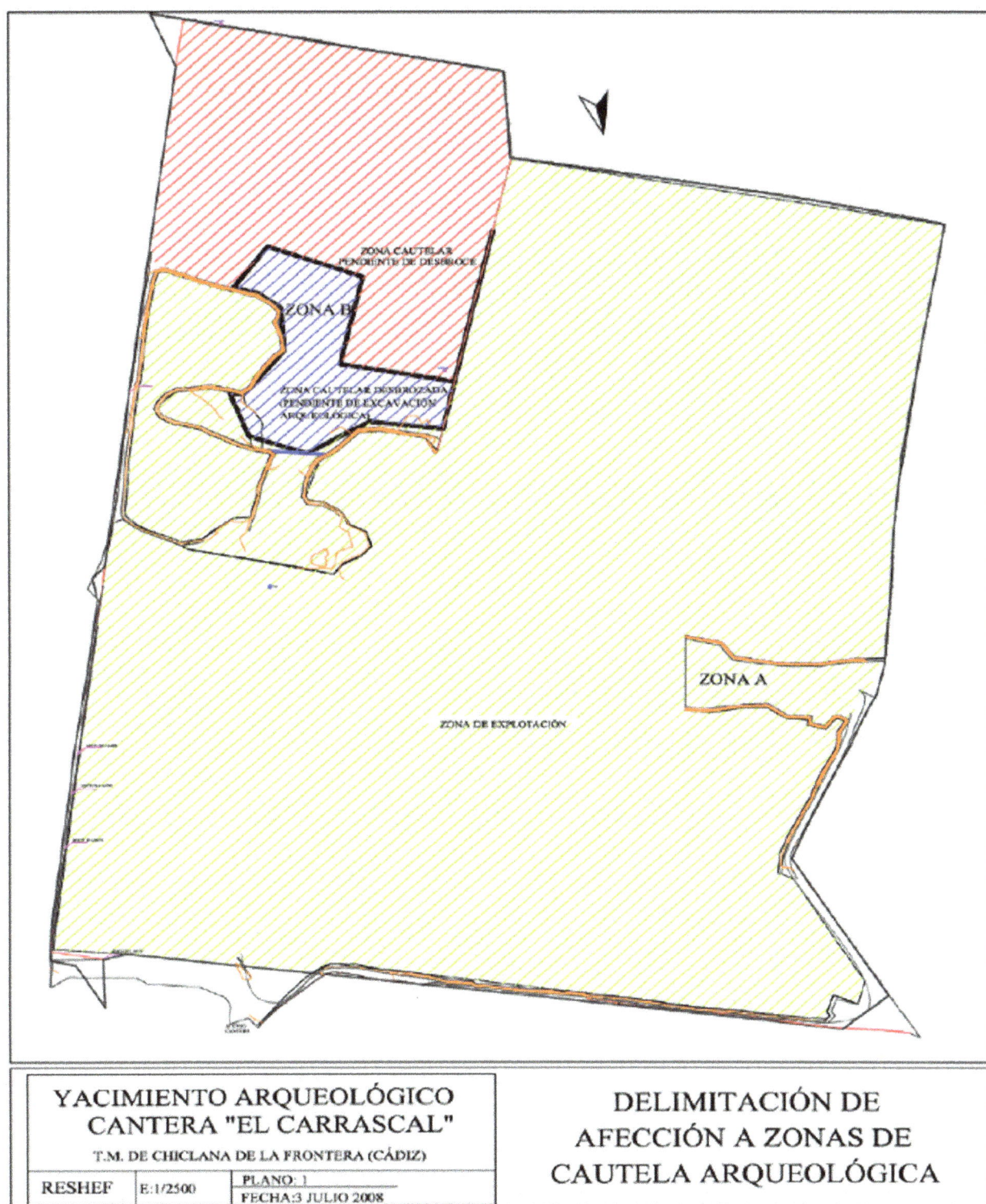

Figura 6.26. Delimitación de afección de la campaña de excavaciones de 2008. Fuente: Memoria final de las actividades arqueológicas realizadas. (Pineda y Toboso, 2010) Delegación de Cultura de Cádiz.

Las estructuras denominas como silos presentan plantas circulares o subcirculares con diámetros entre 45 y 120 cm, siendo sus secciones y profundidades muy diversas (de 20 cm hasta 1m). Su relleno parece corresponder a un único momento, debido a fragmentos cerámicos del mismo vaso tanto en la superficie como en la base del fondo. Las secciones varían desde formas acampanadas, con base plana o ligeramente cóncava, a formas rectas, de paredes paralelas, dando a la estructura forma de pozo o fosas de perfil hemisférico con bocas anchas de más de 1 metro de diámetro. Sólo en una única estructura (EST. 88) se localizan restos humanos con una parcial conexión anatómica sobre un lecho de piedras y restos de cánidos, como posible tipo de ritual funerario (Sánchez *et al.,* 1983; Antona, 1987).

La distribución del espacio se relaciona con lugares con altas concentraciones de estructuras separados por zonas prácticamente vacías, observándose agrupaciones de los silos. Además de tres hornos datados en la primera mitad del siglo I y de un espacio de suelos con la presencia de *opus signinum* (Díaz *et al.,* 2019). Este tipo de complejos suelen estar asociados a zonas de habitación tipo *villae,* donde se organizaría el transporte de las ánforas hacia las factorías de salazones, siendo el momento de mayor crecimiento el siglo I d.C. en la zona de la Bahía de Cádiz y en su entorno, debido a su importancia como centro exportador de derivados del pescado, *garum.*

Por último, en 2010 (Fig. 6.27.), los directores observan una continuación del poblado ya estudiado en las anteriores intervenciones, detectando un momento adscrito a un cobre inicial, con elementos de tracción más antigua. En tanto a las estructuras estudiadas se distinguen dos grupos, teniendo en cuenta sus dimensiones y su funcionalidad. Un primer grupo relacionado con almacén y rellenos con material de desecho y de mayores dimensiones y un segundo grupo dedicado a absorber la humedad y de mayor profundidad. De igual manera se pueden agrupar en dos conjuntos: uno de pequeño tamaño junto a otro de mayor (E-6 y E-8; E-16 y E-17, E-18 y E-19). Además, los E-11, E-12 y E-13 son de diámetro similares y E-11 y E-12 confirman una estructura geminada y se corresponden a un mismo momento. Otra apreciación es la disposición de los silos, con concentración de los de mayores dimensiones en el área con mayor estrato geológico y los de menor en los limos arenosos.

Todos ellos se encuentran colmatados por un único nivel terroso en donde se ha atestiguado la presencia de elementos cerámicos, fauna, malacofauna e industria lítica. En total se contabilizaron 4060 elementos cerámicos (3024 galgos, 980 bordes, 43 asas y mamelones, 6 bases o fondos y 1 creciente), 506 ejemplares líticos (29 pulimentados y 477 piezas de industria lítica tallada) y algunos restos de industria ósea (2 fragmentos de punzón y/o aguja).

Relevante también la aparición de material óseos tanto de fauna terrestre con ejemplares como los ovicápridos, suizos (cerdo y jabalí), perro (*Canis familiares*), conejo y/o libre (*Oryctolagus cuniculos*) y ciervo (*Cervus elaphus*), mandíbulas de gato montés (*Feliz silvestres*) y de lince (*Lynx*); como restos marinos: almejas finas (*Tapes decussatus*), las coquinas de fango (*Scrobicularia plana*), navajas (*Solen marginatus*), berberecho (*Cerastoderma edule*), berberecho gigante (*Aconthocardia tuberculatta*), colchón/almendra de mar (*Glycimeris* sp.), ostión (*Crassostrea* angulata) y ostra roja (*Spondylus gaederopus*). Aparte, la *Cypraea* hallada muestra su utilización como elemento de adorno personal.

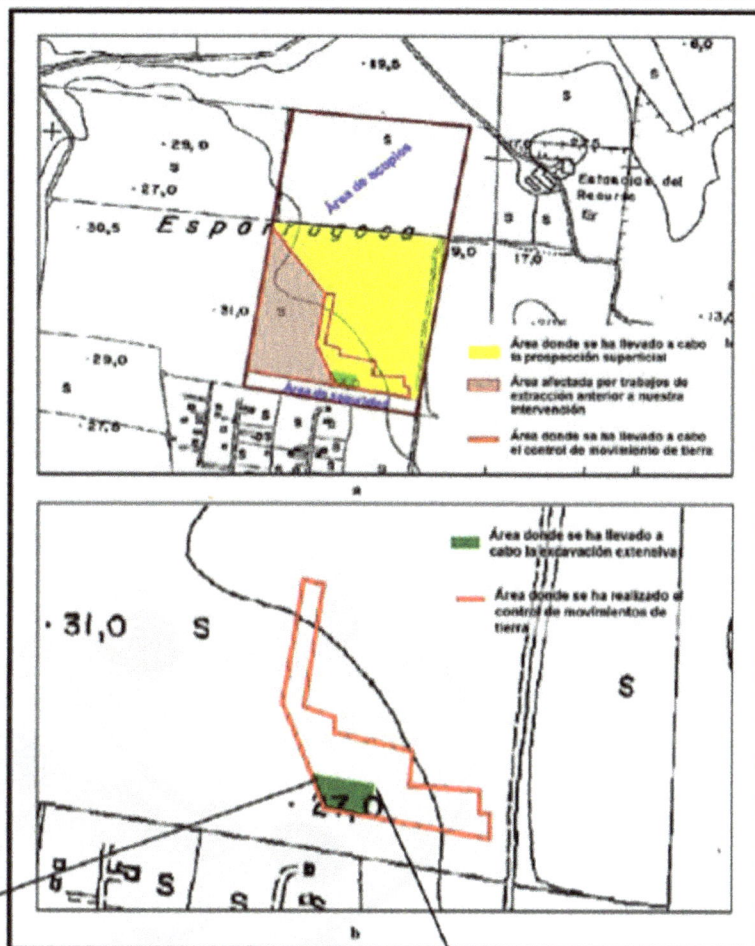

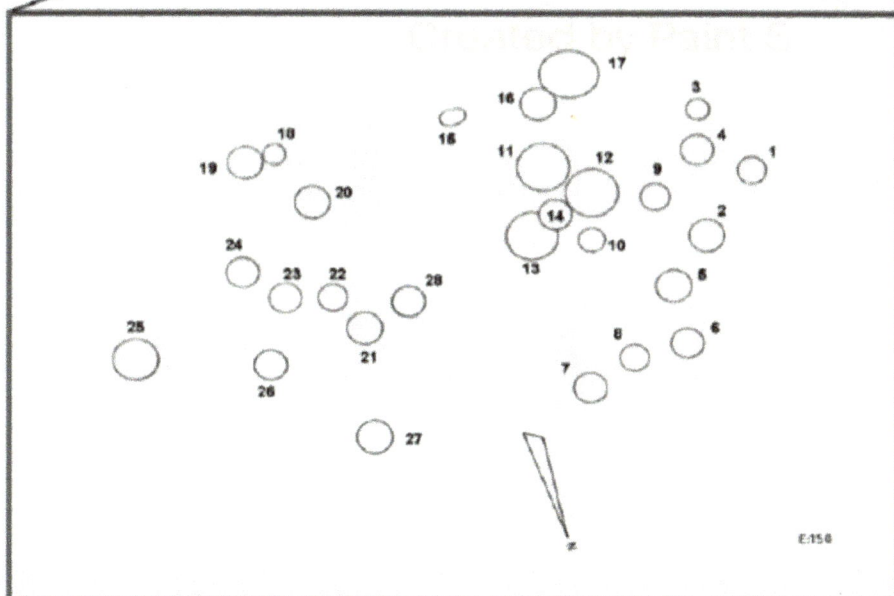

Figura 6.27. Zona de la campaña arqueológica 2010 del yacimiento de "La Esparragosa". Fuente: Memoria final de las actividades realizadas en 2010. (Richarte y Aguilera, 2010) Delegación de Cultura de Cádiz.

6.2.2.2. Artículos e investigaciones publicadas.

En relación a la información que se puede encontrar acerca del yacimiento de "La Esparragosa" tenemos que hablar en primer lugar de la monografía realizada en 2019 coordinada por E. Vijande Vila en donde se recogen los datos de la primera intervención arqueológica realizada en 2002. En ella se analiza los materiales encontrados en dicha campaña, junto al contexto geográfico y a los diversos estudios que se han realizado: natación por TL de los productos cerámicos, natación Carbono 14, los restos óseos humanos, isótopos estables y microdesgastes del individuo hallado en el enterramiento, fauna terrestre, los moluscos marinos, estudio palinológico, estudios arqueométricos tanto de la industria talladas como de la industria lítica no tallada, aproximación al análisis petrográfico de las cerámicas y de los residuos orgánicos en cerámica y una síntesis de las ocupaciones prehistóricas y de los indicios de ocupación fenicia y del alfar romano.

Aparte, se constata la existencia de cinco artículos:

- "Informe preliminar de la excavación arqueológica de urgencia en el asentamiento prehistórico de La Esparragosa (Chiclana de la Frontera)" en el Anuario Arqueológico de Andalucía de 2005 de Pérez *et al*. En él se presenta un resumen de la excavación, conformado por una introducción explicando del hallazgo del lugar, una localización geográfica y enmarque geológico, una metodología y planteamiento de la excavación, las estructuras, las analíticas en proceso de realización, los productos arqueológicos, una valoración socioeconómica y, por último, perspectivas de conservación y cautela.
- "Análisis polínico del yacimiento de La Esparragosa (Chiclana de la Frontera, Cádiz)" en Informe para la memoria de excavación de La Esparragosa (Delegación de Cultura de Cádiz) de B. Ruiz y M.J. Gil (2004). Posteriormente este artículo, aunque más ampliado, fue incluido en el monográfico de 2019 de "La Esparragosa" denominado: Capítulo XI. Estudio palinológico. Este se encuentra dividido en una introducción que versa sobre la reconstrucción del paleoambiente, en material y métodos, en resultados y en discusión y conclusiones.
- "Las sociedades neolíticas en la banda atlántica de Cádiz. Valoración del contexto regional y del proceso histórico de la formación social tribal" en Quaderns de prehistoria i arqueología de Castelló de J. Ramos *et al*. (2006). Dicho artículo antes de trata específicamente el yacimiento de "La Esparragosa", realiza una evolución humana en la prehistoria de la Banda Atlántica de Cádiz. La información sobre la Esparragosa comienza a partir de la página 69 hasta la 73 y dicho artículo, por último, realiza una síntesis socioeconómica de las sociedades tribales en la Banda Atlántica de Cádiz y habla de los contactos y relaciones con el suroeste peninsular y norte de África.
- "Nuevas aportaciones a la prehistoria de Chiclana de la Frontera, Cádiz. Campaña de excavaciones

en el yacimiento de 'El Carrascal - La Esparragosa. Año 2004", en Cuadernario y arqueología: homenaje a Francisco Giles Pacheco de P. Pineda y E. Toboso (2010). En él se recogen los principales resultados obtenidos en las campañas de 2004 y 2008. Comienza con una introducción donde se menciona los trabajos realizados en 2002, para posteriormente entrar de lleno en el registro arqueológico localizado formado por un conjunto de elementos y estructuras: zapatas y alineaciones de zapatas, estructuras excavadas (silos, fosos y basureros) y acumulaciones de piedra, en cada una de ellas comenta el material arqueológico documentado. Además de tratar la etapa romana que se documenta con un nivel de escombrera asociada a una zona de producción anfórica, y, por último, las conclusiones.

- "Estudio interdisciplinar de la tumba AV del asentamiento neolítico de La Esparragosa (Chiclana de la Frontera, Cádiz, España)", en Arqueología Iberoamericana de E. Vijande *et al*. (2018). Dicho artículo se basa en el estudio sobre la tumba localizada en la campaña de 2002, dicho individuo se encontraba cubierto por una capa de 477 ejemplares de *Ruditapes decassatus* (almeja fina) y en él se presenta un avance del estudio interdisciplinar con dotaciones de 14C AMS y TL, antropología física, arqueozoología, funcionalidad y análisis polínico.

Además, en el trabajo de investigación de Vijande (2006a) aparece mencionada la primera campaña (2002) donde detalla el tipo de estructuras encontradas y los productos arqueológicos documentados tanto cerámicos como líticos, del mismo modo que habla de los restos biológicos: fauna marina, malacofauna y registro faunístico; de los restos polínicos y de las dataciones absolutas efectuadas. Además de ser citado en Ramos *et al*. (2008a) en relación a los yacimientos excavados para complementar el conocimiento del análisis territorial prehistórico del término municipal de Chiclana de la Frontera, en Lagóstena y Bernal (2004) en cuanto al conocimiento del taller alfarero localizado en la campaña de 2002 y en Carrasco y Pachón (2009) donde sólo lo nombran en relación a los yacimientos del IV milenio a.n.e.

6.2.3. Estudio actual

El estudio de los materiales líticos incluido en este trabajo se corresponde con las campañas arqueológicas 2004, 2008 y 2010, amparados en el proyecto de investigación *Actividad Arqueológica Puntual de estudio de materiales "Material lítico del yacimiento de La Esparragosa de Chiclana de la Frontera"*, siendo aceptado por la delegada Territorial de Fomento, Infraestructuras, Ordenación del Territorio, Cultura y Patrimonio Histórico, Mercedes Colombo Roquette.

Se han analizado un total de 912 ejemplares, de los cuales el 94% (885 piezas) se corresponden con productos líticos tallados, y sólo un 5% con materiales pulimentados (48 herramientas) y un 1% de otros (12 elementos) (Fig.

6.28.). Esto se justifica por la presencia únicamente de estructuras negativas y la ausencia de zonas de hábitat y de taller documentadas.

La materia prima utilizada en cuanto a los productos retocados es, en su gran mayoría, sílex (92,97%), además de cuarzo (0,88%), cuarcita (0,77%) y cristal de cuarzo ahumado o Jacinto de Compostela (0,11%), mientras que el principal elemento de los pulimentados coincide con la

diorita (4,95%) y algunos materiales de arenisca (0,33%) (Fig. 6.29.).

A falta de análisis arqueométricos y geoarqueológicos en el estudio actual, nos basaremos en las conclusiones obtenida del estudio arqueométricos realizado por Domínguez Bella *et al.* (2019) de los materiales excavados en la campaña de 2002: las materias primas principales son sílex y radiolaritas del Subbético (Vera, 1994), de

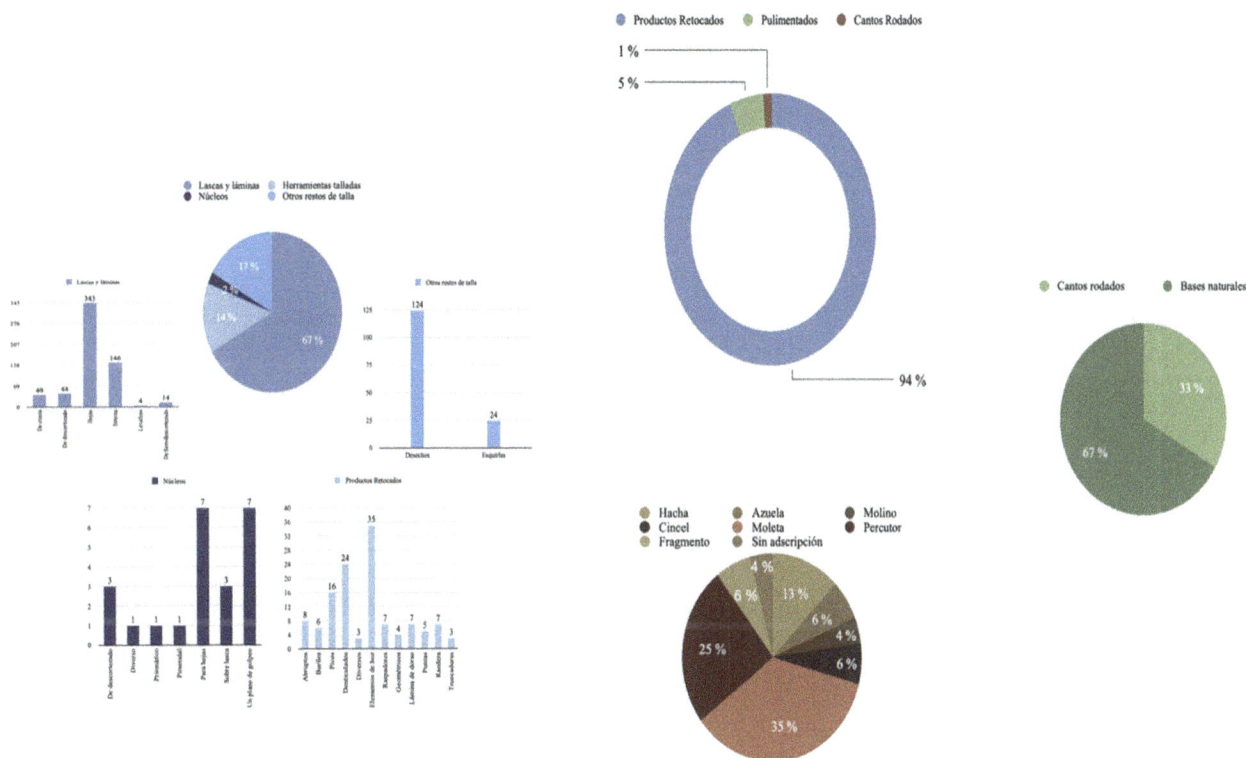

Figura 6.28. Cómputo general del material lítico del yacimiento de "La Esparragosa". Realizado por R. Martínez.

Figura 6.29. Gráfica sobre la materia prima de los productos líticos del yacimiento de "La Esparragosa". Realizado por R. Martínez.

origen local o regional de la zona de los ríos Guadalete y Guadalquivir. Por otro lado, se puede hablar de la Bahía de Cádiz (García de Domingo *et al.,* 1990) con depósitos cuaternarios de arenas rojas con cantos para la cuarcita y el cuarzo presente en la industria lítica tallada (Domínguez, Ramos y Vijande, 2016). Por último, de la zona de las sierras subbéticas del NE de la provincia de Cádiz o la de Málaga podría aportar una pequeña parte de materias primas silíceas, para la obtención de láminas de sílex de mayores tamaños.

En cuanto a los aspectos tecnológicos se observa:

- una mínima presencia de Bn-Bases naturales, debido a la inexistencia de zonas de tallas y producción lítica. Sólo se han documentado 11 ejemplares (1,27%).
- muy escasa presencia de BN1G-Núcleos con sólo 20 ejemplares (2,13%), correspondiendo a 7 ejemplares de BN1G-E-1PG (núcleo con un plano de golpeo), 3 BN1G-E-SL (núcleo sobre lasca), 1 BN1G-E-SD (núcleo de semidescortezado), 5 BN1G-E-PH (núcleo para hojas), 1 BN1G-E-PIR (núcleo piramidal), 1 BN1G-E-D (núcleo de descortezado) y 1 BN1G-E-DIV (núcleo diverso).
- predominio de BP-Lasca y láminas con 586 ejemplares (65,85%)
- un buen predominio de ORT-Otros restos de talla con un total de 143 elementos (16,53%)
- y al igual que los ORT, los BN2G-Productos retocados suponen un grupo contundente con 123 utensilios siendo el 14,22%.

La mayoría de las piezas presenta un alto nivel de concreción, aunque sin señales de rodamiento lo que

evidencia las no alteraciones morfológicas físicas a excepción de 60 elementos con señas de termoalteración, con cúpulas térmicas, de los cuales hay un sólo ejemplar de BN1G, entre las BP se analizan 42 piezas, entre las ORT hay 11 y entre los productos correspondientes a BN2G se dan sólo 6.

Por otro lado, para el análisis de los talones (Fig. 6.30.) se ha tenido en cuenta todo el material a excepción de los ORT (Otros restos de talla) y los BN1G (Núcleos). De este modo, 325 artefactos presentan talones reconocibles (30,50%), mientras que el 40,30% está compuesto por talones abatido con 403 elementos. Entre los reconocibles, a su vez, predominan los planos con el 42,9%, seguido de los puntiformes (31,02%) y en menor medida, los diedros (18,48%), los corticales (4,95%) y los facetados (2,64%).

Se ha empleado el sistema B. Bagolini (1986) para el conocimiento del tamaño del material (Fig. 6.31.), aplicándose a 218 piezas entre BP, BN2G y BN1G. Se observa una ausencia de lascas anchísimas, mientras que los dos grupos más numerosos se relacionan con las lascas (57,80%) y, en menor medida, con las lascas laminares (23,85%), seguida de las láminas (10,10%). Los grupos de tipo grande apenas son significativos con sólo 11 ejemplares (5,05%), en cambio los tipos micro ascienden a 37,61% y son superados por las de tipo pequeño con un 44,50%, y, por último, las normales sólo se reflejan en un 12,84%, existiendo un predominio de las lascas y de los tamaños pequeños.

Y en relación a las fracturas (Fig. 6.32.), el 36,27% se muestran completas, sin embargo, el 63,73% exteriorizan

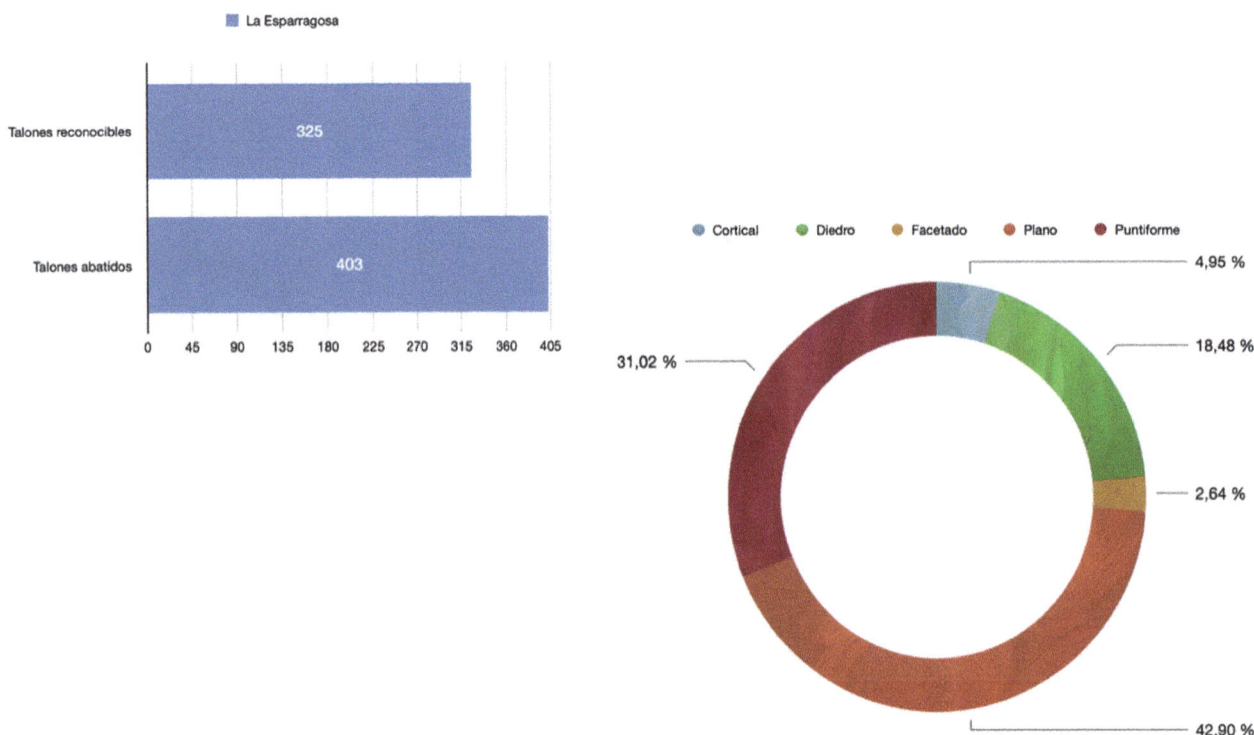

Figura 6.30. Gráfica sobre tipología de talones del yacimiento de "La Esparragosa". Realizado por R. Martínez.

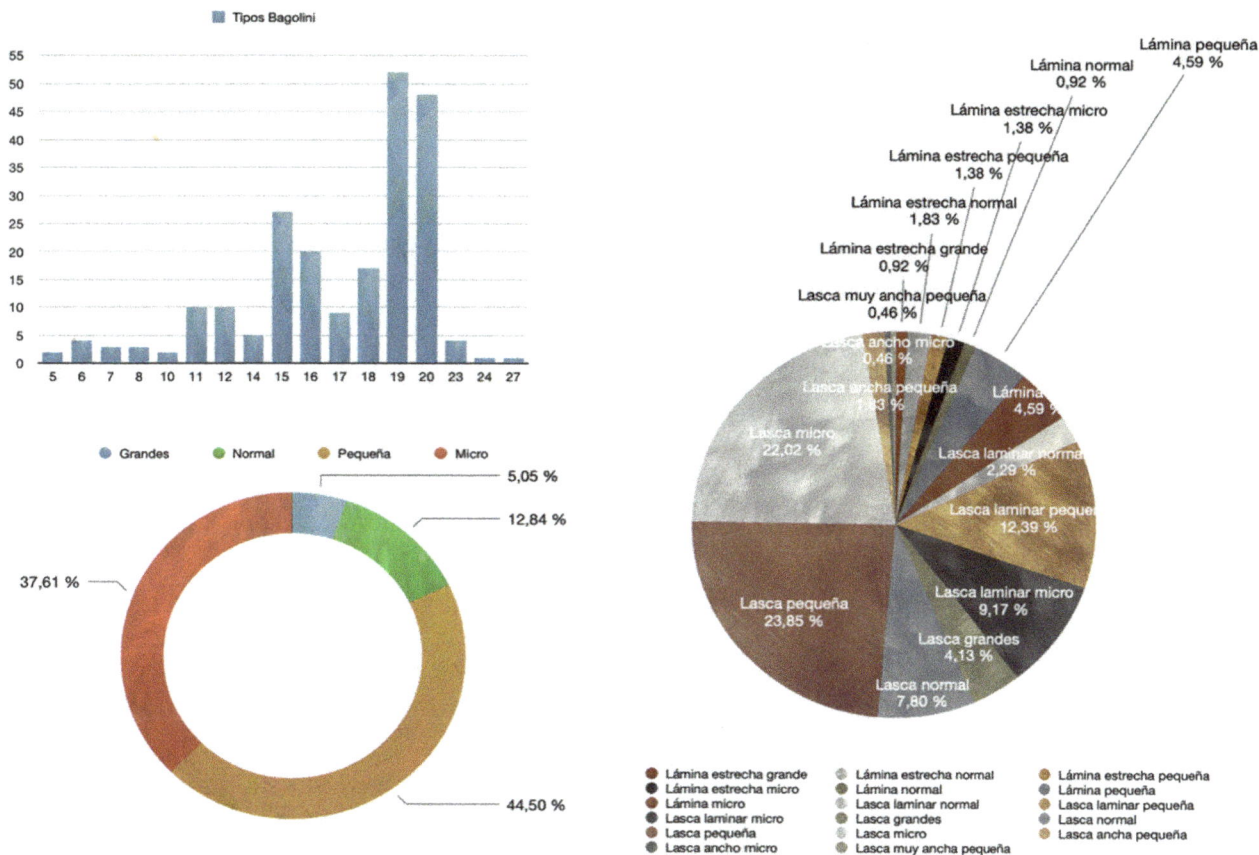

Figura 6.31. Gráficos sobre el estudio de los módulos tipométricos según B. Bagolini del material lítico tallado de "La Esparragosa". Realizado por R. Martínez.

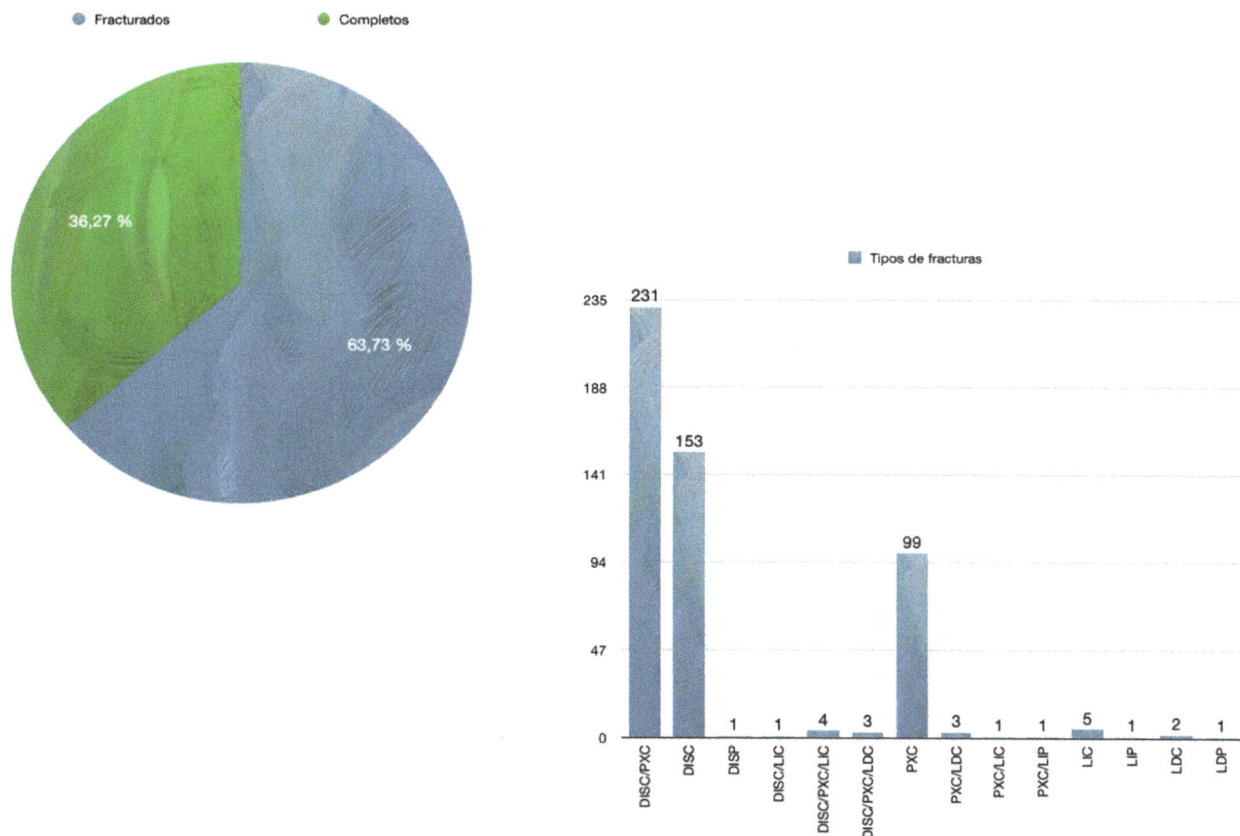

Figura 6.32. Gráfica sobre los tipos de fracturas del material lítico del yacimiento de "La Esparragosa". Realizado por R. Martínez.

algún tipo de rotura, observando un predominio de los DISC/PXC (fractura completa en el extremo distal y en el extremo proximal) con 231 ejemplares (45,65%), además de los DISC (fractura completa en el extremo distal) con 153 elementos (30,24%) y los PXC (fractura completa en el extremo proximal) con sólo 99 ejemplares (19, 57%). El resto de los tipos se encuentran por debajo del 1%.

6.2.4. Inferencias socioeconómicas a partir del análisis de la industria

Tras las distintas campañas arqueológicas llevadas a cabo, el yacimiento de "La Esparragosa" respondería a la definición de un campo de silos con una evolución cronológica que abarcaría desde el IV milenio a.n.e (Neolítico) hasta la Edad del Cobre, tal y como se constata en las diversas intervenciones (Pineda, 2004; Pérez *et al.*, 2005; Pineda y Toboso, 2010; Vijande *et al.*, 2019).

Por otra parte, y también referido por los diferentes arqueólogos, dicho yacimiento presentó ocupación fenicia demostrada por la localización de un pequeño conjunto de cerámicas protohistóricas de dicha tradición, localizadas no sólo en la superficie, sino también vinculadas a una posible estructura de carácter habitacional o fondo de cabaña, documentada durante la campaña de 2002-2003 (Díaz *et al.*, 2019). Además, conocemos la presencia de alfares romanos ya acreditados durante la primera campaña, estudiados en profundidad durante la tercera campaña en 2008, aunque no pudieron ser excavados al ser los trabajos paralizados por requerimiento del promotor que alegó problemas económicos.

El estudio realizado con el material lítico de "La Esparragosa" (a excepción de la campaña de 2002) nos permite saber el modo de vida aldeano (Arteaga, 2002) de acuerdo a los modos de trabajo basados en prácticas agrícolas, ganaderas, pescadoras, mariscadoras, cazadoras y de recolección.

El área de asentamiento se organiza en estructuras de almacenaje, defendiendo espacios de ocupación concéntricos. Dichos espacios de habitación, de materiales perecederos, no se han podido definir, aunque los arqueólogos directores de las diferentes campañas hablan de un patrón definido por pequeñas cabañas de superficie no superior a los 30 metros cuadrados de dispersión, ocupadas por grupos reducidos de tipo familiar no superiores a los 6 u 8 individuos para las cronologías más antiguas del yacimiento.

Con la ayuda de estudios polínicos y taxonómicos se ha constatado la utilización del bosque como fuente de recursos, una intensificación del pastoreo y el consumo de la fauna terrestre por las fracturas óseas y las huellas de fuego halladas, además de la presencia de fauna domesticada con perros, ovejas, cabras, cerdos y vacas (Riquelme, 2019). Sin olvidar la explotación de recursos marinos provenientes tanto de sustratos de arenas y fango como de costas abiertas y de estuario (Cantillo y Soriguer, 2019).

La explotación de dichas materias primas ha sido estudiada por Clemente *et al.* (2010) a través de estudios traceológicos de las herramientas líticas del yacimiento de "La Esparragosa", determinando que 92 fueron usadas para procesos de descampado y limpieza de pescado debido a una combinación de patrones de desgaste en los bordes de dichos artefactos (Clemente y García, 2008; García, 2009; Clemente *et al.*, 2010, 2013; García y Clemente, 2011; Mazzucco *et al.*, 2018; Clemente y Mazzucco, 2020). En algunos casos, gracias a la conservación de restos de masillas, se concluyó que dichos ejemplares estarían enmangados, facilitado así las tareas de limpieza y del procesamiento del pescado tanto para su consumo como para su conservación y almacenamiento, sobre todo de especies marinas de la familia *Sparidae* con el besugo y de peces epipelágicos como la corvina y el atún rojo, cuyos restos no se han conservado pero se conocen gracias a otros enclaves como "El Retamal" con abundantes restos de ictiofauna (Ramos y Lazarich, 2002; Cantillo, 2009; Clemente y Mazzucco, 2020).

El material lítico estudiado se asocia a un área del asentamiento, sin la presencia de una zona de taller de producción lítico, como en el caso del anterior yacimiento. Y evidencian su empleo en actividades cotidianas y en prácticas económicas del asentamiento:

- predominio de filos para el procesado de recursos animales, en mayor medida para procesos de secado y ahumado del pescado, además de descamado, destronamiento y decapitación.
- utilización de foliáceos como proyectiles para actividades de caza
- utilización de lascas para el procesamiento de recursos animales, como carne o piel, al igual que el empleo de raspadores, buriles y raedera (Fig. 6.33., 6.34. y 6.36.)
- explotación de vegetales: uso de pulimentados, molinos, moletas, elementos de hoz… (Fig. 6.35., 6.36. y 6.37.).
- la presencia de muescas y denticulados inciden en la actividad hacia la madera o carpintería (Fig. 6.33. y 6.38.)
- Por otro lado, se puede adscribir cronológicamente el uso de determinados productos:
- Neolítico: soporte laminar e incluso micro laminar, con series microlíticas geométricas (Fig. 6.39.) e incluso micro denticulados sobre laminillas de borde abatido.
- Edad del Cobre: predominio de las lascas de desbaste (Fig. 6.39. y 6.40.) y productos retocados sobre lasca, fragmentos de hojas y hojitas, además de numerosas manos de molino y restos de molinos barquiformes (Fig. 6.37.). Y entre el material lítico tallado algunos ejemplares muestran lustre de cereal intenso en toda la superficie.

En cuanto a los propios silos se puede distinguir grupos diferenciados respecto a su funcionalidad:

- almacenes de excedente agrícola
- basureros tras perder la función como almacenes agrícolas.
- tallados para la acumulación de agua de lluvia caracterizados por su poca profundidad entre 0,07 y 0,14 metros.
- enterramientos

Y del mismo modo se pueden agrupar según su morfología:

- Tipo 1, cónicos:
  ○ Campaña 2005: estructuras 1, 10, 11c, 13, 21, 22, 26 y 41
  ○ Campaña 2010: estructura 8.

- Tipo 2, cilíndricos:
  ○ Campaña 2005: estructuras 1, 19, 20 y 27
  ○ Campaña 2008: estructura 67
  ○ Campaña 2010: estructuras 1, 3, 6, 7, 25, 26 y 28.

- Tipo 3, cóncavos:
  ○ Campaña 2005: estructuras 3 y 8.
  ○ Campaña 2008: estructuras 2, 13, 17, 21, 23 y 24.

- Tipo 4, saco:
  ○ Campaña 2004: estructuras 2, 48 y 63.
  ○ Campaña 2008: estructuras 71 y 73.

- Tipo 5, semi-esférico:
  ○ Campaña 2010: estructuras 16, 20 y 22.

- Tipo 6, mixto:
  ○ Campaña 2005: estructura 24.
  ○ Campaña 2010: estructura 27.

- Tipo 7, forma irregular:
  ○ Campaña 2005: estructura 42.
  ○ Campaña 2008: estructura 80.
  ○ Campaña 2010: estructura 14.

- Tipo 8, geminados:
  ○ Campaña 2005: estructura 23 y 25.
  ○ Campaña 2010: estructuras 11, 12, 18 y 19.

- Tipo 9, ovalados:
  ○ Campaña 2010: estructura 15.

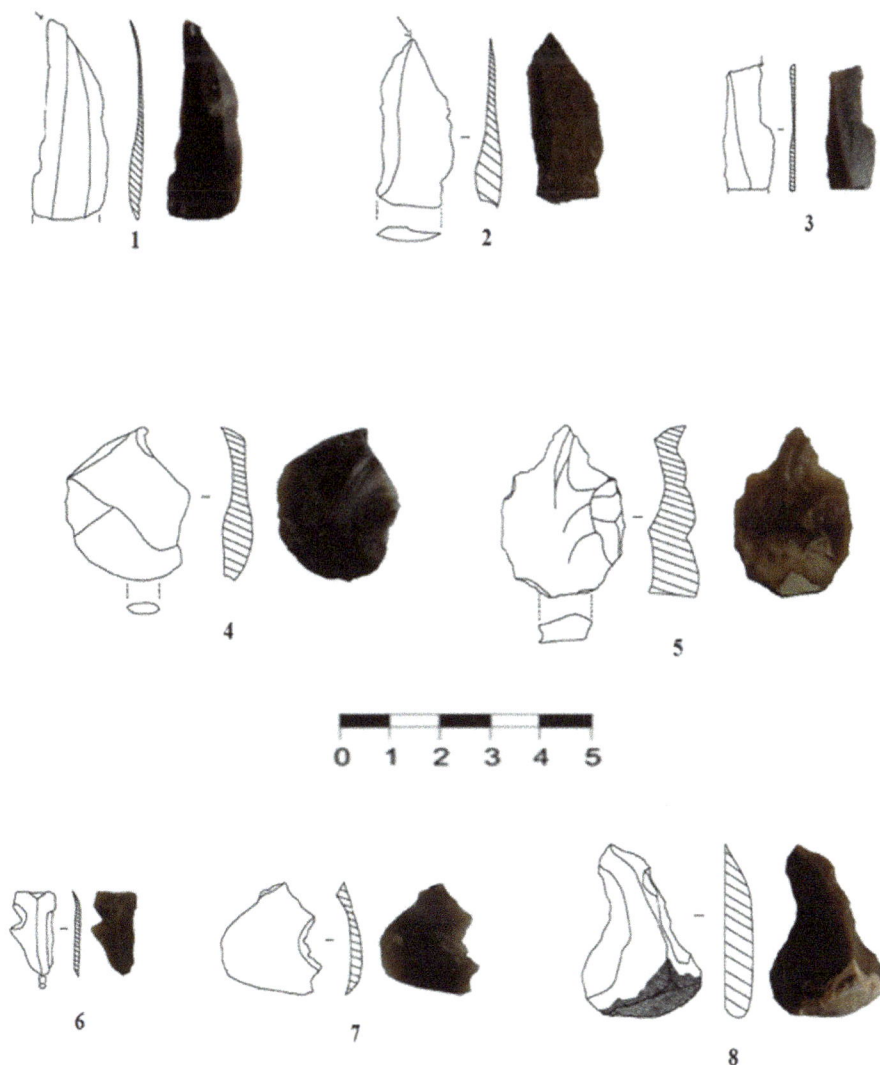

1: BN2G-B-11 (buril plano sobre plano natural), 2: BN2G-B-21 (buril lateral sobre retoque lateral),
3: BN2G-B-22 (buril con paño lateral sobre retoque transversal), 4: BN2G-Bc-1 (bec desviado),
5: BN2G-Bc-2 (bec recto), 6 a 8: BN2G-D-1 (denticulado muesca)

Figura 6.33. Productos retocados (BN2G) del yacimiento de "La Esparragosa". Realizado por R. Martínez.

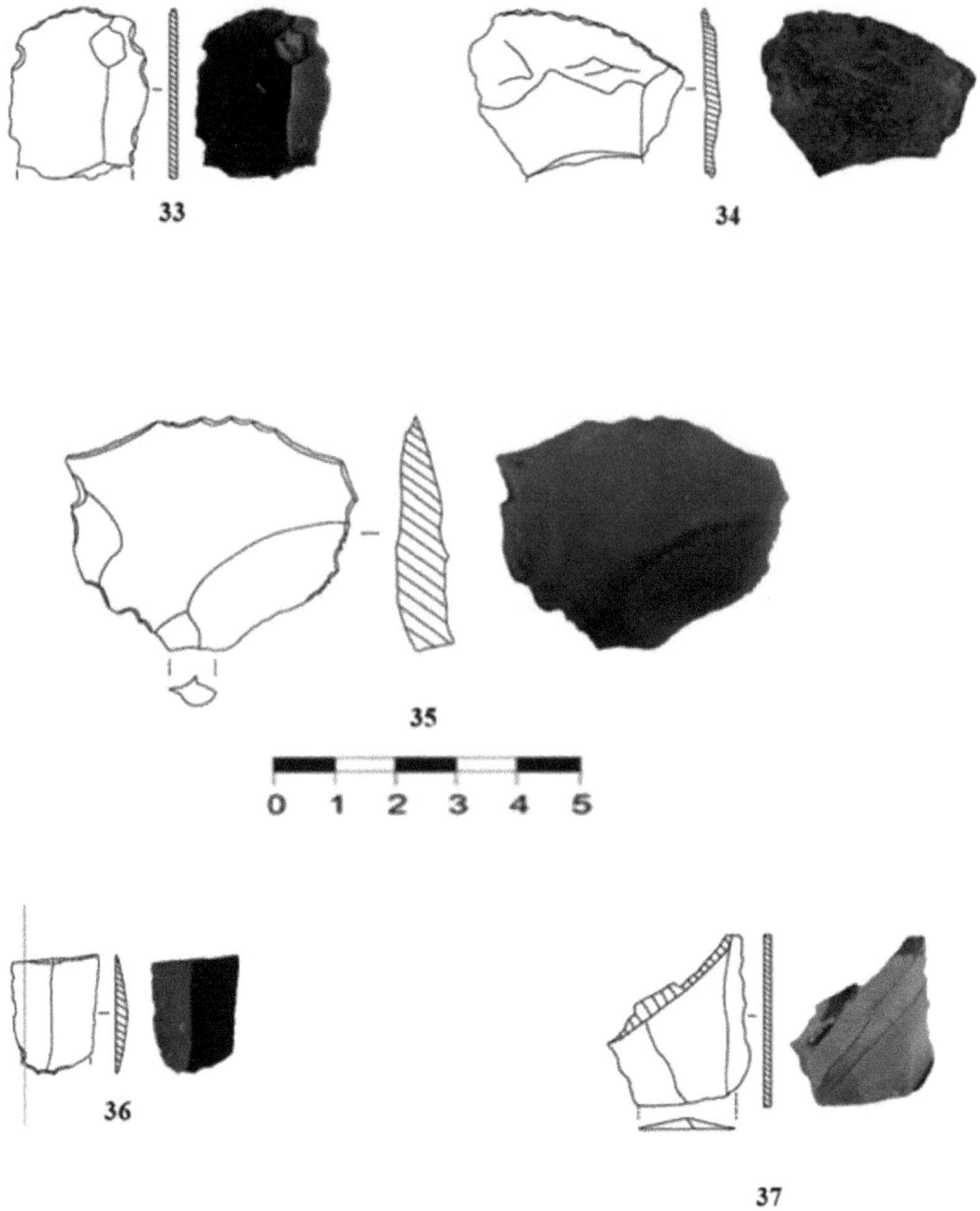

33: BN2G-R-1 (raedera con retoque marginal), 34: BN2G-R-2 (raedera transversal),
35: BN2G-R-4 (raedera latero-transversal), 36: BN2G-T-1 (truncadura marginal),
37: BN2G-T-3 (truncadura oblicua).

Figura 6.34. Productos retocados (BN2G) del yacimiento de "La Esparragosa". Realizado por R. Martínez.

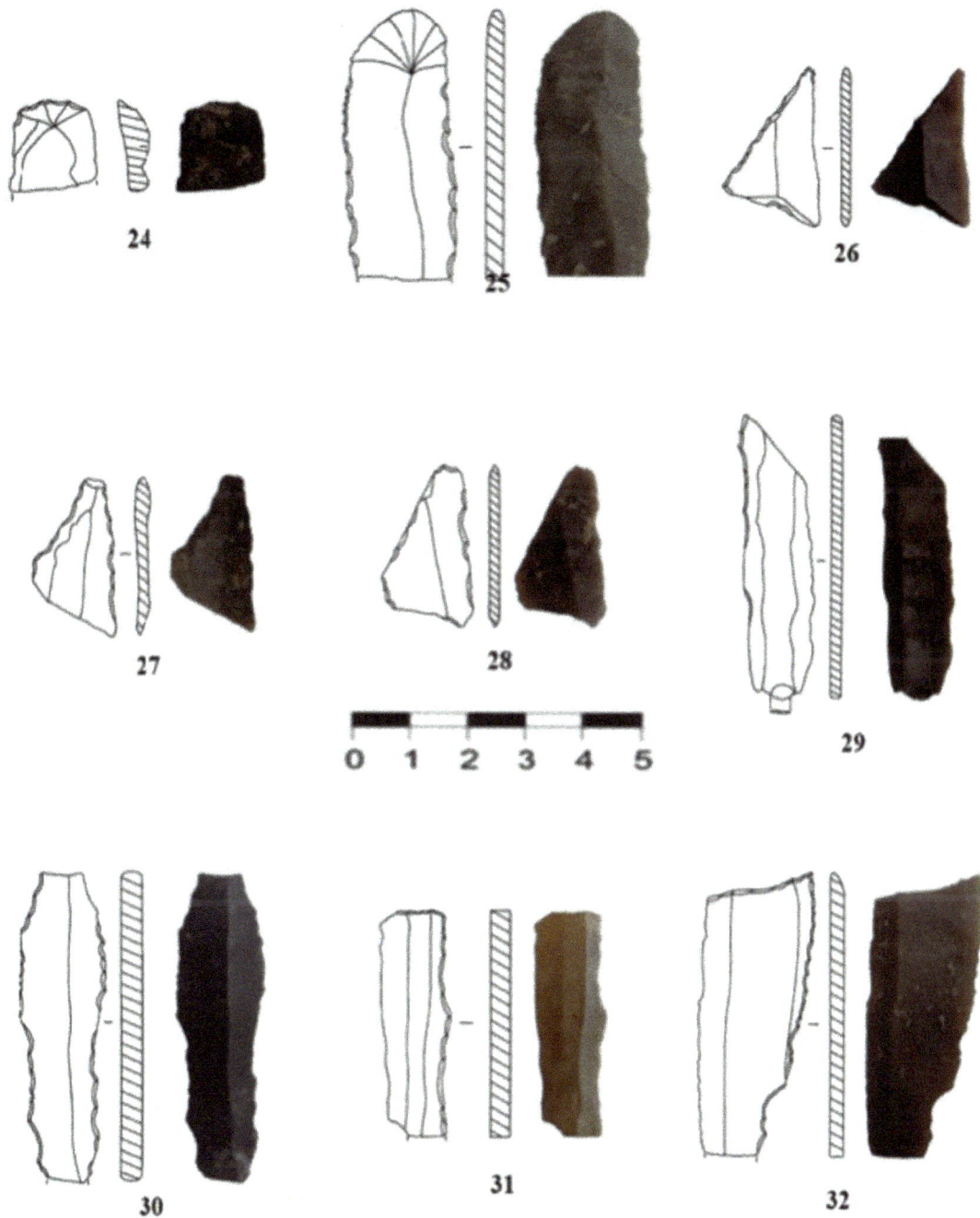

24: BN2G-G-11 (raspador frontal simple), 25: BN2G-G-12 (raspador frontal largo),
26: BN2G-Gm-3 (geométrico: trapecio isósceles), 27: BN2G-Gm-5 (geométrico: trapecio escaleno),
28: BN2G-Gm-6 (geométrico: trapecio de lado cóncavo), 29: BN2G-LD-21 (lámina de dorso),
30: BN2G-LDD-21 (lámina con doble dorso), 31: BN2G-LDT-11 (lámina con dorso truncado).
32: BN2G-LDT-12 (lámina con dorso y truncadura oblicua con ángulo agudo)

Figura 6.35. Productos retocados (BN2G) del yacimiento de "La Esparragosa". Realizado por R. Martínez.

1: Azuela, 2: Cincel, 3: Hacha, 4: Percutor, 5 y 6: Moletas

Figura 6.36. Productos pulimentados del yacimiento de "La Esparragosa". Realizado por R. Martínez.

Figura 6.37. Molino barquiforme del yacimiento de "La Esparragosa". Realizado por R. Martínez.

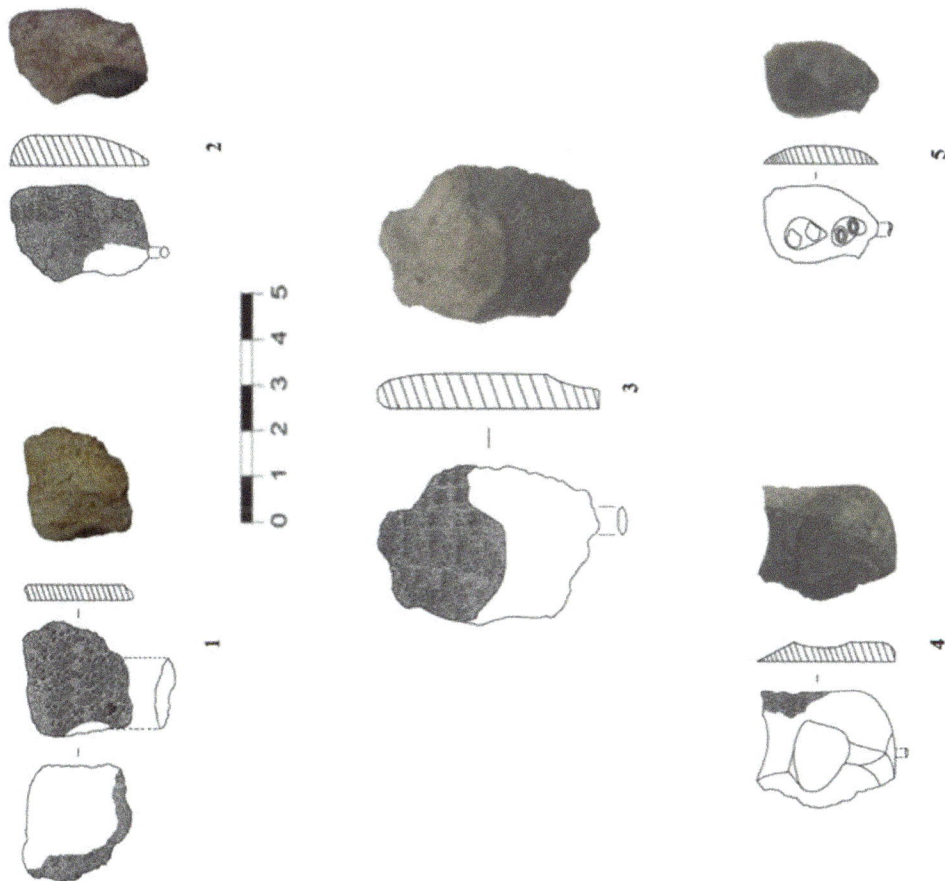

1 y 2: BP-D (de descortezado), 3 y 4: BP-SD (de semidescortezado), 5: BP-I (interna).

Figura 6.39. Lascas y láminas (BP) del yacimiento de "La Esparragosa". Realizado por R. Martínez.

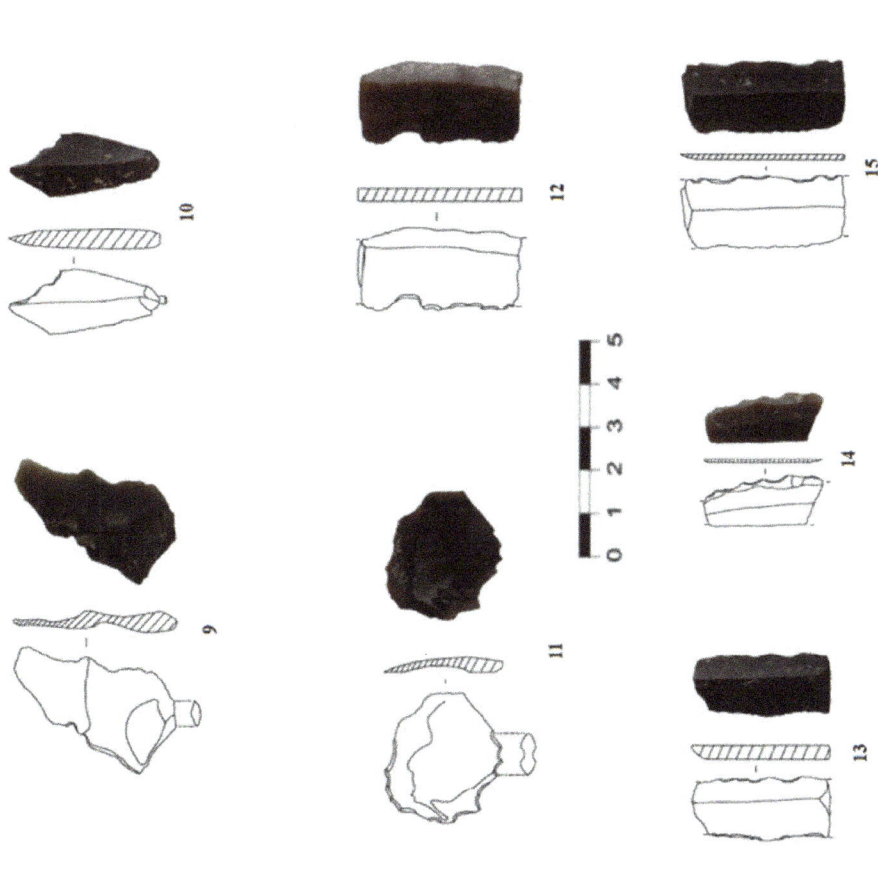

9: BN2G-D-2 (denticulado espina), 10: BN2G-D-4 (punta denticulada), 11: BN2G-D-5 (raspador denticulado)
12: BN2G-DIV (diverso: muesca y elemento de hoz), 13: BN2G-DIV-EH (elemento de hoz, tipo 1.19)
14 - 15: BN2G-DIV-EH (elemento de hoz, tipo 1.31)

Figura 6.38. Productos retocados (BN2G) del yacimiento de "La Esparragosa". Realizado por R. Martínez.

63

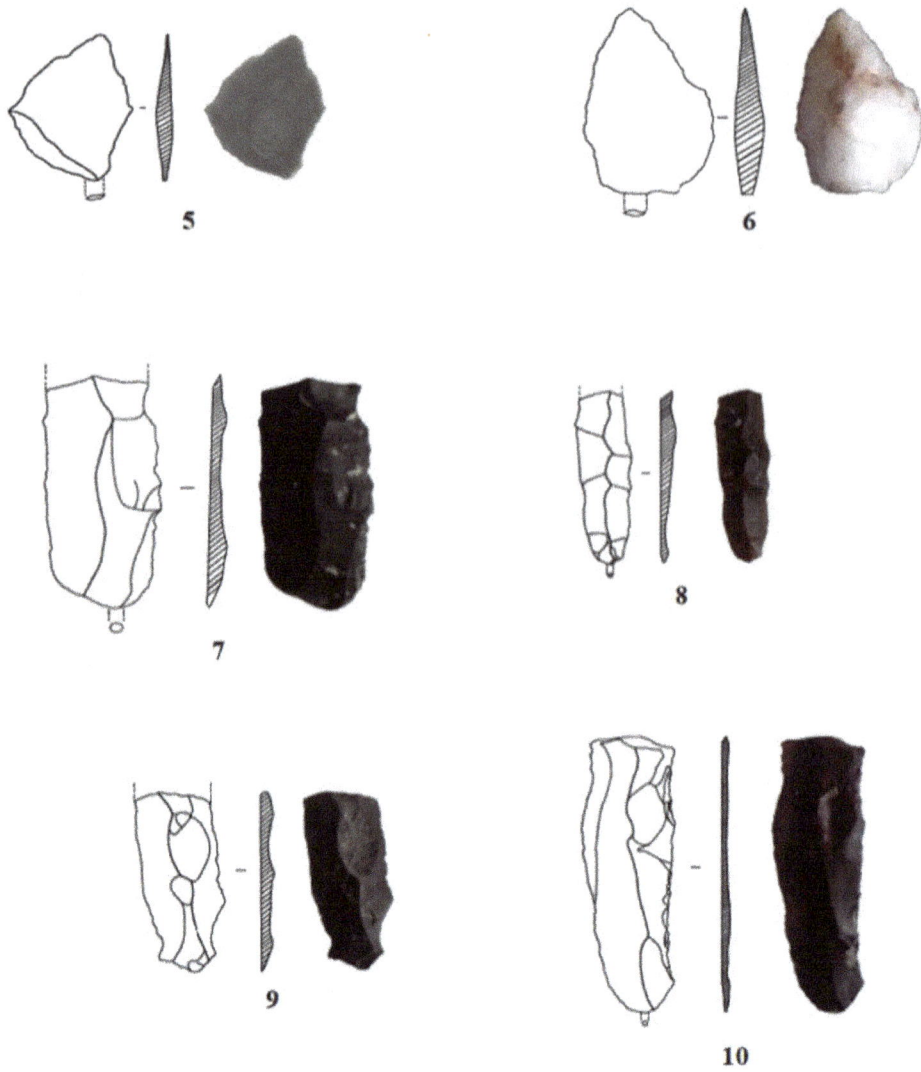

5 y 6: BP-I (interna) y 7 a 10: BP-C (de cresta)

Figura 6.40. Lascas y láminas (BP) del yacimiento de "La Esparragosa". Realizado por R. Martínez.

7

Conclusiones

7.1. Resultados

A lo largo de este estudio se ha podido corroborar la problemática de la cultura de los silos y cómo la transición del IV al III milenio a.n.e. no supuso una fractura en las sociedades de este período. Además, el estudio de los materiales líticos nos ha facilitado comprender la continuación de los modos de vida entre el Neolítico y el Calcolítico.

Por otra parte, el presente trabajo pretende aportar más información sobre el vacío de investigación de dicha zona en dichas cronologías, pues no ha sido hasta inicios del siglo XXI cuando se empezaron a realizar, o incluso a retomar, estudios sobre la cultura de los silos.

Así pues, tanto el yacimiento de "El Trobal" en el T.M. de Jerez de la Frontera, como el de "La Esparragosa" en el T.M. de Chiclana de la Frontera, nos acercan a unas sociedades cuyos modos de vida se basaban en la agricultura y en la ganadería, pero sin abandonar los métodos productivos asociados a grupos de cazadores-recolectores-pescadores-mariscadores.

Aún así, con el estudio actual realizado sobre el material lítico de ambos enclaves arqueológicos va a ser complicado responder a cuestiones planteadas a lo largo de los capítulos anteriores. Si bien es cierto que se han podido solventar algunos de los objetivos planteados para dicho estudio.

En primer lugar, queríamos comprender los modos de vida del tránsito del IV al III milenio a.n.e. en el T.M. de Jerez de la Frontera a través del estudio de los materiales líticos en relaciones con otros yacimientos, lo que nos llevó a incluir "La Esparragosa" en Chiclana de la Frontera. Aunque ambas localizaciones se encuentran en términos municipales diferentes, como ya comentamos en el apartado 3 (Geología y Geografía. Medio natural de la provincia de Cádiz), las sociedades de este período no entienden de fronteras administrativas, por lo que debieron existir relaciones entre ambos núcleos.

En relación a esta hipótesis hemos observado la presencia de un lazo de unión entre los dos enclaves, el Arroyo del Salado con el río Iro/Arroyo del Salado (Fig. 7.1), ambos afluentes del río Guadalete. Si bien es cierto que en la actualidad el desarrollo del Arroyo del Salado ha sido modificado a lo largo de toda la historia, hemos podido recrear su cauce gracias a diversa documentación, que además nos explica la fuerza de su caudal y la importancia del agua, siendo motor primordial para la construcción de diversos enclaves en ambos márgenes en diferentes momentos históricos (Martínez, 2021).

Esto nos hace reflexionar sobre las relaciones sociales de dichos yacimientos, aunque dichos enclaves no tuvieron contacto visual, comprobado con la creación de cuencas de visibilidad (Fig. 7.2). No obstante, ambos pueblos estarían seguramente relacionados, no sólo por las materias primas empleadas sino también por la idea de organización del territorio, el cual estaría distribuido en centros nucleares con enclave principal, Valencina de la Concepción en Sevilla, según Arteaga (2000, 2002, 2004) o Nocete (1989a, 1989b, 1994b, 2001).

Además, se aprecia el uso de las mismas materias primas en la confección de los productos líricos, con un predominio de sílex para los productos retocados, de la diorita para los pulimentados y de la arenisca para los molinos barquiforme (Fig. 7.3).

Y en segundo lugar y muy ligado al primero, el trabajo realizado con el estudio de casi cinco mil piezas (en concreto 4943 ejemplares) ha seguido una importante carga teórica, ya que se ha utilizado el Sistema Lógico Analítico, además del sistema de Laplace (1972). Pretendemos, de esta manera, entender el estudio de los materiales líticos no como un ente aislado, sino como parte de los medios de vida, como ya han ido haciendo otros investigadores como Sanoja (1984), Vargas (1985), Bate (1986, 1998, 2004), Gándara (1993) o Ramos (1999, 2012).

El uso de dichos sistemas nos ha posibilitado observar semejanzas entre los productos líticos de los dos yacimientos analizados, pero también algunas diferencias significativas. A continuación, vamos a analizar los rasgos técnicos y tipológicos de los conjuntos líticos para así poder evaluar las diferencias tecnológicas y económicas.

En ambos yacimientos destaca la abundancia de lascas y láminas (BP), en relación al resto de grupos seguido de productos retocados (BN2G) y por último de núcleos (BN1G) (Fig. 7.4).

En "El Trobal" asistimos a la existencia de todos los gestos técnicos del desbaste, desde los núcleos del inicio de talla (9,895), donde se analizan las primeras extracciones de lascas de talla externa. El mayor grupo lo conforman los núcleos con un plano de golpeo (23,95% de donde surgen la mayoría de las láminas estudiadas, además de los núcleos para hojas (9,89%). Los levallois (14,07%) son cascos y en general muy agotados. Y también se presenta un grupo numeroso de núcleos diversos (11,41%) y núcleos sobre lasca (10,27%). Y se documenta en menor medida núcleos de semidescortezado (3,04%), núcleos piramidales (3,04%), núcleos poliédricos (2,00%), núcleos unipolares (1,14%), núcleos con dos planos de golpeo (0,76%) y núcleos de cresta (0,38%).

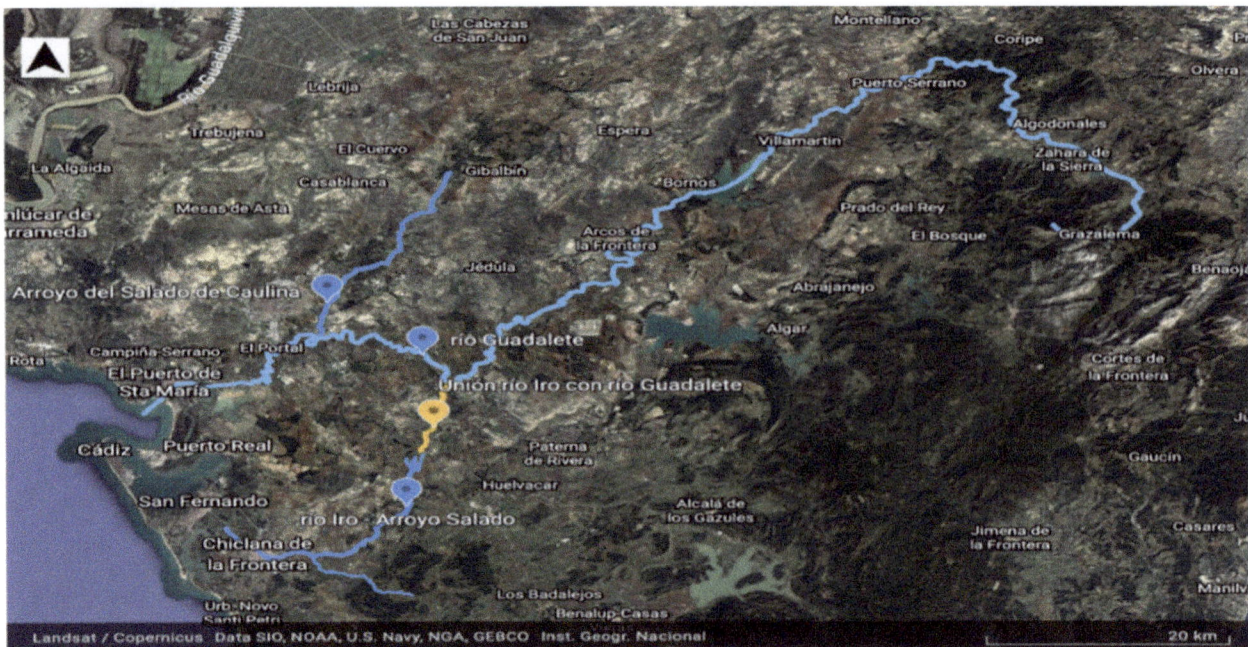

Figura 7.1. Unión del río Iro-Arroyo Salado (T.M. de Chiclana) y del Arroyo del Salado de Caulina (T.M. de Jerez) con el río Guadalete. (Martínez, 2021: 62)

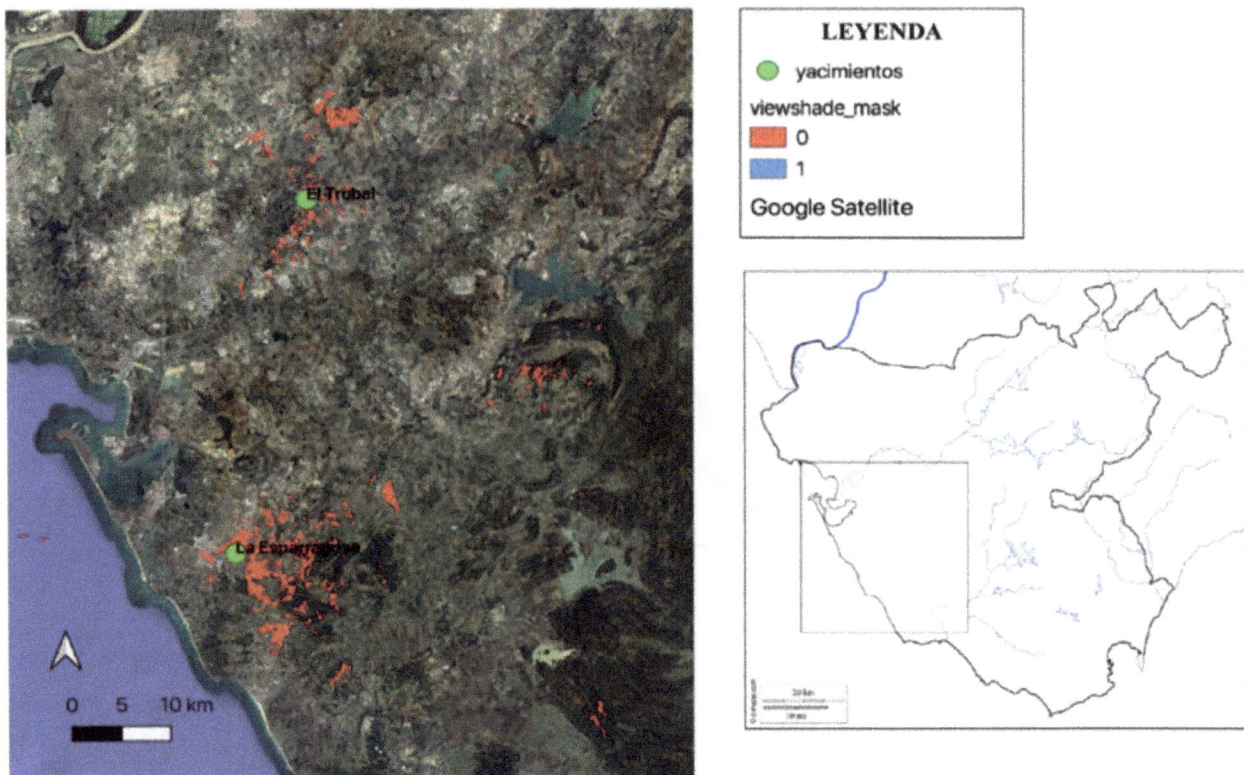

Figura 7.2. Mapa de análisis de visibilidad. Las áreas en rojos son las zonas donde alcanzaría la visión de cada yacimiento. Realizado por R. Martínez.

	PRODUCTOS				
TALLADOS		**PULIMENTADOS**		**OTROS**	
EL TROBAL	3109	EL TROBAL	269	EL TROBAL	799
LA ESPARRAGOSA	884	LA ESPARRAGOSA	48	LA ESPARRAGOSA	12

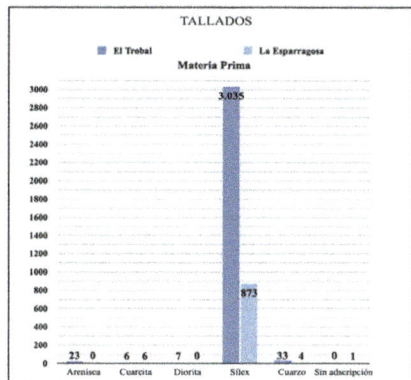

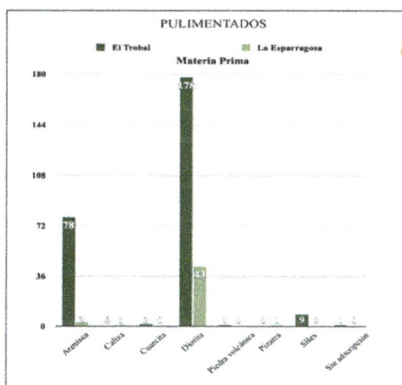

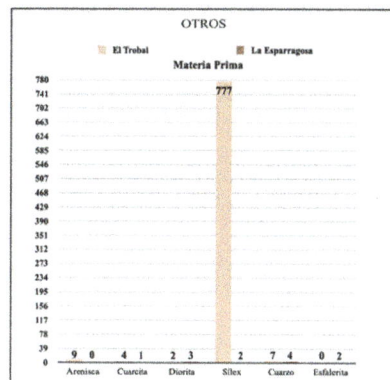

Figura 7.3. Gráficas comparativas de la materia prima lítica usada en el yacimiento de "El Trobal" y "La Esparragosa". Realizado por R. Martínez.

CADENA OPERATIVA			
EL TROBAL		**LA ESPARRAGOSA**	
NÚCLEOS	302	NÚCLEOS	21
LASCAS/LÁMINAS	1299	LASCAS/LÁMINAS	591
UTENSILIOS	839	UTENSILIOS	125
OTROS RESTOS DE TALLA	539	OTROS RESTOS DE TALLA	148
OTROS	861	OTROS	12

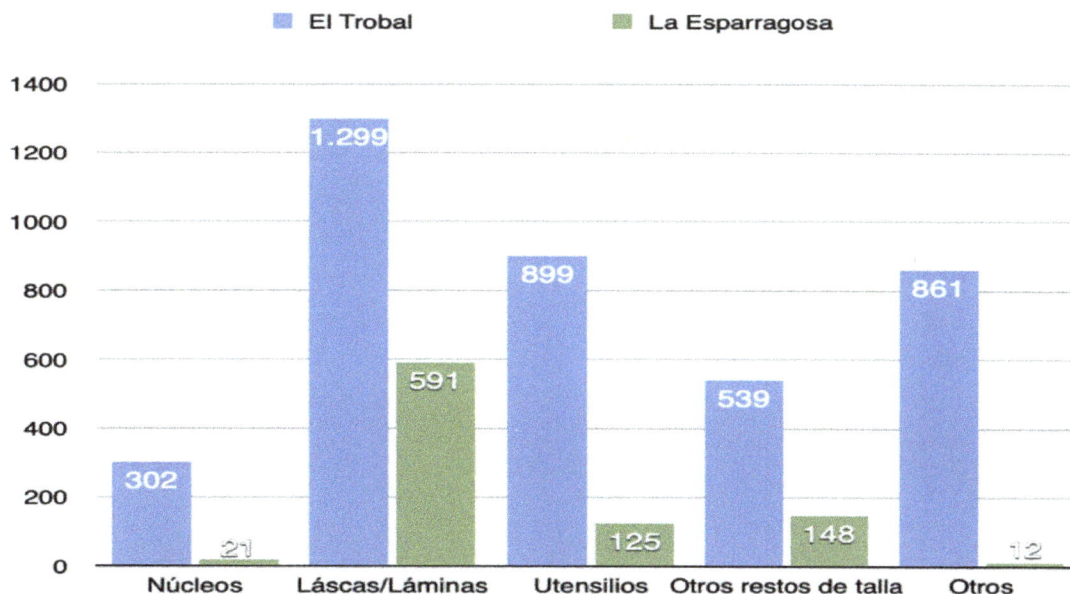

Figura 7.4. Tabla comparativa de la cadena operativa de los yacimientos de "El Trobal" y "La Esparragosa". Realizado por R. Martínez.

Mientras que en "La Esparragosa", los grupos con mayor número de elementos se corresponden a núcleos con un plano de golpeo (35%), a núcleos para hojas (30%) y núcleos sobre lascas (15%). Además de la presencia de núcleos de descortezados (10%), diversos (5%) y piramidales (5%). La mayoría de todos los ejemplares presentan un gran aprovechamiento. Por el contrario, no se analizan núcleos levallois, de inicio de talla, centrípetos, con dos planos de golpeo, unipolares y poliédricos. (Fig. 7.5).

Así pues, estos datos nos indican la riqueza de técnicas y variabilidad tipológica, tratándose de conjuntos microlíticos, con núcleos muy agotados, con plano de golpeo generalmente lisos y un mayor predominio de las lascas.

En relación a las lascas y láminas (Fig. 7.5), con 1890 ejemplares, se observa una disparidad entre ambos enclaves. En el yacimiento de "El Trobal" predominan las internas con el 54,58%, seguida de las de semidescortezado (17,24%) y de las hojas (15,09%), mientras que en "La Esparragosa" el mayor volumen se relaciona con las hojas con un 58,14%, seguida de las internas (24,75%) En cuanto a las lascas/láminas levallois, en ambos sitios, presentan grupos reducidos, en "El Trobal" el 3,39% y en "La Esparragosa" con el 0,68%. Igual ocurre con las de cresta, aunque estas aumentan en "La Esparragosa" con el 6,78% frente al 1,23% de "El Trobal". Por último, la tipología de descortezado presenta cómputos parecidos tanto en "El Trobal" (8,47%) como en "La Esparragosa" con el 7,46%. Todo ello nos demuestra la importancia de la organización de los asentamientos, pues es notorio cómo en "El Trobal",

donde se da la presencia de un taller, predominan las lascas internas y levallois, mientras que en "La Esparragosa", determinado sólo como asentamiento, destacan las hojas. Lo que nos lleva de nuevo a la organización espacial y de abastecimiento de la zona analizada por Nocete y Arteaga.

Sin embargo, es el estudio de los productos tallados lo que nos revela los modos de vida de dichas sociedades y la aparición de nuevos elementos que serán primordiales en la Edad del Cobre. Si bien es cierto que continúan los factores neolíticos tradicionales, también cabe destacar el desarrollo de herramientas propias de la agricultura como los elementos de hoz o los cepillos, además de las truncadas, los dorsos abatidos y bordes dentados, manteniéndose otras relacionadas con la caza como los foliáceos o los geométricos (Pérez, 2005; Clemente y García, 2008). Así pues, observamos un dominio importante de los denticulados en "El Trobal" con 48,87%, mientras que en "La Esparragosa" son los elementos de hoz con un 31,67%, seguido de los denticulados (20%) los que predominan (Fig. 7.5). Estos son característicos de la "cultura de los silos" desarrollada en las campiñas y vega del Guadalquivir: "Los Alcores" y "El Albalate" (Porcuna: Arteaga, 1985; Arteaga *et al.,* 1986), "El Acebuchal" (Sevilla: Bonsor, 1897, 1899; Lazarich *et al.,* 1995), "Campo Real" (Sevilla: Bonsor, 1899), "Valencina de la Concepción" (Sevilla: Arteaga y Cruz-Auñón, 1999; Vargas, 2004; Hurtado, 2013), "Peñón Gordo" (Cádiz: Perdigones y Guerrero, 1987), etc. Productos todos ellos constituidos con bordes denticulados bifocales o unifaciales, con una o dos truncaduras, dorsos abatidos de retoque abrupto…

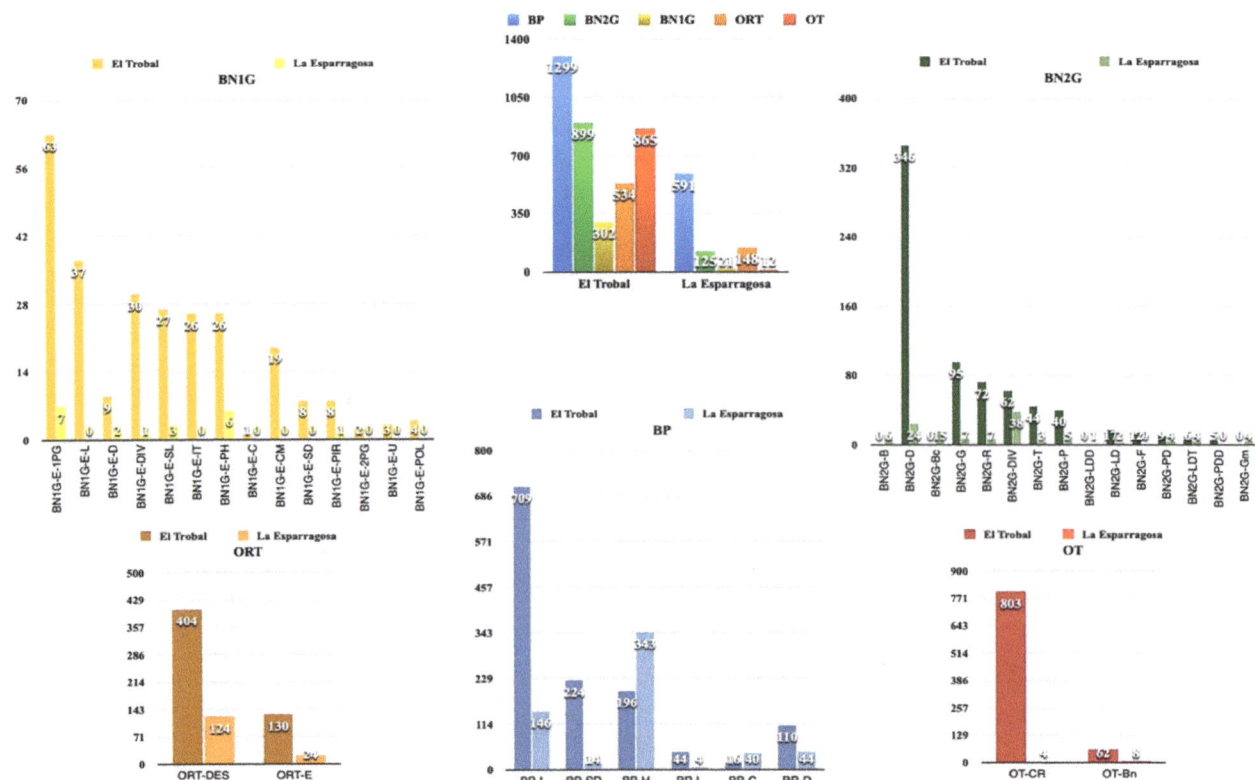

Figura 7.5. Gráficos comparativos de los productos líticos tallados de los yacimientos de "El Trobal" y "La Esparragosa". Realizado por R. Martínez.

Aunque dichos elementos se manufacturan sobre hojas, el cómputo de estas en ambos yacimientos ofrece diferencias, mientras que en "El Trobal" sólo es el 36,36%, en "La Esparragosa" supone el 63,64%, dado que en el segundo enclave, dichas herramientas líticas se utilizaban como cuchillos para el descamado, la limpieza y el procesamiento del pescado (fileteado, destripamiento, corte de cabeza…), al igual que para su conservación (ahumando o en sal) (Clemente *et al.,* 2010; Clemente y Mazzucco, 2020), mientras que en el primero la utilización de estas no se ha comprobado a la falta de estudios traceológicos.

Por otro lado, las truncaduras presentan un mayor número en el yacimiento de "El Trobal" (6,21%) en comparación con "La Esparragosa" con sólo un 2,5%. (Fig. 7.5).

De tradición paleolítica se analiza la presencia de raspadores (El Trobal: 13,42%, La Esparragosa: 5,83%), raederas (El Trobal: 10,17%, La Esparragosa: 5,83%) y perforadores, fundamentalmente taladros (El Trobal: 2,4%, La Esparragosa: 4,17%) (Fig. 7.5)

Y en relación a los ejemplares de tradición epipaleolítica se constatan láminas de dorso abatido (El Trobal: 2,4%, La Esparragosa: 1,76%), láminas de doble dorso abatido (sólo en La Esparragosa: 0,83%) y geométricos (sólo en La Esparragosa: 3%) (Fig. 7.5). Todos ellos reflejo de las actividades de caza y pesca.

Otro dato diferencial es el número de ejemplares de cantos rodados (OT-CR) (Fig. 7.1.5): 62 en "La Esparragosa" frente a los 803 de "El Trobal", bajo la hipótesis de ser utilizados para la conformación de las superficies pulimentadas del grupo de los productos pulimentados. Además, la existencia de una zona de taller en el yacimiento de "El Trobal" hace que se dé un aumento tanto de las bases naturales (OT-Bn) (Fig. 7.5) con un 89,47%, frente sólo a un 10,53% en "La Esparragosa", como de los elementos denominados otros restos de talla (ORT) (Fig. 7.5) con 534 elementos entre desechos (ORT-DES) (76,52%) y esquirlas (ORT-E) (23,48%) en "El Trobal" frente a los 148 hallados en "La Esparragosa" (84,42% de desechos y 15,58% de esquirlas).

Ambos yacimientos, aunque con distintas cantidades de material, presentan similitudes en la mayoría de sus piezas, destacando lascas laminares pequeñas, microlascas laminares, lascas pequeñas y micro lascas según los modelos tipométricos de Bagolini (Fig. 7.6), correspondientes a los tipos 15, 16, 19 y 20, mientras que apenas se dan láminas estrechas (tipos 5 a 8) y lascas anchas y muy anchas (tipos 21 a 28), y en ninguno de los dos se observan láminas muy estrechas (tipos 1 a 4), con excepción de algunas del tipo 4 en "El Trobal" y lascas anchísimas (tipos 29 a 32).

Por otro lado, se observa un amplio cómputo de ejemplares con fracturas completas (Fig. 7.7) en algunos de sus

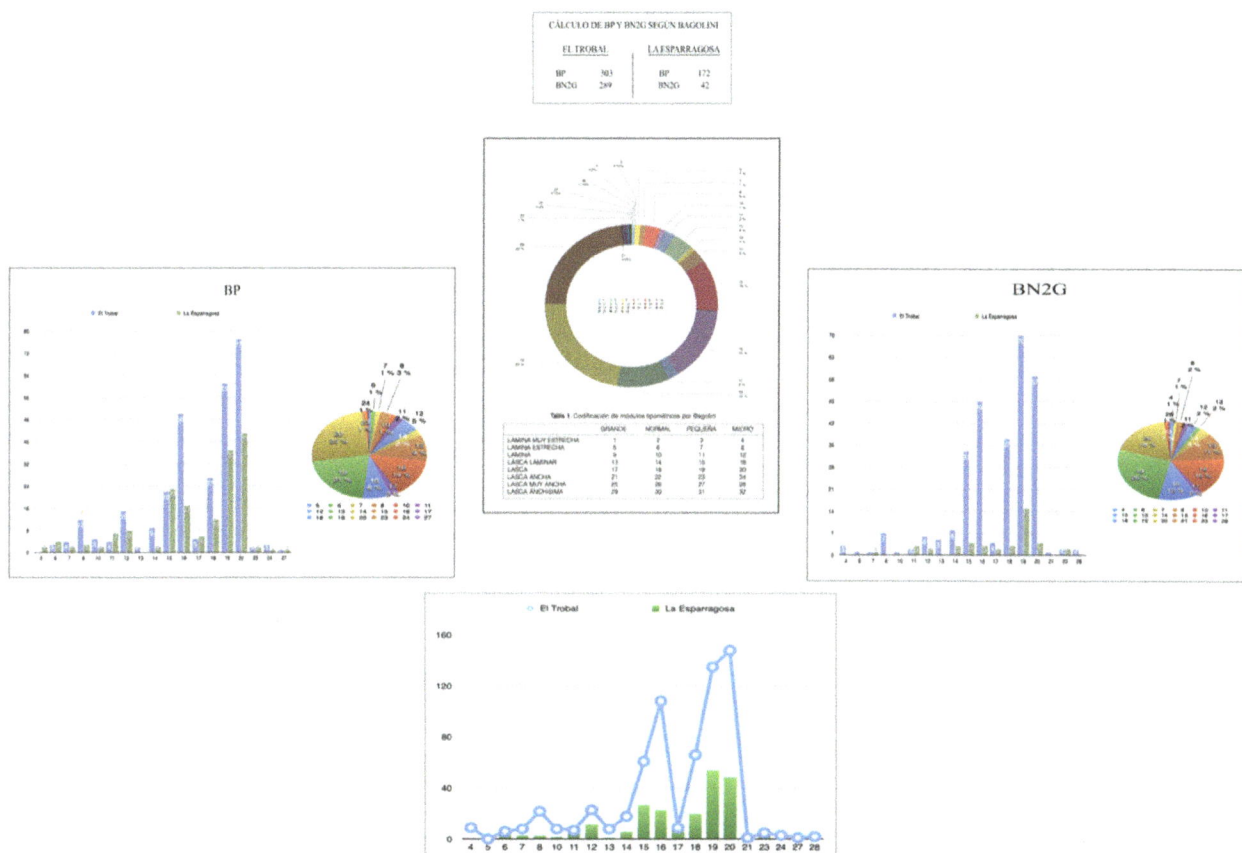

Figura 7.6. Gráficos comparativos de los módulos tipométricos de Bagolini de los yacimientos de "El Trobal" y "La Esparragosa". Realizado por R. Martínez.

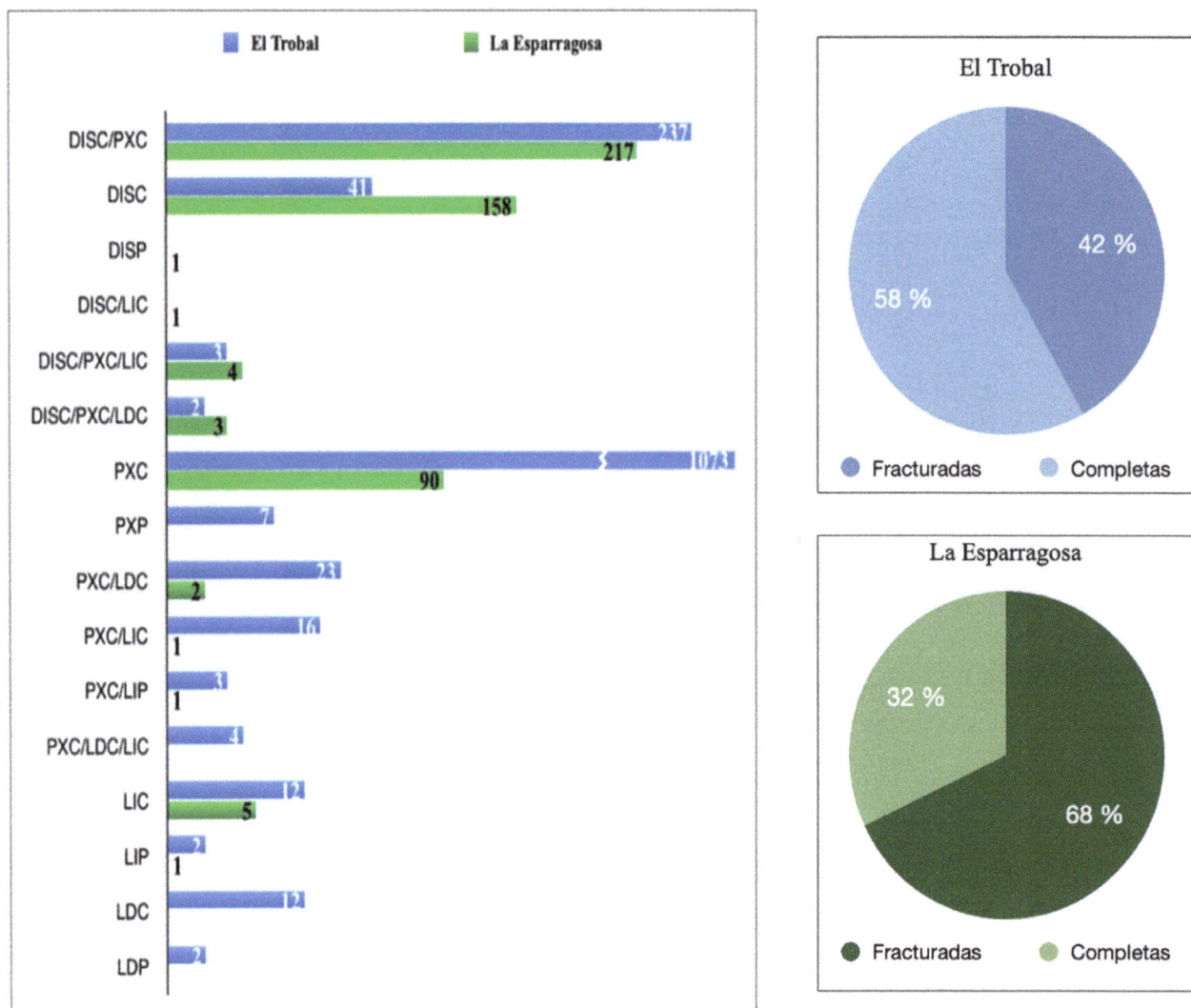

Figura 7.7. Gráficos comparativos sobre las fracturas en los yacimientos de "El Trobal" y "La Esparragosa". Realizado por R. Martínez.

lados, con un predominio de los DISC/PXC (fracturas completas tanto en el extremo distal como en el proximal) en "El Trobal" y de los DISC (fractura completa en el extremo distal) en "La Esparragosa". Todo ello prueba del proceso de regulación del soporte para la obtención de los artefactos retocados. Además, el yacimiento de "El Trobal", al presentar diversas áreas, ofrece mayor número de ejemplares fracturados que "La Esparragosa", compuesta únicamente por silos. De igual manera, el tipo de fracturas son también diferentes, parciales sólo en el enclave de "El Trobal" y completas o totales en "La Esparragosa". Todo ello puede ser analizado en la gráfica de fracturas (Fig. 7.7).

En relación a los talones (Fig. 7.8) no se han analizado grandes diferencias entre ambos yacimientos, se han podido obtener 2249 ejemplares (627 reconocibles y 1622 abatidos) en "El Trobal" y 708 (403 con talón reconocible y 404 con abatido) en "La Esparragosa", apreciándose la misma tipología entre los talones reconocibles: planos (El Trobal: 76,40%, La Esparragosa 44,15%), puntiformes (El Trobal: 44%, La Esparragosa 29,77%), facetados (El

Trobal: 2,55%, La Esparragosa 3,01%), diedros (El Trobal: 7,34%, La Esparragosa 18,73%) y corticales (El Trobal: 1,28%, La Esparragosa 4,35%). Así pues, aunque no se puede dictaminar fehacientemente si la obtención se realizó mediante percusión directa o indirecta, hemos de saber que la talla con percusión indirecta suele corresponderse con la presencia de talones reducidos y lisos, un bulbo y cono poco marcado y nervaduras no rectilíneas, mientras que las lascas que tengan talones planos y anchos, así como bulbos desarrollados pueden indicar una talla mediante percusión directa con percutores duros. Sin embargo, la presencia de talones facetados y diedros indican una preparación anterior de los núcleos, del mismo modo que los talones puntiformes indican procesos de elaboración tecnológica más avanzados, y, por el contrario, los lisos determinan la no preparación previa de la plataforma de producción (Domènech, 1998; Herranz, 2013-15).

También el grupo de materiales líticos pulimentados (Fig. 7.9) presenta una llamativa disparidad numérica, 269 ejemplares en "El Trobal" frente a 49 en "La Esparragosa". Sin embargo, en ambos yacimientos, las molestas

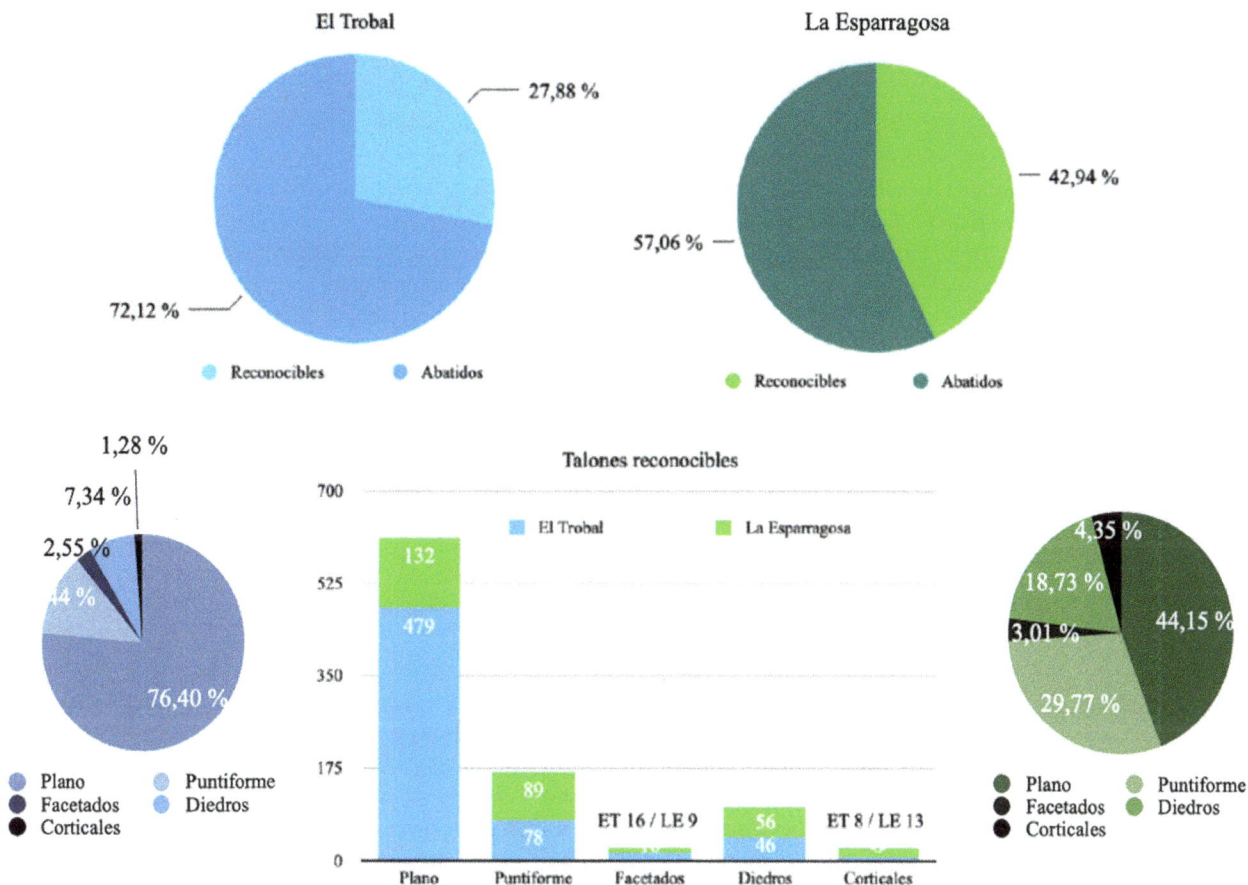

Figura 7.8. Gráficos comparativos sobre los talones en los yacimientos de "El Trobal" y "La Esparragosa". Realizado por R. Martínez.

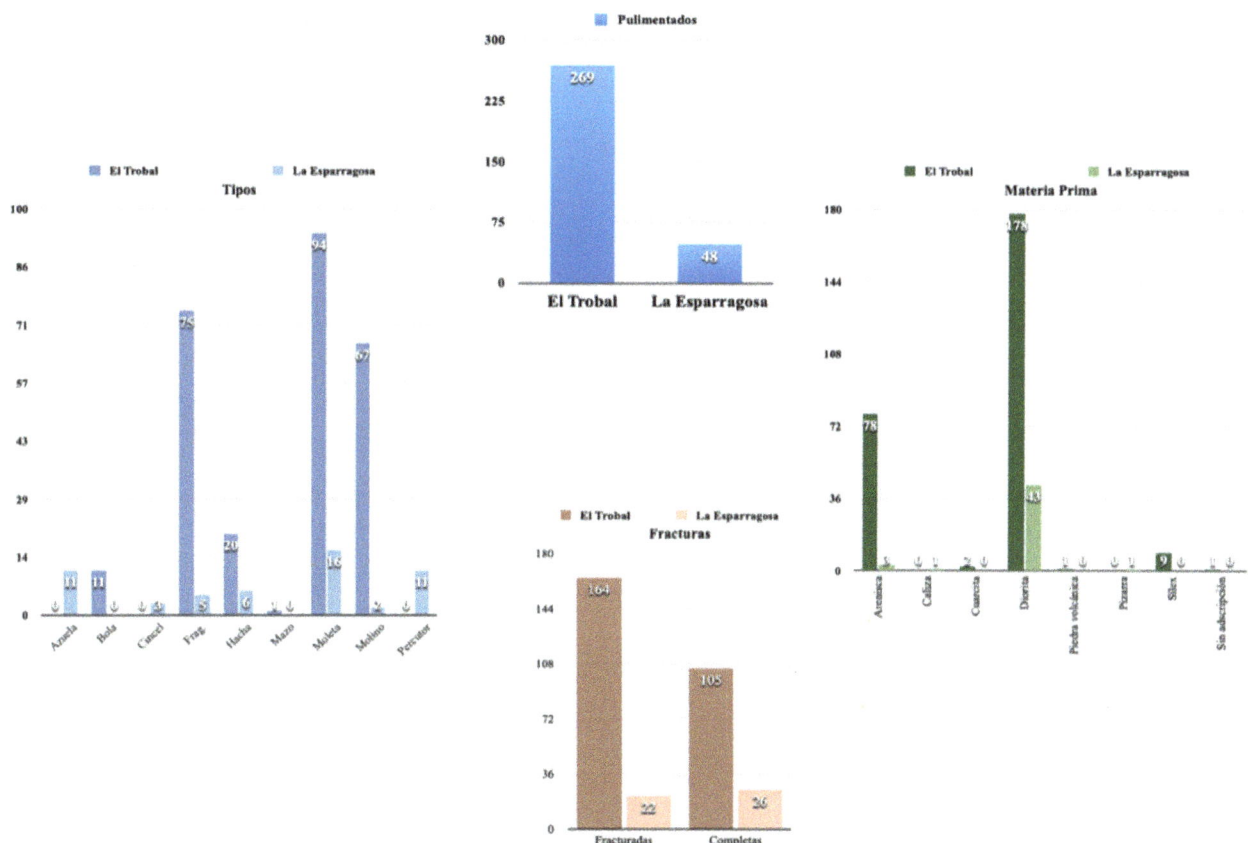

Figura 7.9. Gráficos comparativos de los productos líticos pulimentados de los yacimientos de "El Trobal" y "La Esparragosa". Realizado por R. Martínez.

presentan un número más similar (El Trobal: 35,07%, La Esparragosa: 28,63%), no así en la cuantía de molinos barquiformes (El Trobal: 25%, La Esparragosa (3,7%). Por otro lado, "El Trobal" presenta un alto número de elementos fragmentados que no han podido ser adscritos a ningún tipo de herramientas (27,99%), mientras que esto sólo ocurre en el 926% en "La Esparragosa". Otras herramientas encontradas en el enclave de "El Trobal" son bolas, hachas y mazos, en cambio en "La Esparragosa" han sido azuelas, cinceles, hachas y percutores.

En cuanto a la materia prima, en "El Trobal" destaca el uso de la diorita (66,71%) y la arenisca (29%), con presencia además de cuarcita, piedra volcánica y sílex. En cambio, el yacimiento de "La Esparragosa" presenta casi la totalidad de sus elementos en diortia (89,58%), sin apenas presencia de elementos en arenisca, caliza y pizarra.

Por último, se observa un equilibrio entre los ejemplares fracturados y los completos en ambos enclaves.

7.2. Implicaciones funcionales

Ya comentamos en la introducción, que el objeto de este trabajo no es el estudio *per se* de los productos líticos, sino que pretende entablar la relación de dichos productos con las sociedades que los utilizaban y esclarecer así sus modos de vida. Por consiguiente, procedemos a realizar una somera relación de estos productos y sus usos en estas sociedades de la transición del Neolítico al Calcolítico, del IV al III milenio a.n.e.

En primer lugar, el uso de los elementos de hoz y la presencia de azuelas, hachas, moletas y molinos barquiformes muestra la importancia de la agricultura. Sin olvidar, el uso de los silos entre los que destaca el de almacenaje del excedente de los cereales (Carrilero, Martínez y Martínez, 1982; Nocete, 1989a, 1989b; Cámara y Lizcano, 1996; Márquez, Fernández y García, 1999; Márquez, 2000).

Otra de las actividades productivas llevadas a cabo fueron los trabajos de carpintería relacionados con el uso de hachas pulimentadas, muescas denticuladas, perforadores y taladros. Muchas de las herramientas utilizadas aparecen ya enmangadas, lo que hace necesario el uso de las muescas y los denticulados para confeccionar superficies lisas y sin astillas, así como de perforadores y taladros (Juan, 1985), Fortea, Martí y Juan,1987).

Volviendo al contexto cultural, nos encontramos en un período donde la necesidad de espacios abiertos es primordial para el cultivo del cereal, por lo que comienza una importante actividad de deforestación para el desarrollo de prácticas agrícolas y la necesidad de madera para actividades productivas o de hábitat, además de sistemas defensivos (Cabrero y Vallespí, 1980-81; Arteaga *et al.*, 1986; Ramos, 1988).

En tercer lugar, actividades como la caza, la pesca y el marisqueo ejercida desde el Paleolítico, mantiene su importancia como muestra del uso de arpones con los geométricos y truncadas, además de las puntas foliáceas. Aunque, anteriormente habíamos asociado los perforadores y taladros a la carpintería, este no sería su único ámbito, sino que también se podrían utilizar para la elaboración de elementos de decoración-colgante sobre malacofauna.

Ligado a la caza nos encontraríamos algunas actividades denominadas domésticas como el descuartizado de los animales con el uso de hoja simples o con retoques irregulares, de cuchillos o de láminas y laminillas de dorso enmangadas; el raspado de las pieles con los raspadores (Mansur, 1984. 1987) y muchas otras como raer, cortar, aserrar, a través de las raederas y buriles, sin abandono de elementos de tradición paleolítica y epipaleolítica. Y en cuanto al procesamiento del pescado se realizaría mediante hojas fragmentadas en el extremo distal, realizando trabajos de descarnación, descripción, corte de la carne y de la cabeza (Clemente *et al.*, 2010; Clemente y Mazzucco, 2020).

Pues al igual que actualmente, estos grupos se sirven de elementos tanto de madera como de hieros, cerámica o lítica que les facilitan las tareas diarias y su supervivencia en el medio ambiente. Asimismo, recordemos que la ganadería proporciona además los elementos para confeccionar tejidos, los cuales no perduraron hasta la actualidad, pero si las pesas de telar, fabricadas en adobe o en cerámica. Y que algunas de las herramientas anteriormente mencionadas también se usaban en actividades cerámicas, bien para la reparación de menaje o la decoración de estos.

7.3. Conclusiones

Así pues, nos encontramos en un momento de la historia donde se conservan elementos típicos del Neolítico (microlitos, productos de la tradición paleolítica y epipaleolítica, láminas con retoques continuos…) junto a la aparición de nuevas herramientas (elementos de hoz, foliáceos y productos pulimentados) que provocarán un cambio en las formas económicas con el inicio de la deforestación, por la necesidad de espacios abiertos para el aumento del cultivo de cereal, y por ende, la aparición de nuevas estructuras, como los silos, para el almacenaje de este excedente, dándose a su vez, un cambio de la estructuración social de dichos grupos con la manifestación de las primeras divisiones sociales, siendo el germen de una jerarquización social basada en el control del territorio y en el concepto de propiedad. Esto dará lugar a la creación de asentamientos estables, un aumento de la población y nuevas formas de relaciones sociales (Bender, 1975; Testar, 1982; Bate, 2004), hasta llegar a la idea de una organización espacial de aldea y el surgimiento de un estado prístino (Arteaga *et al.*, 1995; Arteaga y Hoffman, 1999; Nocete, 2001) con enclaves de estratégico control del territorio del Aljarafe (Valencina de la Concepción) y los Alcores sevillanos (Gandul, Carmona, Acebuchal…) (Condau, 1984), en donde la provincia de Cádiz actuaría como territorio productivo agrícola y ganadero (Montañés, 1998; Montañés *et al.*, 1999; Pérez *et al.*, 1999; Ramos, 2004b).

Es por ello por lo que en los yacimientos estudiados podemos observar la existencia de grandes extensiones de silos junto a una población de rango medio, tal y como lo constatan los enterramientos hallados dentro de los silos, y dedicada a actividades de agriculturas y ganadería como muestran los productos líticos analizados.

Si bien es cierto que a día de hoy, la cultura de los silos mantiene más sombras que luces, desde los asó 60 diversos investigaciones han intentado dar respuesta a la función de estos poblados y sobre todo, a la aparición de enterramientos en sus estructuras negativas, estando ambas líneas de investigación ligadas, y sin olvidar que dicha cultura tiene muchos elementos en común con otros conocidos en el resto de Europa denominados circular dirches, causwaved camps, enclousures, endanlagens, rondells, enceintes interroumpues…

Así pues, I. Smith (1966) introdujo la posibilidad de tratarse más de lugares de encuentro que de poblados permanentes, hipótesis desarrollada posteriormente en los años 80 y 90 por Chapman (1988) añadiéndoles la función de lugares de intercambio de información y donde se celebrarían fiestas comunales y actos rituales (Pryor, 1988; Bradley, 1993; Bender, 1998; Thomas, 1999), lo que aportaba nuevas líneas de investigación para los usos de los silos y dejaba a un lado la tesis clásica de almacenaje del excedente agrícola propio de dichas sociedades.

Si bien es cierto que la construcción de las estructuras negativas presentan los mismos patrones: sobre terrenos marchosos y colmados por rellenos similares e intencionado donde se observa la presencia de fragmentos cerámicos, morrillos de barro, productos líticos tallados y pulimentados y restos de fauna y de malacofauna; los restos óseos humanos no están presentes en todas y cuando aparecen, no llevan asociado ajuar alguno ni se desarrollan enterramientos colectivos, a excepción de las fosas circulares con un máximo de cinco individuos y que en la mayoría de las veces manifiestan un uso funerario con un cuidado ritual como pueden ser los casos de "La Esparragosa" (Chiclana de la Frontera, Cádiz) (Pineda, 2004; Ruiz y Gil, 2004; Pérez *et al.*, 2005; Ramos *et al.*, 2006, Vijande, 2006a, 2006b; Pineda y Toboso, 2010; Vijande *et al.*, 2018, 2019; Martínez, 2020); "Cantarranas - La Viña" (Puerto de Santa María, Cádiz) (Perdigones *et al.*, 1987; Ruiz, 1987, 1994a, 1994b; Ruiz y Ruiz, 1987, 1989, 1999; Valverde, 1991, 1993; Ramos *et al.*, 1992b; McClellan *et al.*, 2003), "El Trobal" (Jerez de la Frontera, Cádiz) (González, 1987; Martínez, 2018a), "Valencina de la Concepción" (Sevilla) (Fernández y Ruiz, 1978; Fernández y Oliva, 1980, 1985, 1986; Ruiz, 1983; Nocete, 1989a, 1989b, 1994b, 2001; Santana, 1993; Arteaga y Cruz-Auñón, 1999; Arteaga, 2000, 2002, 2004; Vargas, 2004; Fernández, 2013; Hurtado, 2013; Mederos *et al.*, 2016)…

Esto llevó a autores como J. Thomas (1999) siguiendo la idea de Chapman, a apostar por el depósito de restos humanos durante la celebración de fiestas, encuentros o

períodos de ocupación, entendiendo que estas sociedades se ajustaban a ciclos de movilidad (Barret, 1994; Bender, 1998; Edmons, 1999), en las primeras fases del megalitismo (Bradley, 1993; Barret, 1994; Thomas, 1996).

Mientras que, para momentos más tardíos, donde se desarrollan poblados plenamente agrícolas y sedentarios, las dos opiniones más utilizadas para explicar los enterramientos en estas estructuras negativas han sido: a) una variante funeraria diferente al megalitismo y b) silos reutilizados como basureros donde se inhuman individuos de rango o clase inferior, incluso como castigos (Márquez, 2004).

En relación a la primera, autores como Siret (1893), Bonsor (1899), Dechelette (1909) o Berdichewsky (1964) han sido principales defensores, sin olvidarnos de Carriazo (1975), Caro (1982), Carrilero, Martínez y Martínez (1982), Escacena (1992-93) … En ella se defendería una variante de formas rituales de inhumación, sin necesidad de confrontación entre ellas, además de entenderse como un momento anterior a la tradición dolménica que posteriormente se instaurará junto al rito colectivo de enterramiento y a los elementos simbólicos como los ídolos placa.

Y respecto a la segunda, defendida por Alcázar, Martín y Ruiz (1992), Arteaga y Cruz-Auñón (1999), García y Fernández (1999) o Nocete (2001), aboga por la existencia de asimetrías sociales, donde a los individuos enterrados en estas estructuras negativas se les niega el ritual megalítico, bien porque no pertenezcan a linajes de rango superior o como señal de castigo, ejemplo de ello son los yacimientos estudiados en la obra de Childe (1988).

Ante todo esto, y en cuanto a los yacimientos que en este trabajo de investigación Hans ido estudiados, no podemos dictaminar qué hipótesis sería de aplicación, debido a que en el yacimiento de "La Esparragosa" sólo cuenta con dos estructuras que presentan restos óseos humanos y en "El Trobal" son cuatro.

Sin embargo, en cuanto a las dos estructuras negativas (E.13 y E.41) con restos óseos humanos del enclave de "La Esparragosa" se puede advertir para ambas la existencia de un ritual de enterramiento. En la E.13, los restos del único individuo se documentaron sobre un lecho de piedras en posición cúbito prono y orientado N-S, además el cráneo fue sustituido por otro de un ovicáprido, del cual sólo se constataron fragmentos. Y en relación a la E.41, aunque sólo fueron hallados el cráneo y algunos huesos largos de las extremidades, se pudo observar que el individuo se encontraba en posición fetal sobre su lado costado izquierdo en dirección N-S y con el cráneo dispuesto al SE.

Asimismo, en la campaña de 2002 se constató otra estructura con enterramiento humano relacionado con un individuo mujer de edad adulta que presentaba signos de ritual: junto al cráneo se posicionaban restos de un perro doméstico y el enterramiento se encontraba cubierto por 477 almejas (*Ruditapes decussatus*) (Cantillo, 2012; Moreno, 2019; Clemente y Mazzucco, 2002).

Por el contrario, es en el yacimiento de "El Trobal" donde aparecen enterramientos sin signos de ritual en las estructuras B, X-1.C, en uno de los niveles de la inhumación de la X-1.A y en la Z-1, donde se localizan los restos óseos, normalmente huesos largos y cráneos (completos o fracturados), mezclados con diverso material: restos de fauna, cerámica y lítica. Teniendo en cuenta la falta de estudios actuales de los restos óseos, de análisis de traceología para las herramientas líticas y de estudios de polen para conocer si dichas estructuras albergaron cereal, no podemos decretar si son silos posteriormente reutilizados o no, lo que sí conocemos es que no fueron pensados para albergar desde un principio un enterramiento.

En cambio, en la estructura LL, se pudo registrar las existencias de ritual, con la presencia de tres individuos completos, dos en posición fetal y uno con las piernas encogidas, dispuestos cerca de las paredes del silo y documentándose en el interior del círculo restos de suidos, ovicápridos, fragmentos de cerámica, molinos barquiformes e industria lítica. Al igual que en el segundo nivel del enterramiento de la estructura X-1.A conformado por un individuo casi completo en posición lateral con las piernas flexionadas, la cabeza orientada hacia el oeste y apoyada sobre el brazo derecho y el brazo izquierdo sobre el pecho.

Por último, y aunque las propias inhumaciones presenten signos de rituales, no podemos saber a ciencia cierta, si estas podrían ser una variante funeraria diferente al megalitismo, debido a la falta de estudios que comparen estos restos óseos humanos con los encontrados en los monumentos megalíticos de la provincia y así determinar si estamos ante una disimetría de la población, al igual que en el caso de Valencina de la Concepción (Sevilla).

Aunque aún quedan vacíos de investigación sobre la cultura de los silos y de la transición del IV al III milenio a.n.e. en el valle del Guadalquivir, a día de hoy y con la aparición de nuevos yacimientos, como es el caso de "La Esparragosa", estamos cada vez más cerca de entender a las sociedades que habitaron nuestra tierra y de dar respuesta a aquellos estudios que se realizaron en los inicios del descubrimiento de esta "Cultura", como ocurrió con el yacimiento de "El Trobal".

Finalmente, aunque dicho trabajo se ha basado en el estudio de los productos líticos, no debemos olvidar la importancia de los equipos de interdisciplinares para comprender el medio que les rodea: medio ambiente, dietas alimentarias, estudios de antropología física, estudios de dotaciones, de isótopos, análisis arqueozoológicos (terrestres y marinos), análisis cerámicos…, pues esta es 1 única manera de obtener una visión completa de nuestros antepasados.

8

Bibliografía

A.A.V.V. (1963): *Estudio agrobiológico de la provincia de Cádiz*, Excma. Diputación Provincial, Cádiz.

ACOSTA MARTÍNEZ, P. (1976): "Estratigrafía. Prehistoria en la Cueva Chica de Santiago en Cazalla de la Sierra (Sevilla)", *VIII Simposio de Prehistoria Peninsular.*

— 1982: "El paso a la Economía de Producción", *Cuadernos de Trabajo de Historia de Andalucía. I.- Prehistoria y Antigüedad,* Carpeta I, Tema 2, Fol. VIII. Consejería de Cultura de la Junta de Andalucía.

— 1983: "Estado actual de la Prehistoria andaluza: Neolítico y Calcolítico", *Habis,* n° 14, pp. 195-206.

— 1986: "El Neolítico en Andalucía Occidental: estado actual", *Homenaje a Luis Siret (1934-1984),* Junta de Andalucía, Sevilla, pp. 136-141.

— 1987: "El Neolítico antiguo en el suroeste español. La cueva de la Dehesilla (Cádiz)", *Premières Communantes Paysannes en Méditerranée Occidentales. Actes du Colloque International de Montpellier, CNRS,* París, pp. 653-659.

— 1995: "Las culturas del Neolítico y del Calcolítico en Andalucía Occidental", *Espacio, Tiempo y Forma, Serie I, Prehistoria y Arqueología,* tomo 8, pp. 33-80.

ACOSTA MARTINEZ, P. y PELLICER CATALÁN, M. (1990): *La Cueva de la Dehesilla (Jerez de la Frontera, Cádiz). Las primeras sociedades productoras en Andalucía occidental,* CSIC Confederación Española de Centros de Estudios Locales, Sociedad y Centros de Estudios Históricos Jerezanos, Jerez de la Frontera.

AGENCIA ANDALUZA DE LA ENERGÍA (A.A.E) (2009): "Anexo 2-.Descripción del Medio Físico", en Consejería de Innovación, Ciencia y Empresa: *Estudio de recursos geotérmicos en Andalucía,* Junta de Andalucía.

AGUAYO DE HOYOS, P.., MARTÍNEZ FERNÁNDEZ, G. y MORENO JIMÉNEZ, F. (1990): "Articulación de los sistemas de hábitats Neolítico y Eneolítico en función de la explotación de los recursos naturales en la depresión de Ronda", *Cuadernos de Prehistoria de la Universidad de Granada,* n° 14-15, pp. 67-84.

AGUILAR MOYA, L. (2001): *El Alcázar de Jerez. Conjunto monumental. Siglo XII-XVIII.* Ayuntamiento de Jerez.

AGUILERA RODRÍGUEZ, L., RICHARTE GARCÍA, Mª.J. y LAZARICH GONZÁLEZ, Mª. (2003): "Aportación al conocimiento de la Prehistoria e Historia de la presierra gaditana a través del estudio arqueológico del asentamiento de 'El Jadramil' (Arcos de la Frontera)", *Almajar: Revista de Historia, Arqueología y Patrimonio de Villamartín y la Sierra de Cádiz,* n° 1, pp. 57-73.

ALCÁZAR GODOY, J., MARTÍN ESPINOSA, A. y RUIZ MONTERO, M.T. (1992): "Enterramientos calcolíticos en zonas de hábitat", *Revista de Arqueología,* n° 137, pp. 18-27.

ÁLVAREZ FERNÁNDEZ, E (2006): *Los objetos de adorno-colgantes del Paleolítico Superior u del Mesolítico en la cornisa cantábrica y en el valle del Ebro: una visión europea.* Tesis doctoral. Universidad de Salamanca.

AMORES CARREDANO, F. (1982): *Carta Arqueológica de Los Alcores (Sevilla),* Publicaciones de la Excma. Diputación Provincial de Sevilla, Sección Historia, serie 1°, n° 22, Sevilla.

ANDREO NAVARRO, B., ANGLADA GÓMEZ, R., DÍAZ PÉREZ, A., DURÁN VALSERO, J.J. y FERNÁNDEZ CABALLERO, E. (2005): *Atlas hidrogeológico de la Provincia de Cádiz,* Instituto Geológico y Minero de España (IGME).

ANTONA DEL VAL, V. (1987): "El Neolítico", *130 años de arqueología madrileña,* pp. 109-120.

ARJONA CASTRO, A. (1991): *Historia de la villa de Zuheros y de la Cueva de los Murciélagos,* Ayto. de Zuheros - Excma. Diputación Provincial de Córdoba.

ARTEAGA MATUTE, O. (1985): "Excavaciones Arqueológicas Sistemáticas en el cerro de Los Alcores (Porcuna, Jaén). Informe preliminar sobre la campaña de 1985", *Anuario Arqueológico de Andalucía 1985,* Tomo II, pp. 279-288.

— 1992: "Tribalización, jerarquización y Estado en el territorio de El Argar", *SPAL. Revista de Prehistoria y Arqueología de la Universidad de Sevilla,* n° 1, pp. 179-208.

— 2000: "El proceso histórico en el territorio de Fuente Álamo. La ruptura del paradigma del Sudeste desde la perspectiva atlántica-mediterránea del Extremo Occidente", en H. Schubart *et al.* (Eds.): *Fuente Álamo. Las excavaciones arqueológicas 1977-1991 en el poblado de la Edad del Bronce,* Sevilla, pp. 117-143.

— 2002: "Las teorías explicativas de los 'cambios culturales' durante la prehistoria en Andalucía. Nuevas alternativas de investigación", *Actas del III Congreso de Historia de Andalucía Prehistoria,* Córdoba, pp. 247-311.

— 2004: "La formación social tribal en el valle del Guadalquivir", en C. Sánchez de las Heras (coord.): *Sociedades recolectoras y primeros productores. Actas de las Jornadas Temáticas andaluzas de Arqueología*, Sevilla, Junta de Andalucía, pp. 138-141.

— 2006: "Geoarqueología. Una alternativa de investigación preventiva para la conservación del Patrimonio Histórico y la protección de la Naturaleza", en D. Bernal, B. Raissouni, J. Ramos y A. Bouzouggar (eds.): *Actas del I Seminario Hispano-Marroquí de Especialización en Arqueología* (Cádiz - Tetuán 2005), pp. 57-76.

ARTEAGA MATUTE, O. y CRUZ-AUÑÓN BRIONES, Mª.R. (1999): "Una valoración del Patrimonio Histórico en el campo de Silos de la Finca El Cuervo-RTVA (Valencina de la Concepción, Sevilla). Excavación de urgencia de 1995", *Anuario de Arqueología de Andalucía 1995*, Tomo III, pp. 608-616.

ARTEAGA MATUTE, O. y HOFFMAN, G. (1999): "Dialéctica del proceso natural y sociohistórico en las costas mediterráneas de Andalucía", *RAMPAS. Revista Atlántica-Mediterránea de Prehistoria y Arqueología Social*, nº 2, pp. 13-121.

ARTEAGA MATUTE, O. y ROOS, A.Mª. (1992): "El proyecto geoarqueológico de la marisma del Guadalquivir. Perspectivas arqueológicas de la campaña de 1992", *Anuario Arqueológico de Andalucía*, Tomo III, Junta de Andalucía, pp. 329-340.

ARTEAGA MATUTE, O., SCHULZ, H. y ROOS, A.Mª. (1995): "El problema del '*Lacus ligustinus*'. Investigaciones geoarqueológicas en torno a las Marismas del Bajo Guadalquivir", *Tartessos 25 años después 1968-1993. Actas del Congreso Conmemorativo del V Symposium Int. de Prehistoria Peninsular (Jerez de la Frontera, 1993)*, pp. 99-135.

— 2008: "Geoarqueología dialéctica en la Bahía de Cádiz", *RAMPAS. Revista Atlántica-Mediterránea de Prehistoria y Arqueología Social*, nº 10, pp. 21-116.

ARTEAGA MATUTE, O., NOCETE CALVO, F., RAMOS MUÑOZ, J., RECUERDA BURGOS, A. y ROOS, A.Mª. (1986): "Excavaciones sistemáticas en el cerro de El Albalate (Porcuna, Jaén)", *Anuario Arqueología de Andalucía 1986*, Tomo II, pp. 395-400.

ARTEAGA MATUTE, O., KÖLLING, A., KÖLLING, M., ROOS, A.Mª., SCHULZ, B. y SCHULZ, H. (2001): "Geoarqueología Urbana de Cádiz", *Anuario Arqueológico de Andalucía 2000*, Tomo III, Junta de Andalucía, pp. 27-40.

ASQUERINO FERNÁNDEZ-RIDRUEJO, Mª. D. (1987): "El Neolítico en Andalucía: estado actual de su conocimiento", *Trabajos de Prehistoria*, nº 44, pp. 63-85.

— 1990: "Panorama actual de la Prehistoria en la Subbética cordobesa", *Encuentros de Historia Local. La Subbética*, pp. 21-32.

— 1991: "Evidencias prehistóricas en Zuheros", *Boletín de la Real Academia de Córdoba de Ciencias, Bellas Letras y Nobles Artes*, nº 121, pp. 13-26.

AYUNTAMIENTO DE JEREZ, DELEGACIÓN DE MEDIO AMBIENTE Y CONSUMO (2005): "Diagnóstico Ambiental Municipal. Documento de Síntesis", *Agenda 21 Local*, Ayuntamiento de Jerez.

BAGOLINI, B. (1968): "Richerche sulle dimensioni dei manufatti prehistoria non ritocatti", *Annali dell'Université di Ferrara*, Seziones XV, vol. I, nº 10, Ferrara, pp. 195-219.

BARBA PINGARRÓN, L., DOMÍNGUEZ BELLA, S., RAMOS MUÑOZ, J., CASTAÑEDA FERNÁNDEZ, V., PÉREZ RODRÍGUEZ, M. y SÁNCHEZ ARAGÓN, M. (2006): "Geophysics and archaeology at La Mesa site, Chiclana de la Frontera, Cádiz (Spain)", *35th International Symposium on Archaeometry, 3-7 May 2004, Zaragoza, Spain*, pp. 15-21.

BARD, K.A. (1992): "Toward an Interpretation of the Role of Ideology in the Evolution of Complex Society in Egypt", *Journal of Anthropological Archaeology*, nº 11, pp. 1-24.

BARRET, J.C. (1994): *Fragments from Antiquity: an archaeology of social life in Britain, 2900-1200 B.C.*, Blackwel.

BARRIONUEVO CONTRERAS, F.J., AGUILAR MOYA, L. y GONZÁLEZ RODRÍGUEZ, R. (1994): "Prospección arqueológica superficial del extremo noroccidental de la provincia de Cádiz. Campaña 1994", *Anuario Arqueológico de Andalucía*, Tomo II, Junta de Andalucía, pp. 33-36.

BATE, L.F. (1982): "Relación general entre teoría y método en arqueología", *Teorías, métodos y técnicas en arqueología*, México, pp. 3-50

— 1986: "El modo de producción cazador-recolector o la economía del salvajismo", *Boletín de Antropología Americana*, nº 13, pp. 5-31.

— 1998: *El proceso de investigación en arqueología*, Crítica, Barcelona

— 2004: "Sociedades cazadoras recolectoras y primeros asentamientos agrarios", en C. Sánchez de las Heras (coord.): *Sociedades recolectoras y primeros productores. Actas de las Jornadas Temáticas andaluzas de Arqueología*, Sevilla, Junta de Andalucía, pp. 9-38.

BECERRA MARTÍN, S. (2017): *Captación y aprovechamiento de recursos líticos ente el Vª y el IIª milenio a.n.e. en la confluencia de los valles del Guadalteba y el Turón*, Tesis doctoral, Departamento de Historia, Geografía y Filosofía, Universidad de Cádiz.

BEJARANO GUEIMÚNDEZ, D., CÍSCAR MALÍA, J.J. y GARCÍA JIMÉNEZ, L. (2008): "Actividad arqueológica preventiva 'Control arqueológico de movimiento de tierras' en 'Carretera del Calvario-Hijuela de Rompecerones'", *Anuario Arqueológico de Andalucía,* Junta de Andalucía, pp. 288-295

BELÉN DEAMOS, Mª., ANGLADA CURADO, R., CONLIN HAYES, E., GÓMEZ SAUCEDO, Mª.T. y JIMÉNEZ FLORES, A.Mª. (2000): "Expresiones funerarias de la Prehistoria de Carmona (Sevilla)", *SPAL. Revista de Prehistoria y Arqueología de la Universidad de Sevilla*, nº 9, pp. 385-403.

BENDER, B. (1975): *Farming in Prehistory*, John Baker, Londres.

— 1998: *Stonehenge. Making space*, Berg, Oxford-New York.

BERDICHEWSKY, B. (1963): *El precerámico de Taltal y sus correlaciones*, Universidad de Chiles, Centro de Estudios Antropológicos.

— 1964: "El complejo sepulcral en grutas artificiales del Bronce I Hispánico", *Biblioteca Prehistórica Hispana*, nº 6, pp. 77-84.

BERNABÉ SALGUEIRO, A. (1995): "Zahora: un enclave prehistórico", en E. Ripoll y M.F. Ladera (eds.): *Actas del II Congreso Internacional "El Estrecho de Gibraltar"*, vol. I. Crónica y Prehistoria, pp. 163-179.

BERNAL CASASOLA, D. y LAGÓSTENA BARRIOS, L. (2004): "Alfares y producciones cerámicas en la provincia de Cádiz: balance y perspectivas", *Actas del Congreso Internacional "Figlinae Baetica". Talleres alfareros y producciones cerámicas en la Bética romana (ss. II a.C. - VII d.C., Cádiz, 12-14 noviembre 2003)*, BAR Publishing International Series 1266, pp. 39-124.

BERNÁLDEZ SÁNCHEZ, E., BERNÁLDEZ SÁNCHEZ, Mª. y GARCÍA VIÑAS, E. (2013): "¿"Campos de hoyos", campos de compost? Estudio taxonómico y paleontológico del sector de La Gallega del yacimiento de Valencina de la Concepción (Sevilla)", en L. García, J.M. Vargas, V. Hurtado, R. Cruz-Auñón y T. Ruiz (coords.): *Congreso Conmemorativo del Descubrimiento de La Pastora (1860-2010). El asentamiento prehistórico de Valencina de la Concepción (Sevilla) investigación y tutela en el 150 aniversario del Descubrimiento de La Pastora*, Secretariado de Publicaciones, Universidad de Sevilla, pp. 421-444.

BOESSNECK, J. y VON DEN DRIESCH, A. (1980): *Studien über frühe Tierknochenfunde von der Ibersichen Halbünsesn*, 7, München.

BONSOR, G. (1899): *Les colonies agricoles pré-romaines de la Vallée du Betis. Revue Archéologique*, XXXV, Paris.

— 1987: "Notas arqueológicas de Carmona", *Revista de Archivos, Biblioteca y Museos*, Tomo I, pp. 568-570.

— 1902: *Exploration archéologiques des Alcores. Fouilles á Bencarron et á Gandul*. Manuscrito.

— 1924: "Los dioses de Los Alcores", *Sociedad Española de Antropología, Etnografía y Prehistoria*, Tomo III, Memoria XXXI, sección 26, Museos Antropológico Nacional, pp. 175-178.

— 1927: "Le véritable origine de Carmona et le découvertes archéologiques des Alcores", *Revue Archéologique*, nº 25, pp. 285-300.

BOSCH GIMPERA, P. (1922): "Ensayo de una reconstrucción de la Etnología Prehistórica de la Península Ibérica", *Boletín de la Biblioteca Menéndez Pelayo*, nº 4, pp. 11-50.

— 1928: "O neo-eneolítico na Europa occidental e o problema da sua cronología", *Trabajos de la Sociedad Portuguesa de Antropología y Etnología*, vol. III, fase IV, pp. 5-16.

— 1932: *Etnología de la Península Ibérica*, Ed. Alpha, Barcelona.

— 1944: *El poblamiento primitivo de España*, Prensa Universitaria, México.

— 1945: *La formación de los pueblos de España*, México.

— 1954: "La Edad del bronce en la Península Ibérica", *Archivo Español de Arqueología*, nº 27, pp. 45-92.

— 1956: "Problemas de las civilizaciones del Neoneolítico occidental y de su cronología", *Acta del IV Congreso del Instituto de Ciencias Prehistóricas y Protohistóricas (Madrid, 1954)*, pp. 643-656.

— 1966: *Las razas humanas: su vida, sus costumbres, su historia, su arte*. Tomo II.

— 1975: *Prehistoria de Europa*, Ed. Istmo, Madrid.

BOUJOT, C.H., CASSEN, S. y VAQUERO LASTRES, J. (1993): "Ideas de tierra", en V.O. Jorge (coord.): *Actas del 1º Congresso de Arqueología Peninsular (Porto, 1993)*, pp. 169-191.

BRADLEY, R. (1993): *Altering the Earth: The origins of monuments in Britain and Continental Europe*, Society of antiquaries of Scotland, Monograph series, nº 8, Edimburgh.

BURGOS JUÁREZ, A., PÉREZ BAREAS, C. y LIZCANO PRESTEL, R. (2001a): "Actuación arqueológica realizada en el bloque A de la UA-25 de Marroquíes Bajos de Jaén", *Anuario Arqueológico de Andalucía 1998,* Tomo III, pp. 414-421.

— 2001b: "Actuación arqueológica realizada en el espacio destinado a la instalación del ovoide del vial 4 de la UA-23. Marroquíes Bajos, Jaén", *Anuario Arqueológico de Andalucía 1998,* Tomo III, pp. 422-428.

— 2001c: "Actuación arqueológica realizada en la piscina comunitaria de los bloques A1, A2, A3, A6, A7 y A8 del sector UA-22 de Marroquíes Bajos de Jaén", *Anuario Arqueológico de Andalucía 1998,* Tomo III, pp. 402-413.

CABRERO GARCÍA, R. y VALLESPÍ PÉREZ, E. (1980-81): "Calcolítico y Bronce Pleno en el Moral de Montecorto, Ronda (Colección Pérez Aguilar)", *Mainakei*, nº 2-3, pp. 48-75.

CAMALICH MASSIEU, Mª.D. y DIMAS MARTÍN, S. (2013): "Los inicios del Neolítico en Andalucía. Entre la tradición y la innovación", *Menga. Revista de Prehistoria de Andalucía*, nº 4, pp. 103-129.

CÁMARA SERRANO, J.A. (1998): *Bases teóricas y metodológicas para el estudio del ritual funerario utilizado durante la prehistoria reciente en el sur de la Península Ibérica*. Tesis doctoral, Departamento de Prehistoria y Arqueología, Universidad de Granada.

— 2001: *El ritual funerario en la Prehistoria Reciente en el Sur de la Península Ibérica*, BAR Publishing International Series 913, Oxford.

— 2002: "Ideología y ritual funerario en el Neolítico Final y Calcolítico del Sudeste de la Península Ibérica", *RAMPAS. Revista Atlántica-Mediterránea de Prehistoria y Arqueología Social*, nº 5, pp. 125-166.

CÁMARA SERRANO, J.A. y LIZCANO PRESTEL, R. (1996): "Ritual y sedentarización en el yacimiento del Polideportivo de Martos (Jaén)", *Actas del I Congrés del Neolitic a la Península Ibérica, (Gavá 1995)*, Vol. II, Rubricatum, pp. 313-322.

CÁMARA SERRANO, J.A., SPANEDA, L. y MOLINA GONZÁLEZ, F. (2018): "Exhibición y ocultación de las diferencias sociales en el ritual funerario calcolítico", en M. Espinar (coord.): *La muerte desde la Prehistoria a la Edad Moderna*, Acción Formativa de Doctorado, LIBROSEPCCM ESTUDIOS, nº 23, pp. 37-92.

CÁMARA SERRANO, J.A., RIQUELME CANTAL, J.A., PÉREZ BAREAS, C., LIZCANO PRESTEL, R., BURGOS JUÁREZ, A. y TORRES TORRES, F. (2010): "Sacrificio de animales y ritual en el Polideportivo de Martos-La Aberquilla (Martos, Jaén)", *Cuadernos de Prehistoria de la Universidad de Granada*, nº 20, pp. 295-327.

CANTILLO DUARTE, J.J. (2009): "Valoración de los modos de vida a partir de la producción, distribución y consumo de los recursos marinos en la banda atlántica de Cádiz durante el Mesolítico y Holoceno inicial", *RAMPAS. Revista Atlántica-Mediterránea de Prehistoria y Arqueología Social*, nº 11, pp. 83-114.

— 2012: *Análisis arqueomalacológico del Abrigo y cueva de Benzú (Ceuta). El aprovechamiento de los recursos marinos por sociedades prehistóricas en la región histórica del Estrecho de Gibraltar*. Tesis Doctoral Inédita. Universidad de Cádiz.

— 2013: "Los recursos marinos en la prehistoria reciente del entorno de Jerez de la Frontera. Análisis de su explotación y consumo", en A. Santiago (coord.): *Siguiendo el hilo de la historia. Nuevas líneas de investigación archivística y arqueológica*, Jerez de la Frontera, La Presea de papel Ediciones, pp. 69-97.

CANTILLO DUARTE, J.J. y SORIGUER ESCOLET, M.C. (2019): "Capítulo X. Los moluscos marinos", en E. Vijande, J. Ramos, D. Fernández, J.J. Cantillo y M. Pérez (eds.): *La Esparragosa (Chiclana de la Frontera, Cádiz) Un campo de silos neolítico del IV milenio a.n.e.*, Colección Arqueología Monografías, pp. 91-101.

CARBONELL i ROURA, E., GILBAUD, M. y MORA TORCAL, R. (1983a): "Utilización de la lógica analítica para el estudio de Tecno-complejos a cantos tallados", *Cahier Noir*, nº 1, pp. 1-64.

— 1983b: "Elaboration du System d'analyse por l'étude des éclats bruts de débitage", *Dialektike*, pp. 22-40.

— 1984: "Amplification du System d'analytique avec la classification des tecnocomplexes à galets tailles", *B.S.P.F.*, 81/7, pp. 33-42.

CARBONELL i ROURA, E., MURO MORALES, J.I., MORAL TORCAL, R. y MARTÍNEZ MORENO, J. (1986): "Conceptos básicos en el análisis espacial", *Arqueología espacial*, nº 7, pp. 33-42.

CARBONELL i ROURA, E., MÁRQUEZ MORA, B., MOSQUERA MARTÍNEZ, M., OLLÉ CAÑELLAS, A., RODRÍGUEZ ÁLVAREZ, X.P., SALA RAMOS, R. y VERGÈS BOSCH, J.Mª. (1999): "El modo 2 en Galería. Análisis de la industria lítica y sus procesos técnicos", en E. Carbonell *et al.* (coords.): *Atapuerca: ocupaciones humanas y paleoecología del yacimiento de Galería*, Arqueología en Castilla y León, 7, pp. 299-352.

CARO BELLIDO, A. (1982): "Notas sobre el Calcolítico y el Bronce en el norte de las marismas de la margen izquierda del Guadalquivir", *Gades*, nº 9, pp. 71-90

CARO BELLIDO, A., ACOSTA MARTÍNEZ, P. y ESCACENA CARRASCO, J.L. (1990): "Informe sobre la prospección arqueológica con sondeo estratigráfico en el solar de la calle Alcazaba (Lebrija, Sevilla), *Anuario Arqueológico de Andalucía*, Tomo II, Sevilla, 168-174.

CARRASCO RUS, J. (1945): *El fenómeno rupestre esquemático en la Cueva Alta del Guadalquivir, I: las sierras subbéticas*, Amigos de la Arqueología Giennense.

CARRASCO RUS, J. y PACHÓN ROMERO, J.A. (2009): "Algunas cuestiones sobre el registro arqueológico de la Cueva de Los Murciélagos de Albuñol (Granada) en el contexto Neolítico andaluz y sus posibles relaciones con las representaciones esquemáticas", *Cuadernos de Prehistoria y Arqueología de la Universidad de Granada*, nº 19, pp. 227-287.

CARRIAZO Y ARROQUIA, J. de M. (1959): "Importantes hallazgos arqueológicos en el Bajo Guadalquivir", *ABC*, martes 25 de agosto de 1959.

— 1970: "El Tesoro y las primeras excavaciones de Ebora (Sanlúcar de Barrameda)", *Excavaciones Arqueológicas de España*, n 69.

— 1973: *Tartessos y el Carambolo*. Publicaciones del Patronato Nacional de Museos, Madrid.

— 1975: "El dolmen de Hidalgo (junto a la desembocadura del Guadalquivir) y las contiguas sepulturas en fosas eneolíticas", *Actas del XIII Congreso Nacional de Arqueología*, Zaragoza, pp. 327-332.

— 1978: *El Carambolo*, Universidad de Sevilla, Colección de bolsillo, nº 64, pp. 22-23.

— 1980: *Protohistoria de Sevilla, en el vértice de Tartesos*. Ed. Guadalquivir, Sevilla, 132.

CARRILERO MILLÁN, M., MARTÍNEZ FERNÁNDEZ, G. y MARTÍNEZ GARCÍA, J. (1982): "El yacimiento de los Morales (Castro del Río, Córdoba). La Cultura de los Silos en Andalucía occidental", *Cuadernos de Prehistoria de la Universidad de Granada*, nº 7, pp. 171-208.

CASTRO LÓPEZ, M., ZAFRA DE LA TORRE, N. y HORNOS MATA, F. (2008): "El lugar de Marroquíes Bajos (Jaén, España). Localización y ordenación interna", *ERA-arqueología. Revista de divulgaçao científica de estudios arqueológicos*, nº 8, pp. 148-157.

CASTRO MARTÍNEZ, P.V., LULL, V. y MICÓ, R. (1996): *Cronología de la Prehistoria Reciente de la Península Ibérica y Baleares (c. 2800-900 ANE)*, BAR Publishing International Series 652.

CERDÁN MÁRQUEZ, PV., LULL, V. y MICÓ, R. (1952): *Los sepulcros megalíticos de Huelva: excavaciones arqueológicas del Plan Nacional 1946*, Conseko Superior de Investigaciones Científicas.

CHALMERS, A.F. (1984): "Early metallurgy in Iberia and the Western Mediterranean", en W.H. Waldren, R. Chapman, J. Lewthewalte y R.C. Kennard (eds.): *The Deya Conference of Prehistoric. Early Settlement in the Western Mediterranean Islands and the Peripheral Areas*, BAR Publishing International Series 229, pp. 1139-1161.

— 2000: *¿Qué es esa cosa llamada ciencia?*, Tercera Edición, Siglo XXI de España Editores S.A.

CHAPMAN, R.W. (1975): *Economy ando Society within Later Prehistoric Iberia: a new framework*. Tesis doctoral indica, Universidad de Cambridge.

— 1981:"The emergence of formal disposal areas and the 'problem' of megalithic tombs in prehistoric Europe", en R. Chapman, I. Kinnes, K. Randaborg (eds.): *The archeology of death,* New Directions in Archaeology, Cambridge University Press, pp. 71-81.

— 1984:"La cultura en la arqueología y en la antropología", *La evolución social*, pp. 39-50.

— 1988: "From 'Space' to 'Place': a model of dispersed settlement and Neolithic society", en C. Burgess, P. Topping, C. Mordant, M. Maddison (eds.): *Enclosures and defenses in the Neolithic of Western Europe*, BAR Publishing International Series 403 (II), pp. 21-46.

CHASCO VILA, R. (1980): "Primer estudio arqueológico sobre el yacimiento Llanete de los Moros, 1989", *Revista Corduba Archaeologica*, nº 9, http://pasionpormontoro.blogspot.com/2014/04/primer-estudio-arqueologico-sobre-el.html

CHILDE, G. (1940): *Comunidades prehistóricas de las islas británicas*, Chambers, Londres.

— 1984: *La evolución social*, Alianza Editorial, Colección El libro del bolsillo, 446.

— 1988: *Los orígenes de la civilización*, Fondo de Cultura Económica de España, Colección Brevarios del Fondo de Cultura Económicas, 92.

CLARKE, D.L. (1984): *Arqueología analítica*, Ed. Bellaterra.

CLEMENTE CONTE, I y GARCÍA DÍAZ, V. (2008) Yacimientos arqueológicos de la Bahía de Cádiz. Aplicaciones del análisis funcional a los instrumentos de trabajo líticos del Embarcadero del río Palmones, La Mesa y La Esparragosa", en J. Ramos (coord.): *La ocupación prehistórica de la campiña litoral y banda atlántica de Cádiz. Aproximación al estudio de las sociedades cazadoras-recolectoras, tribales comunitarias y clasistas iniciales*, Arqueología Monografías, Junta de Andalucía, pp. 185-198.

CLEMENTE CONTE, I. y MAZZUCCO, N. (2020): "Capítulo XIV. Uso de los instrumentos líticos tallados: aportes para una interpretación socio-económico a partir de los procesos productivos registrados", en E. Vijande, J. Ramos, D. Fernández, J.J. Cantillo y M. Pérez (coord.): *La Esparragosa (Chiclana de la Frontera, Cádiz). Un campo de silos neolítico del IV milenio a.n.e.*, Junta de Andalucía, Arqueología Monografías, pp. 174-182.

CLEMENTE CONTE, I., GARCÍA DÍAZ, V., RAMOS MUÑOZ, J., DOMÍNGUEZ BELLA, S., PÉREZ ROD´RIGUEZ, M., VIJANDE VILA, E., CANTILLO DUARTE, J.J., CASIMIRO SORIGUER, M., ZABALA JIMÉNEZ, C. y HERNANDO, J. (2010): "The Lithic Tools of the La Esparragosa Site (Chiclana de la Frontera, Cádiz, Spain, fourth Millennium BC): A Methodological Contribution of the Study of Lithic Tools for the Consumption of Fish", en T. Bekker-Nielsen y D. Bernal (eds.): *Ancient nets and fishing gear: proceedings of the International Workshop on Nets and Fishing Gear in Classical Antiquity: a first approach*. Servicio de Publicaciones Arthus University Press, Cádiz, pp. 275-286.

CLEMENTE CONTE, I., MAIGROT, Y., GYRIA, E.Y., LOZOVSKAYA, O.V. y LOZOVSKI, V.M. (2013): "Aperos para pesca e instrumentos para procesar pescado en Zomostie 2 (Rusia): una experimentación para reconocer los rastros de uso", en A. Palomo, R. Pique, X. Terradas (eds.): *Experimentación en Arqueología. Estudio y Difusión del pescado*. Series Monográficas del MAC, pp. 63-71.

COLLANTES DE TERÁN DELORMÉ, F. (1969): "El Dolmen de Matarrubilla. Tartesos y sus problemas", *Vº Simposium Internacional de Prehistoria Peninsular (Jerez, 1968)*, Publicaciones Eventuales, nº 13, pp. 47-61.

CONDAU PIZARRO, F. (1894): *Prehistoria de la Provincia de Sevilla.*

CONSEJERÍA DE MEDIO AMBIENTE DE ANDALUCÍA (2008): "Geología y Litología", *Estudios de elementos traza en suelos de Andalucía*, nº 5, pp. 83-120. http://www.juntadeandalucia.es/medioambiente/ web/Bloques_Tematicos/Estado_Y_Calidad_De_Los_ Recursos_Naturales/Suelo/Elementos_traza/PDFs/4_ Geologia_Litologia.pdf

CONTRERAS CORTÉS, F., NOCETE CALVO, F. y SÁNCHEZ RUIZ, M. (1987a): "Primera campaña de excavación en el yacimiento de la Edad del Bronce de Peñalosa (Baños de la Encina, Jaén)", *Anuario Arqueológico de Andalucía 1986*, Tomo II, pp. 342-352.

— 1987b: "Análisis histórico de las comunidades de la Edad del Bronce en la Depresión Linares-Bailén. Sondeo estratigráfico en la Plaza de Armas de Sevilleja (Espeluy, Jaén)", *Anuario Arqueológico de Andalucía 1985,* Tomo II, pp. 141-149.

— 1990: "Segunda campaña de excavación en el yacimiento de la Edad del Bronce de Peñalosa (Baños de la Encina, Jaén)", *Anuario Arqueológico de Andalucía 1987*, Tomo II, pp. 252-261.

— 1991: "Tercera campaña de excavación en el yacimiento de la Edad del Bronce de Peñalosa (Baños de la Encina, Jaén)", *Anuario Arqueológico de Andalucía 1989,* Tomo II, pp. 227-236.

CONTRERAS CORTÉS, F., NOCETE CALVO, F., SÁNCHEZ RUIZ, M., LIZCANO PRESTEL, R., PÉRES BAREAS, C., CÁMARA SERRANO, J.A. y MOYA GARCÍA, S. (1992): "Análisis histórico de las comunidades de la Edad del Bronce en la Depresión Linares-Bailén y de las estribaciones meridionales de Sierra Morena. Investigaciones Arqueológicas en Andalucía", en J.M. Campos y F. Nocete (coords.): *Investigaciones arqueológicas en Andalucía: 1985-1992*, pp. 429-440.

CRIADO BOADO, F. (1988a): "Arqueología del paisaje y espacio megalítico en Galicia", *Seminario sobre Arqueología Espacial (Lisboa-Tomar, 1988), Arqueología Espacial"*, nº 12, pp. 61-117.

— 1988b: "Mamoas y rozas: panorámica general sobre la distribución de los túmulos megalíticos gallegos", *Trabalhos de Antropología e Etnología*, nº 38, pp. 151-160.

CRIADO BOADO, F. y VAQUERO LASTRES, J. (1993): "Monumentos, nudos en el pañuelo. Megalitos, nudos en el espacio. Análisis del emplazamiento de los monumentos tubulares gallegos", *Trabalhos de Antropología e Etnología*, nº 38, pp. 151-160.

CRIADO BOADO, F., FÁBREGAS VALCARCEL, R. y VAQUERO LASTRES, J. (1994): "Regional patterning among the megaliths of Galicia (NW Spain)", *Oxford Journal of Archaeology*, nº 13, 33-47

CRUZ-AUÑÓN BRIONES, Mª.R. y RIVERO GALÁN, E. (1987): "Prospección con sondeos en el yacimiento prehistórico de El Negrón (Sevilla)", *Anuario Arqueológico de Andalucía 1986*, Tomo II, pp. 175-179.

— 1990: "Yacimiento del Negrón (Gilena, Sevilla). Campaña 1987", *Anuario Arqueológico de Andalucía 1987*, Tomo II, pp. 278-280.

CRUZ-AUÑÓN BRIONES, Mª, R. y ARTEAGA MATUTE, O. (1995):"Acerca de un campo de silos y un foso de cierre prehistóricos ubicados en "La Estacada Larga" (Valencina de la Concepción, Sevilla). Excavación de urgencia , 1995", *Anuario Arqueológico de Andalucía 1995,* Tomo III, pp. 600-607.

CRUZ-AUÑÓN BRIONES, Mª.R. y VALVERDE LASANTA, Mª. (2000): "Industrias líticas de El Negrón (Gilena, Sevilla, Campaña 91)", *SPAL. Revista de Prehistoria y Arqueología de la Universidad de Sevilla*, nº 9, pp. 278-280.

CRUZ-AUÑÓN BRIONES, Mª.R., MORENO ALONSO, E. y CÁCERES MISA, P. (1989): "Campaña de 1989 en el yacimiento del Negrón (gilena, Sevilla)", *Anuario Arqueológico de Andalucía 1989*, Tomo II, pp. 315-320.

— 1990: "Estudio de materiales en el yacimiento del Negrón (Gilena, Sevilla), *Anuario Arqueológico de Andalucía 1990*, Tomo II, pp. 277-280.

CRUZ-AUÑÓN BRIONES, Mª.R., MORENO ALONSO, E., CÁCERES MISA, P. y VALVERDE LASANTA, Mª. (1995): "Informe provisional de la excavación sistemática en el yacimiento de El Negrón (Gilena, Sevilla). Campaña de 1991", *Anuario Arqueológico de Andalucía 1992*, Tomo II, pp. 347-351.

CUENCA SOLANA, D. (2010): "Los efectos del trabajo arqueológico en concha de *Patella sp* y *Mylitus galloprovincialis* y su incidencia en el análisis funcional", *Férvedes. Revista de investagión*, nº 6, pp. 43-51.

CUENCA SOLANA, D., CLEMENTE CONTE, I. y GUTIÉRREZ ZUGASTI, I. (2010): "Utilización de instrumentos de concha durante el Mesolítico y Neolítico inicial en contextos de litorales de la región cantábrica: programa experimental para el análisis de huellas de uso en materiales malacológicos", *Trabajos de Prehistoria*, nº 67, pp. 211-225.

CUENCA SOLANA, D., CANTILLO DUARTE, J.J., VIJANDE VILA, E., MONTAÑÉS CABALLERO, M., CLEMENTE CONTE, I. y VILLALPANDO

MORENO, A. (2013): "Utilización de instrumentos de concha para la realización de actividades productivas en sociedades tribales comunitarias del sur de la Península Ibérica. El ejemplo de Campo de Hockey (San Fernando, Cádiz) y Set Parralejos (Vejer de la Frontera, Cádiz)", *Zephyrus*, n° 72, pp. 95-111.

DAVIS, R.A., WELTY, A.T., BORREGO FLORES, J., MORALES GONZÁLEZ, J.A., PENDÓN MARTÍN, J.G. y RYAN, J.G. (2001): "Río Tinto estuary (Spain): 5000 years of pollution", *Environmental Geology*, n° 39, pp. 1107-1116.

DECHELETTE, J. (1909): "Essai sur la Chronologie Prehistorique de la Peninsule Iberique", *Revue Archeologique*, n° 13, pp. 1107-1116.

DELEGACIÓN DE MEDIO AMBIENTE DE CHICLANA DE LA FRONTERA (2005): "Capítulo 5.- Marco Territorial", en Delegación de Medio Ambiente de Chiclana de la Frontera: *Diagnóstico ambiental*, Agenda 21, https://www.chiclana.es/delegaciones-y-servicios/medio-ambiente/agenda-21-chiclana/diagnóstico-ambiental/

DELIBES DE CASTRO, E., FERNÁNDEZ MIRANDA, M., MARTÍN, A. y MOLINA, E. (1988): "El Calcolítico en la Península Ibérica. El Suroeste y la Meseta", *Congreso Internazionale L'Età del Rame in Europa (Viareggio, 1987)*, n° 7, pp. 255-282.

DeMARRAIS, F., CASTILLOS BUTTERS, L.J. y EARLE, T. (1996): "Ideology, Materialization and Power Strategies", *Current Anthropology*, n° 27, pp. 15-31.

DÍAZ-DEL-RÍO, P. (2004a): "Copper Ager ditched enclosures in Central Iberia", *Oxford Journal of Archaeology*, n° 23, vol. 2, pp. 107-121.

— 2004b: "Factionalism and collective labor in Copper Age Iberia", *Trabajos de Prehistoria*, n° 61, vol. 2, pp. 85-98.

DÍAZ REYES, M.A. (2015): "Propuesta de intervención en la colección de dibujos de la Excavación arqueológica de la Cueva Grande y Cueva Chica de Santiago (Cazalla de la Sierra)", en Mª. D. Ruiz de Lacanal: *Colecciones educativas de la Universidad de Sevilla: I Encuentro Arte & Ciencia*, pp. 173-182.

DÍAZ RODRÍGUEZ, J.J., PORTILLO SOTELO, J.L., BERNAL CASASOLA, D. y TOBOSO SUÁREZ, E. (2019): "Indicios de ocupación fenicia y alfar romano en la campiña de la Bahía de Cádiz", en E. Vijande, J. Ramos, D. Fernández, J.J. Cantillo y M. Pérez (coord.): *La Esparragosa (Chiclana de la Frontera, Cádiz). Un campo de silos neolíticos del IV milenio a.n.e.*, Colección Arqueología Monografías, pp. 221-244.

DOMÈNECH FAUS, E.Mª. (1998): "Los sistemas de producción lítica del paleolítico superior final y epipaleolítico en la vertiente mediterránea occidental. Tres ejemplos claves: la Grotte Gazel (Salleles-Cabardès, Aude), Cova Matutano (Vilafamés, Castelló) y Abric del Filador (Margalef de Montsant, Tarragona)", *Pyrenae*, n° 29, pp. 9-45.

DOMÍNGUEZ BELLA, S. (2002): "Geología del Arco de Gibraltar. El Sur de la Península Ibérica y el Norte de África, como fuentes potenciales de materias primas minerales en la Prehistoria", en M. Tilmatine, J. Ramos y V. Castañeda (eds.): *Libro de Actas de las 1ª Jornadas de Estudios Históricos y Lingüísticos: El norte de África y el sur de la Península Ibérica*, Universidad de Cádiz, pp. 219-232.

— 2006: "Estudios de las materias primas en la Prehistoria del ámbito gaditano", en D. Bernal, B. Raissouni, J. Ramos y A. Bouzouggar (eds.): *Actas del I Seminario Hispano-Marroquí de especialización en Arqueología*, Servicio de Publicaciones Universidad de Cádiz, pp. 77-87.

DOMÍNGUEZ BELLA, S., MORATA CÉSPEDES, D.A., DE LA ROSA DÍAZ, J. y RAMOS MUÑOZ, J. (2002a): "Neolithic trade routes in SW Iberian Peninsula? Variscite green beads from some Neolithic sites in the Cádiz province (SW Span): Raw materials and provenance areas", *32md International Symposium Archaeometry*, México, Conferencia 277.

DOMÍNGUEZ BELLA, S., PÉREZ RODRÍGUEZ, M., RAMOS MUÑÓZ, J., MORATA CÉSPEDES, D.A. y CASTAÑEDA FERNÁNDEZ, V. (2002b): "Raw materials, source áreas and technological relationships between minerals, rocks and prehistoric non-flint stone tools from the Atlantic zone, Cadiz province, SW Spain", en E. Jerem y K.T. Biró (eds.): *Archaeometry 98*, BAR Publishing International Series 1043 II, Oxford, pp. 723-728.

DOMÍNGUEZ BELLA, S., RAMOS MUÑOZ, J. y MARTÍNEZ ROSADO, J. (2011): "Prehistoric flint exploration in Loma de Enmedio-Realillo (Tarifa coast, Cádiz, Spain)", en M. Capote, S. Consuegra, P. Díaz del Río y X. Terradas (eds.): *Proceedings of the 2nd International Conference of the UISPP Commission on Flint Mining in Pre- and protohistoric Times (Madrid, 14-17 October 2009)*, BAR Publishing International Series 2260, Oxford, pp. 193-201.

DOMÍNGUEZ BELLA, S., RAMOS MUÑOZ, J. y VIJANDE VILA, E. (2016): "Materias primas silíceas en la prehistoria de occidente de Andalucía.", *Cuadernos de Prehistoria de la Universidad de Granada*, n° 26, pp. 327-356.

DOMINGUEZ BELLA, S., PÉREZ RODRÍGUEZ, M., RAMOS MUÑOZ, J., FERNÁNDEZ SÁNCHEZ, D., VIJANDE VILA, E. y BERNAL BARRENA, M.A. (2019): "Capítulo XV. Estudios arqueométricos II: Industria lítica no tallada, molinos y otros productos", en E. Viajen, J. Ramos, D. Fernández, J.J. Cantillo y M. Pérez (coord): *La Esparragosa (Chiclana de la Frontera, Cádiz). Un campo de silos neolítico del iV milenio a.n.e*, Colección Arqueológica Monografías, pp. 165-173.

DOMÍNGUEZ PÉREZ, J.C. (2002): "Historia y Arqueología Social: ¿Por qué una teoría y una ideología contra la desigualdad?", *RAMPAS. Revista Atlántica-Mediterránea de Prehistoria y Arqueología Social*, nº 5, pp. 273-301.

EDMONS, M. (1999): *Ancestral Geographies of the Neolitic: Landscape, monuments and memory*, Routledge, Londres y Nueva York.

ESCACENA CARRASCO, J.L. (1987): "Excavaciones en La Marismilla (puebla del Rio, Sevilla), 1984", *Anuario Arqueológico de Andalucía 1986*, Tomo III, pp. 296-298.

— 1992-93: "Reflexiones acerca del mundo funerario de la transición Calcolítico-Bronce en Andalucía occidental. A propósito del hallazgo de un enterramiento en pozo siliforme en Puebla del Río (Sevilla)", *Tabona*, Tomo II, pp. 447-463.

ESCACENA CARRASCO, J.L. RODRÍGUEZ DE ZULOAGA, M. y LADRÓN DE GUEVARA, I. (1996): *Guadalquivir salobre: elaboración prehistórica de sal marina en las antiguas bocas del río*, Confederación Hidrográfica del Guadalquivir, Sevilla.

ESTÁCIO DA VEIGA, S.P. (1886): *Antiguidades Monumentais do Algarve. Tempos Prehistóricos*, vol. 1, Imprensa Nacional, Lisboa.

ESTEVE GUERRERO, M. (1945): *Excavaciones de Asta Regia (Mesas de Asta, Jerez). Campaña 1942-43. Acta Arqueológica Hispánicas III*, Ministerio de Educación Nacional - comisaría General de Excavaciones Arqueológicas, Madrid.

— 1950: *Excavaciones de Asta Regia (Mesas de Asta, Jerez). Campaña 1945-46. Informes y Memorias*, Ministerio de Educación Nacional - Comisaría General de Excavaciones Arqueológicas, nº 22, Madrid.

— 1962: *Excavaciones de Asta Regia (Mesas de Asta, Jerez). Campañas 1949-50 y 1955-56*, Publicaciones del Centro de Estudios Hispánicos Jerezanos. Segunda Serie, nº 19, Jerez.

— 1969: "Asta Regia: Una ciudad tartésica", *Vª Synposium Internacional de Prehistoria Peninsular (Jerez de la Frontera, 1968)*, pp. 111-118.

— 1979: "La sepultura neolítica de Alcántara", *Miscelánea arqueológica jerezana*, Centro de Estudios Históricos Jerezanos, pp. 2-18.

ESTÉVEZ ESCALERA, J., VILA MITJÁ, A., TERRADAS BATLLE, A., PIQUÉ, R., TAULÉ, Mª.A., GIBAJA, J.F. y RUIZ, G. (1998): "Cazar o no cazar ¿es está la cuestión?", *Boletín de Antropología Americana*, nº 33, pp. 5-24.

FANDOS, A.J. (1973): "Nota preliminar para una tipología analítica de las hachas pulimentadas", *MUNIBE. Sociedad de Ciencias Naturales Aranzadi*, año XXV, nº 24, pp. 203-208.

FERNÁNDEZ CARO, J.J. y GAVILÁN CEBALLOS, B. (1995): "Yacimientos neolíticos en el río Cordones (Sevilla)", *SPAL. Revista de Prehistoria y Arqueología de la Universidad de Sevilla*, nº 4, pp. 25-67.

FERNÁNDEZ GÓMEZ, F. (2013): "Las excavaciones del Museo Arqueológico de Sevilla en Valencina de la Concepción (Sevilla) en 1975-1976: sectores de La Perrera, La Candelera y cerro de la Cabeza", en L. García, J.M. Vargas, V. Hurtado, R. Cruz-Auñón y T. Ruiz (eds.): *El asentamiento prehistórico de Valencina de la Concepción (Sevilla): investigación y tutela en el 150 aniversario del descubridor de La Pastora*, pp. 131-156.

FERNÁNDEZ GÓMEZ, F. y RUIZ MATA, D. (1978): "El 'tholos' del Cerro de la Cabeza en Valencina de la Concepción (Sevilla)", *Trabajos de Prehistoria*, vol. 35, nº 1, pp. 193-224.

FERNÁNDEZ GÓMEZ, F. y OLIVA ALONS, D. (1980): "Los ídolos calcolíticos del Cerro de la Cabeza (Valencina de la Concepción, Sevilla)", *Madrider Mitteilungen*, nº 21, pp. 20-44.

— 1985: "Excavaciones en el yacimiento calcolítico de Valencina de la Concepción (Sevilla). El Corte C (La Perrera)", *Noticiario Arqueológico Hispánico*, nº 21, pp. 7-131.

— 1986: "Valencina de la Concepción (Sevilla). Excavaciones de urgencia", *Revista de Arqueología*, nº 58, pp. 19-33.

FERNÁNDEZ JURADO, J. y RUIZ MATA, D. (1986): "El yacimiento metalúrgico de San Bartolomé de Almonte (Huelva)", *Huelva Arqueológica*, nº 8, pp. 1-331.

FERNÁNDEZ NAVAS, P., CRUZ-AUÑÓN BRIONES, R. y RIVERO GALÁN, E. (1989): "Avance de los trabajos realizados en el yacimiento de la Edad del Cobre del Negrón (Gilena, Sevilla)", *Crónica del IXI Congreso Nacional de Arqueología*, vol. 1, pp. 329-340.

FERNÁNDEZ VEGA, A. y PÉREZ CAÑAMARES, E. (1988): "Enterramientos en cuevas, sepulcros megalíticos y sepulcros en fosas en Cataluña. Estudio comparativo", *Espacio, tiempo y forma S.I. Prehistoria y Arqueología*, nº 2, pp. 131-152.

FERRER, J.E. (2002): "Poblamiento y culturas prehistóricas en el territorio andaluz", en J.A. Lacomba (coord.): *Historia de Andalucía*, Ed. Ágora, Málaga, pp. 13-45.

FINLAYSON, C., GILES PACHECO, F., GUTIÉRREZ LÓPEZ, J.Mª., SANTIAGO PÉREZ, A., MATA ALMONTE, E-. ALLUÉ, E. y GARCÍA, N. (1999): "Recientes excavaciones ene l nivel neolítico de la Cueva de Gorham (Gibraltar, Extremo Sur de Europa)", *Saguntum. Papeles del Laboratorio de Arqueología de Valencia*, nº extra 2: dedicado al II congrés del neolitic a la Península Ibérica, pp. 213-222.

FINLAYSON, C., BLASCO LÓPEZ, R., RODRÍGUEZ VIDAL, J., GILES PACHECO, F., FINLAYSON, G., JENNINGS, R.P., GUTIÉRREZ LÓPEZ, J.Mª., DARREN, A.F., ROSELL ARDÈVOL, J., CARRIÓN GARCÍA, J.S., SÁNCHEZ MARCO, A., FINLAYSON, S. y BERNAL RIVAS, M.A. (2014): "Excavaciones en Gibraltar: especial referencia a Gorham's Cave y Vanguard Cave", en R. Sala, E. Carbonell, J.Mª. Bermúdez y J.L. Arsuaga (coord.): *Los cazadores recolectores del Pleistoceno y del Holoceno en Iberia y el estrecho de Gibraltar: estado actual del conocimiento del registro arqueológico*, pp. 506-514.

FORTEA PÉREZ, J. (1973): "Los complejos microlaminares y geométricos del Epipaleolítico mediterráneo español", *Memorias del Seminario de Prehistoria y Arqueología*, pp. 525-591.

FORTEA PÉREZ, J., MARTÍ OLIVER, B. y JUAN CABANILLES, J. (1987): "L'industrie lithique du Néolithique ancien dans le versant méditerranéen de la Péninsule Ibérique", *Colloque International Chipped Stone Industries of the Early Farming Cultures in Europe*, CNRS; pp. 581-591.

FUSTÉ ARA, M. (1957): *Estudio antropológico de los pobladores Neo-eneolíticos de la región valenciana*, Servicios de Investigación de Prehistoria de la Excelentísima Diputación Provincial de Valencia.

GALÁN HUERTOS, E. y GONZÁLEZ DIEZ, Mª.J. (1993): "Contribución a la Mineralogía de Arcillas a la interpretación de la evolución paleogeográfica del Sector Occidental de la Cuenca del Guadalquivir", *Estudios Geológicos*, nº 49, pp. 261-275.

GÁNDARA VÁZQUEZ, M. (1993): "El análisis de posiciones teóricas: aplicaciones a la arqueología social", *Boletín*

GARCÍA DE DOMINGO, A. (2005): "Geología de la provincia de Cádiz", en : *Atlas Hidrogeológico de la provincia de Cádiz*, Diputación de Cádiz, Instituto Geológico y Minero de España (IGME), pp. 64-72.

GARCÍA DE DOMINGO, A., GONZÁLEZ LASTRA, J., HERNAIZ HUERTA, P.P., ZAZO CERDEÑA, C. y GOY, J.L. (1990): *Mapa Geológico de España, Escala 1:50000. Hoja 1069, Chiclana de la Frontera*, IGME, Madrid.

GARCÍA DÍAZ, V. (2009): *Cuchillos de sílex para el procesado de pescado en el neolítico final gaditano: el yacimiento de La Esparragosa (Chiclana de la Frontera, Cádiz)*. Trabajo de Investigación de 3er ciclo. Universidad Autónoma de Barcelona.

GARCÍA DÍAZ, V. y CLEMENTE CONTE, I. (2011): "Procesando pescado: reproducción de las huellas de uso en cuchillos de sílex experimentales", en A. Morgado, J. Baena, D. García (eds.): *La investigación experimental aplicada a la arqueología*, pp. 153-159.

GARCÍA SANJUÁN, L. y HURTADO PÉREZ, V. (1997): "Los inicios de la jerarquización social en el Suroeste de la Península Ibérica (c. 2500-1700 a.n.e./c. 3200-2100 cal. ANE). Problemas conceptuales y empíricos", *Saguntum 30. Homenatge a la Prfa. Dr. Milagro Gil-Mascarell Boscá*, vol. II. La Península Ibérica en el Calcolítico y la Edad del Bronce, pp. 135-152.

GARCÍA SANZ, C. y FERNÁNDEZ JURADO, J. (1999): "La época calcolítica de San Bartolomé de Almonte", *Huelva Arqueológica*, nº 15, pp. 6-13.

GAVILÁN CEBALLOS, B. (1991): "Avance preliminar sobre la Excavación Arqueológica de Urgencia en la Cueva de los Murciélagos de Zuheros (Córdoba)", *Antiqvitas*, nº 2, pp. 17-25.

— 1993: "Intervenciones de patrimonio en la Cueva de los Murciélagos de Zuheros (Córdoba) 1990-91", *Cuadernos de Patrimonio*, Delegación Provincial de Cultura de Córdoba.

— 1994: "Estudio de materiales arqueológicos de la Cueva de los Murciélagos de Zuheros. Revisión de las campañas 1962-69 y materiales de superficie", *Anuario Arqueológico de Andalucía 1992*, Tomo II, pp. 103-106.

— 1997: "Reflexiones sobre el Neolítico andaluz", *SPAL. Revista de Prehistoria y Arqueología de la Universidad de Sevilla*, nº 6, pp. 23-33.

GAVILÁN CEBALLOS, B. y VERA RODRÍGUEZ, J.C. (1992): "Breve avance sobre los resultados obtenidos en la excavación arqueológica de urgencia en la Cueva de los Murciélagos de Zuheros (Córdoba)", *Antiqvitas*, nº 3, pp. 23-30.

— 1996: "Estaciones neolíticas al aire libre en el sureste de la provincia de Córdoba", *Antiqvitas*, nº 7, pp. 5-18.

— 1999: "Organización interna y usos del espacio en la Cueva de los Murciélagos de Zuheros, Córdoba", *Saguntum*, nº extra-2. Actes del II Congrés de Neolitic a la Península Ibérica, Universitat de València, pp. 229-234.

GAVILÁN CEBALLOS, B. y MAS CORNELLÁ, M. (2006): "La Cueva de los Murciélagos de Zuheros (Córdoba):hábitat y santuario durante el Neolítico antiguo. Hogares, 'Papaver somniferum' y simbolismo", *SPAL. Revista de Prehistoria y Arqueología de la Universidad de Sevilla*, nº 15, pp. 21-38.

GAVILÁN CEBALLOS, B., DELGADO FERNÁNDEZ, Mº DEL R., VERA RODRÍGUEZ, J.C., MÁRFIL LOPERA, C., PEÑA CHOCARRO, L. y CEPILLO GALVÍN, J.J. (1994): "Preliminares sobre la tercera campaña de excavación arqueológica de urgencia en la Cueva de los Murciélagos de Zuheros, Córdoba", *Antiqvitas*, nº 5, pp. 5-12.

GAVILÁN CEBALLOS, B., VERA RODRÍGUEZ, J.C., PEÑA CHOCARRO, L. y MAS CORNELLÁ, M. (1996): "El V y el IV milenios en Andalucía Central: La Cueva de los Murciélagos de Zuheros (Córdoba). Recientes aportaciones", *I Congrés del Neolitic a la Península Ibérica. Formació e implantació de les comunitats agrícoles (Gava-Bellaterra, 1995). Actes, Vol. I*, pp. 323-327.

GENER, E. (1962): "Memorias sobre las excavaciones hechas en los terrenos de la Base Naval de Rota", *Noticiario Arqueológico Hispánico*, nº 5, pp. 123-145.

GIL MASCARELL, M. y RODRÍGUEZ DÍAZ, A. (1987): "El yacimiento calcolítico de Los Cortinales en Villafranca de los Barros (Badajoz)", *Archivo de Prehistoria Levantina, Homenaje a D. Domingo Fletcher Valls*, Tomo 1, vol. XVII, pp. 123-145.

GILEZ GUZMÁN, F.J., GILES PACHECO, F., GUTIÉRREZ LÓPEZ, J.Mª., REINOSO DEL RIO, Mª.C. FINLAYSON, C., FINLAYSON, G., RODRÍGUEZ VIDAL, J. y FINLAYSON, S. (2017): "Bray, una cueva sepulcral de la Edad del Bronce en el Peñon de Gibraltar", *Sagumtum. Papeles del Laboratorio de Arqueología de Valencia*, nº 49, pp. 29-42.

GILES PACHECO, F. (2011): "La cueva de Gorham en Gibraltar: la supervivencia tardía de los neandertales en el extremo más meridional de Europa", *PH. Boletín del Instituto Andaluz del Patrimonio Histórico*, nº 80, pp. 31.

GILES PACHECO, F., GUTIÉRREZ LÓPEZ, J.Mª., MATA ALMONTE, E., SANTIAGO PÉREZ, A. y AGUILERA RODRÍGUEZ, I. (1991a): "Prospecciones arqueológicas superficiales en la cuenca del río Guadalete: 1º campaña (1989): El Portal-Torrecera", *Anuario Arqueológico de Andalucía*, Tomo II, Junta de Andalucía, pp. 26-34.

GILES PACHECO, F., BENITEZ MOTA, R., MATA ALMONTE, E., GUTIÉRREZ LÓPEZ, J.Mª., GONZÁLEZ, B., SANTIAGO PÉREZ, A. y BLANES DELGADO, C. (1991b): *Informe arqueológico de las prospecciones en la Loma del Puerco (Chiclana de la Frontera, Cádiz)*, Delegación Provincial de Cultura de Cádiz.

GILES PACHECO, F., GUTIÉRREZ LÓPEZ, J.Mª., MATA ALMONTE, E., SANTIAGO PÉREZ, A. y AGUILERA RODRÍGUEZ, L. (1992): "Prospecciones arqueológicas y análisis geocronológicos y sedimentológicos en la Cuenca del Río Guadalete", en J.M. Campos y F. Nocete (coord.): *Investigaciones Arqueológicas en Andalucía 1985-1992. Proyectos*, pp. 211-228.

GILES PACHECO, F., GUTIÉRREZ LÓPEZ, J.Mª. y SANTIAGO PÉREZ, A. (1995): "Testimonios paleolíticos de la ocupación humana del litoral mediterráneo: el tecnocomplejo de 'Guadalquivir-Borrondo' (San Roque) y su enmarque en el Achelense Superior del área Oriental de Cádiz", *Almoraina: revista de estudios campogibraltareños*, nº 13, pp. 15-22.

GILES PACHECO, F., GUTIÉRREZ LÓPEZ, J.Mª., SANTIAGO PÉREZ, A. y MATA ALMONTE, E. (1998): "Avance al estudio sobre poblamiento del Paleolítico Superior en la cuenca media y alta del río Guadalete (Cádiz)", en J.L. Sanchidrián y M.D. Simón (eds.): *Las culturas del Pleistoceno Superior en Andalucía*, Patronato de la Cueva de Nerja, Málaga, pp. 11-140.

GILES PACHECO, F., FINLAYSON, C., GUTIÉRREZ LÓPEZ, J.Mª., FINLAYSON, G., SANTIAGO PÉREZ, A., REINOSO DEL RÍO, Mª.C., GILES GUZMÁN, F. y MATA ALMONTE, E. (2001): "Primer sondeo arqueológico en Bray's Cave (Gibraltar): campaña de excavaciones 1999: the Gibraltar caves project", *Almoraina: revista de estudios campogibraltareños*, nº 25, pp. 73-80.

GILES PACHECO, F., GUTIÉRREZ LÓPEZ, J.Mª., SANTIAGO PÉREZ, A., MATA ALMONTE, E. y GILES GUZMÁN, F. (2002): "Avance al estudio geoarqueológico durante el Pleistoceno Medio-Superior en la cuenca baja del río Guadalete y Bahía de Cádiz", *IVª Reunión Nacional de Geoarqueología*, Almazán, pp. 64-66.

GILES PACHECO, F., SANTIAGO PÉREZ, A., AGUILERA RODRÍGUEZ, L., GUTIÉRREZ LÓPEZ, J.Mª. y FINLAYSON, C. (2003): "Paleolítico Inferior y Medio en la sierra de Cádiz: evidencias de grupos cazadores-recolectores del Pleistoceno Medio y Superior", *Almajar. Revista de Historia y Patrimonio de Villamartín y la sierra de Cádiz*, nº 1, pp. 8-35.

GILMAN GUILLÉN, A. (1976): "Bronce Age dynamics in Southeat Spain", *Dialectical Anthropology*, nº 1, pp. 307-319.

— 1981: "The Development of Social Stratification in Bronze Age Europe", *Current Anthropology*, nº 22.1, pp. 1-23.

— 1987a: "Unequal development in Copper Age Iberia", en E.M. Brumfield y T.K. Earle (eds.) *Specializations exchange and complex societies*, Cambridge University Press, pp. 22-29.

— 1987b: "El análisis de clase en la Prehistoria del Sureste", *Trabajaos de Prehistoria*, nº 44, pp. 27-34.

GILMAN GUILLÉN, A. y THORNES, J.B. (1985): *Land-use and Prehistory in southeast Spain*, Routledge Library Editions: Archaeology, New York.

GÓNGORA Y MARTÍNEZ, M. de (1868): *Antigüedades prehistóricas de Andalucía. Monumentos, inscripciones, armas, utensilios y otros importantes objetos pertenecientes a los tiempos más remotos de su población*, Madrid.

GONZÁLEZ RODRÍGUEZ, R. (1987): "El yacimiento de 'El Trobal' (Jerez de la Frontera, Cádiz). Nuevas aportaciones a la cultura de los silos de la Baja Andalucía", *Anuario Arqueológico de Andalucía 1986*, Tomo III, Junta de Andalucía, pp. 82-86.

GONZÁLEZ RODRÍGUEZ, R. y RAMOS MUÑOZ, J. (1988): "Torre Melgarejo. Un sepulcro de inhumación colectiva en los Llanos de Caulina, Jerez de la Frontera

(Cádiz)", *Anuario Arqueológico de Andalucía*, Tomo III, Junta de Andalucía, pp. 84-98.

GONZÁLEZ RODRÍGUEZ, R. y RUIZ MATA, D. (1999): "Prehistoria e Historia Antigua de Jerez", en D. Caro Cancela (coord.): *Historia de Jerez de la Frontera. Tomo I. De los orígenes a época medieval*, Cádiz, Diputación de Cádiz Servicio de Publicaciones, pp. 15-188.

GONZÁLEZ RODRÍGUEZ, R., RUIZ MATA, D. y AGUILAR MOYA, L. (1991): "Prospección arqueológica superficial en la margen izquierda de la marisma de 'El Bujón' (T.M. de Jerez de la Frontera, Cádiz)", *Anuario Arqueológico del Andalucía*, Tomo II, Junta de Andalucía, pp. 83-92.

GONZÁLEZ RODRÍGUEZ, R., BARRIONUEVO CONTRERAS, R., AGUILAR MOYA, L. y RUIZ MATA, D. (1992): "Proyecto: Paleografía humana del extremo noroccidental de Cádiz. Los procesos culturales desde el Neolítico a Época Medieval. Formas de contacto y aculturación", *Investigaciones Arqueológicas en Andalucía 1985-1992. Proyectos*, Consejería de Cultura y Medio Ambiente, Junta de Andalucía, pp. 799-808.

GONZÁLEZ SAINZ, C. (1978): *Útiles pulimentados en Navarra*, Universidad de Navarra.

GONZÁLEZ URQUIJO, J.E., IBÁNEZ ESTÉVEZ, J.J., PEÑA CHOCARRO, L., GAVILÁN CEBALLOS, B. y VERA RODRÍGUEZ, J.C. (1994): "Cereal harvesting during the Neolitic of the Murciélagos site in Zuheros (Córdoba, Spain)", *Helinium*, nº 34/2, pp. 322-341.

— 2000: "El aprovechamiento de recursos vegetales en los niveles neolíticos del yacimiento de los Murciélagos (Zuheros, Córdoba)", *Complutum*, nº 11, pp. 171-189.

GRACIA PRIETO, F.J. (1999): "Geomorfología de La Mesa y de las terrazas del río Iro y Arroyo de la Cueva", en J. Ramos, M. Montañés, M. Pérez, V. Castañeda, N. Herrero, Mª.E. García e I. Cáceres (eds.): *Excavaciones arqueológicas en La Mesa (Chiclana de la Frontera, Cádiz). Campaña de 1998. Aproximación al estudio del proceso histórico de su ocupación*. Serie Monográfica, Arqueología en Chiclana de la Frontera, nº 1, pp. 31-40.

GUTIÉRREZ LÓPEZ, J.M., REINOSO DEL RÍO, M.C., AGUILERA RODRÍGUEZ, L. y SANTIAGO PÉREZ, A. (2000): "Un balance del Neolítico de las Subbéticas occidentales al final del milenio", en A. Santiago, A. Martínez y J. Mayoral (eds.): *Actas I Congreso Andaluz de Espeleología*, Sevilla, Ayuntamiento de Ronda y Federación Andaluza de Espeleología, pp. 151-175.

GUTIÉRREZ MAS, J.M. MARTÍN ALGARRA, A., DOMÍNGUEZ BELLA, S. y MORAL CARDONA, J.P. (1991): *Introducción a la Geología de la Provincia de Cádiz*, Servicio de Publicaciones de la Universidad de Cádiz.

GUTIÉRREZ MAZ. J.M., PRIETO CORIA, Mª.C. y RUIZ GIL, J.A. (1996): "Yacimiento neolítico al aire libre con cardiales: el asentamiento al aire libre de Espira (Espera, Cádiz). Propuesta de otro modelo de neolitización para Andalucía occidental", *I Congrés del Neolitic a la Península Ibérica (Gavá 1995)*, Vol. II, Rubricatum, pp. 627-638.

GUTIÉRREZ MAS, J.M., GRACIA PRIETO, J., LUJÁN MARTÍNEZ, Mª. y SÁNCHEZ BELLÓN, A. (2016): "Geología del Campo de Gibraltar", *Geolodía, geología Cádiz 16*, Sección Geológica de España, pp. 1-22 http://www.sociedadgeologica.es/archivos_pdf/geolod%C3%ADa16/guias_geolodia/gdia16gui_cadiz.pdf

HAIN, F.H. (1982): *Kupferzeitliche Tierknochenfunde aus Valencina de la Concepción/Sevilla*, Munich, Deutsches Archäologisches Institut.

HARRIS, M. (1982): *El materialismo cultural*, Alianza Editorial, S.A., Madrid.

HERRANZ GARCÍA, C. (2013-2015): "Aprendizaje en industria lítica mediante el concepto de talla discorde", *Boletín de Arqueología Experimental*, nº 10, pp. 135-142.

HERCE YUSTE, J.L. (2002): "Resultados de la prospección arqueológica de urgencia efectuada en los terrenos afectados por el proyecto de construcción de la autovía A-382, tramo 2 (T.M. Jerez de la Frontera, Cádiz)", *Anuario Arqueológico de Andalucía*, Tomo III, Vol. I, Junta de Andalucía, pp. 110-118.

HERNANDO GONZALO, A. (1987-88): "Interpretaciones culturales del Calcolítico del Suroeste español. Estudio de sus bases teóricas", *Cuadernos de Prehistoria de la Universidad de Granada*, nº 12-13, pp. 35-80.

HIGGS, E.S. (1976): "The history of European agriculture, the uplands", en J. Hutchinson, J.G.G. Clark, E.M. Jope, R. Riley (Orgs.): *The Early History of agriculture (A joint symposium of the Royal Society and the British Academy)*, pp. 159-173.

HOPF, M. (1974): "Breve informe sobre el cereal neolítico de la cueva de Zuheros", *Trabajos de Prehistoria*, nº 31, pp. 295-296.

HORNOS MATA, F., NOCETE CALVO, F. y PÉREZ BAREAS, C. (1987): "Actuación arqueológica de urgencia en el yacimiento de los pozos de Higuera de Arjona (Jaén)", *Anuario Arqueológico de Andalucía 1986*, Tomo III, pp. 198-202.

HORNOS MATA, F., ZAFRA, N. y CASTRO, M. (1998): "La gestión de una zona arqueológica urbana: la experiencia de investigación aplicada a Marroquíes Bajos (Jaén), *P.H. Boletín del Instituto Andaluz de Patrimonio Histórico*, nº 22, pp. 82-91.

HURTADO PÉREZ, V. (1986): "El Calcolítico en la Cuenca Media del Guadiana y la necrópolis de la Pijotilla", *Actas de la Mesa Redonda sobre el Megalitismo peninsular*, pp. 51-77.

— 1987: "El megalitismo en el Suroeste peninsular: problemática en la periodización regional", en Subdirección General de Arqueología y Etnología: *El megalitismo en la península ibérica*, Ministerio de Cultura, Subdirección General de Arqueología y Etnología, pp. 31-43.

— 1995: "Interpretación sobre la dinámica cultural en la Cuenca Media del Guadiana (IV-II milenio a.n.e.)", *Extremadura Arqueológico. Homenaje a la Dra. Milagros Gil-Mascarell Bozcà*, nº 5, pp. 53-80.

— 2013: "Los ídolos del asentamiento de Valencina de la Concepción (Sevilla): una revisión", en L. García, J.M. Vargas, V. Hurtado, T. Ruiz y R. Cruz-Auñón (eds.): *El enterramiento prehistórico de Valencina de la Concepción (Sevilla). Investigación y tutela en el 150 aniversario del descubrimiento de La Pastora*, Universidad de Sevilla, pp. 311-328.

IBÁÑEZ ESTÉVEZ, J.J. y GONZÁLEZ URQUIJO, J.E. (1996): *From tool use to site function: use-wear analysis in some final Upper Paleolithic sites in the Basque Country*, B.A.R. International Serie 658, Oxford.

JACKSON, D., TRONCOSO, A. y SALAZAR, D. (2012): "Hacia una crítica de la práctica de la Arqueología Social Latinoamericana", en H. Tantealeán, M. Aguilar y O. Olivo (eds.): *La Arqueología Social Latinoamericana: de la teoría a la praxis*, Universidad de los Andes, Colombia, pp. 67-91.

JARMAN, M.R. (1982): "The Megaliths: a problem in Paleothology", en M.R. Jarman, G.N. Bailey, H.N. Jarman (eds.): *Early european agriculture. Its foundation and development*, Cambridge University Press, pp. 233-252.

JIMÉNEZ JÁIMEZ, V.J. (2007): "La 'Premisa Pompeya' y las 'cabañas semisubterráneas' del sur de la Península Ibérica (IV-III milenios AC)", *Mainake*, nº 29, pp. 475-492.

JIMÉNEZ JÁIMEZ, V.J. y MÁRQUEZ ROMERO, J.E. (2006): "'Aquí no hay quien viva', Sobre la existencia de casas-pozos en Andalucía durante el IV y III Milenio AC", *SPAL. Revista de Prehistoria y Arqueología de la Universidad de Sevilla*, nº 15, pp. 39-49.

JUAN CABANILLES, J. (1984): "El utillaje neolítico en sílex del litoral mediterráneo peninsular", *Sagumtum: Papeles del Laboratorio de Arqueología de Valencia*, nº 18, pp. 49-102

— 1985: "El complejo epipaleolítico geométrico (Facies Cocina) y sus relaciones con el Neolítico antiguo", *Sagumtum. Papeles del Laboratorio de Arqueología de Valencia*, nº 19, pp. 11-30.

— 2008: *El utillaje de piedra tallada en la Prehistoria reciente valenciana: aspectos tipológicos, estilísticos y evolutivos*, Trabajos varios de SIP, 109, Valencia.

KALB, Ph. (1985): "Monumentos megalíticos ente Tejo e Douro", en *El Megalitismo en la Península Ibérica*, (A.A.V.V.), Ministerio de Cultura, pp. 95-109.

KALB, Ph. y HÖCK, M. (1997): "O povoado fortificado, Calcolítico do Monte da Ponte, Évora", en P. Bueno y R. de Balbín (coords.): *Congreso de Arqueología Peninsular, Zamora del 24 al 27 de septiembre de 1996*, vol. 2, pp. 417-424.

LAGO, M. DUARTE, C. VALERA, A., ALBERGARÍA, J. ALMEIDA, F. y FAUSTINO CARVALHO, A. (1988): "Povoado dos Perdigões (Reguengos de Monsaraz): dados preliminares dos trabalhos arqueológicos realizados em 1997", *Revista Portuguesa de Arqueología*, vol. 1, nº 1, pp. 45-152.

LAGO, M. y ALVERGARIA, J. (2001): "O Cabeço do Torão (Elvas): contextos e interpretações prévias de um lugar do Neolítico alentejano", *ERA-arqueología. Revista de divulgação científica de estudios arqueológicos*, nº 4, pp. 38-63.

LAGÓSTENA BARRIOS, L. y BERNAL CASASOLA, D. (2004): "Alfares y producciones cerámicas en la provincia de Cádiz. Balance y perspectivas", *Actas del Congreso Internacional FIGLINAE BAETICAE. Talleres alfareros y producciones cerámicas en la Bética romana (ss. II a.C. — VII d.C.)*, BAR Publishing International Series 1266, pp. 39-124.

LAKATOS, L. (1998): *La metodología de los programas de investigación científica*, Alianza, Madrid.

LANE, K., FINLAYSON, C., VALGELPOHI, U., GUTIÉRREZ LÓPEZ, J.Mª., GILES GUZMÁN, F. y GILES PACHECHO, F. (2016): "Entre mitos y moros: un nuevo acercamiento a la historia de Gibraltar desde la Arqueología (711-1462) ", *Almoraina. Revista de estudios campogibraltareños*, nº 45, pp. 203-227.

LANERI, N. (2007): "An Archaeology of Funerary Rituals", en N. Laneri (Ed.): *Performing Death. Social Analyses of Funerary Traditions in the Ancient Near East and Mediterranean*, The University of Chicago Oriental Institute Seminars 3, pp. 1-13.

LAPLACE, G. (1972): "La Typologie analytique et structurale: Base rationnelle d'ètudes des industries lithiques et osseuses", *Banque de Donnés Archéologiques* 832, C.R.N.S. pp. 91-143.

LAVADO FLORIDO, M.I. (1986): *Carta Arqueológica de la margen izquierda de la desembocadura del río Guadalquivir: Sanlúcar norte y Trebujena*, Inédita.

— 1987: "Carta Arqueológica de la margen izquierda de la desembocadura del ´rio Guadalquivir: Sanlúcar norte y Trebujena", *Anuario Arqueológico de Andalucía 1987*, Tomo III, pp. 126-133.

LAZARICH GONZÁLEZ, Mª. (2003): *El Jadramil (Arcos de la Frontera). Estudio arqueológico de un asentamiento agrícola en la campiña gaditana*, Excmo. Ayuntamiento de Arcos de la Frontera, Cádiz.

LAZARICH GONZÁLEZ, Mª., RICHARTE GARCÍA, Mª.J. y LADRÓN DE GUEVARA, I. (2003): "Enmarque y evolución diacrónica del yacimiento de 'El Jadramil' en el contexto histórico de la Baja Andalucía", en Mª. Lazarich (coord.): *El Jadramil (Arcos de la Frontera). Estudio arqueológico de un asentamiento agrícola en la campiña gaditana*, Excmo. Ayuntamiento de Arcos de la Frontera, pp. 432-468.

LAZARICH GONZÁLEZ, Mª., LADRÓN DE GUEVARA, I., RODRÍGUEZ DE ZUOLAGA, M. y SÁNCHEZ ANDREU, M. (1995): "El yacimiento de 'El Acebuchal' (Carmona, Sevilla): un análisis de las estructuras calcolíticas a través de los escritos inéditos de J. Bonsor e historiografía", *SPAL. Revista de Prehistoria y Arqueología de la Universidad de Sevilla*, nº 4, pp. 81-100.

LEISNER, G. y LEISNER, V. (1943): *Die Megalithgräber der Iberischen Halbinsel: Der Süden*, Walter de Gruyer, Berlin.

— 1949: "Los monumentos megalíticos del mediodía de la Península Ibérica, según los resultados a que han llegado G. y V. Leisner", *Archivo Español de Arqueología*, nº 22, pp. 363-377.

LINARES CATELA, J.A., NOCETE CALVO, F. y SÁEZ RAMOS, R. (1998): "Aprovisionamiento compartido *versus* aprovisionamiento restringido: los casos de las canteras del III milenio a.n.e. del Andévalo (Huelva)", *Rubricatum. Revista del Museu de Gavá*, nº 2, pp. 177-184.

LINNÉ, C. (1758): *Systema naturae per regna tria naturae, secundum clases, ordines, genera, especies, cum characteribus, diferentes, synonymis, locis*, Editio décima, reformata. Laurentius Salvius: Holmiae, II. http://www.archive.org/details/systemanaturae01linnuoft

LINSTAEDTER, J., EIWANGER, J., MIKDAD, A. y WENIGER, G.C. (2012): "Human occupation of Northwest Africa: a review of Middle Palaeolithic to Epipaleolithic sites in Morocco", *Quaternary International*, nº 274, pp. 158-174.

LIZCANO PRESTEL , R. (1995): *Las comunidades del Neolítico Final en el Alto Guadalquivir*, Tesis Doctoral de la Universidad de Granada, Granada.

LIZCANO PRESTEL, R., CAÑABATE GUERRERO, Mª.L., SÁNCHEZ VIZCAÍNO, A. y AFONSO MARRERO, J.A. (1991-92): "Polideportivo de Martos. Producción económica y símbolos de cohesión en un asentamiento del Neolítico final en las campiñas del Alto Guadalquivir", *Cuadernos de Prehistoria de la Universidad de Granada*, nº 16-17, pp. 5-101.

LIZCANO PRESTEL, R., GÓMEZ DEL TORO, E., CÁMARA SERRANO, J.A., AGUAYO, M., ARAQUE, D., BELLIDO, I., CONTRERAS, L., HERNÁNDEZ, M., IZQUIERDO, M. y RUIZ, J. (1993): "1ª Campaña de excavación de urgencia en el Polideportivo de Martos (Jaén)", *Anuario Arqueológico de Andalucía 1991*, Tomo III, pp. 278-291.

— (1998): "Polideportivo de Martos. Producción económica y símbolos de cohesión en un asentamiento del Neolítico final en las campiñas del Alto Guadalquivir", *Cuadernos de Prehistoria de la Universidad de Granada*, nº 16-17, pp. 5-101.

LÓPEZ AMADOR, J.J., RUIZ MATA, D. y RUIZ GIL, J.A. (2008): "El entorno de la Bahía de Cádiz a fines de la Edad del Bronce e inicios de la Edad del Hierro", *RAMPAS. Revista Atlántica-Mediterránea de Prehistoria y Arqueología Social*, nº 10, pp. 215-236.

LÓPEZ AMADOR, J.J., LAGÓSTENA, L., RUIZ GIL, J.A. y GILES PACHECO, F. (1999): "Geoarqueología en la desembocadura del río Guadalete: aportaciones cronoestratigráficas desde El Puerto de Santa María (Bahía de Cádiz)", *Revista de historia de El Puerto*, nº 23, pp. 11-29.

LÓPEZ GARCÍA, P. y LÓPEZ SÁEZ, J.A. (1994): "Estudio polinológico de los sedimentos arqueológicos del yacimiento del Llanete de los Motos (Córdoba)", *Trabajos de Prehistoria 51*, nº 2, pp. 179-186.

— 2001: "Dinámica de la vegetación durante el Holoceno Reciente en las marismas de Cádiz: análisis paleopalinológico del yacimiento de Pocico Chico", en J.A. Ruiz y J.J. López (coords.): *Formaciones sociales agropecuarias en la Bahía de Cádiz: 5000 años de adaptación ecológica en la Laguna del Gallo*, Arqueodesarrollo Gaditano, pp. 229-241.

LÓPEZ ONTIVEROS, A. (2002): "Los grandes temas del sistema físico-ambiental de Andalucía y sus implicaciones humanas", *Revista de Estudios regionales: XII Jornadas de Estudios Andaluces. Andalucía al comienzo de Tercer milenio*, nº 63, pp. 17-63.

— 2003: *Geografía de Andalucía*, Ariel Geografía.

LÓPEZ ROSENDO, E. (2004): "Intervención arqueológica urgente en el yacimiento de los Villares de Jerez de la Frontera (Cádiz). Campaña de 2004", *Anuario Arqueológico de Andalucía 2004.1*, Junta de Andalucía, pp. 369-378.

— 2007: "El yacimiento arqueológico de Los Villares/Montealto y los orígenes tartésicos y romanos de la población de Jerez", *Historia de Jerez*, nº 13, pp. 9-34.

LUBBOCK, J. (1986): *Prehistoric Times*, Williams and Norgate, Londres.

LUCENA MARTÍN, A.M. y MARTÍNEZ SÁNCHEZ, R.Mª. (2004): "Constructores de fosos, campos de silos y fondos de cabaña al sur de la Península Ibérica. Reflexiones en torno a su vida y su muerte", *Historiae*, nº 1, pp. 16-35.

MADSEN, T. (1988): "Causewayed enclosures in South Scandinavia", en C. Burgess, P. Topping, C. Mordant, M. Maddison (eds.): *Enclosures and defenses in the Neolithic of Western Europe*, BAR Publishing International Series 403 (II), pp. 301-355.

MAICAS RAMOS, R. (2007): *Industria ósea y funcionalidad: Neolítico y Calcolítico de Vera (Almería)*. Consejo Superior de Investigaciones Científicas. Salamanca.

— 2015: "Luis Siret y la Arqueología de la Península Ibérica", *Textos. Fondos Documentales Archivo Siret*, MAN (Museo Arqueológico Nacional), pp. 1-13. http://www.man.es/man/dam/jer:5817ac87-f01c-4bf7-9bca-324299a9ec94/articulo-sobre-louis-siret---ruth-maicas-16-03-2015.pdf

MAIER, J. (1999): *Jorge Bonsor (1955-1930). Un académico correspondiente de la Real Academia de la Historia y la Arqueología española*, Real Academia de la Historia, V. Estudios historiográficos, Madrid.

MALUQUER DE MOTES NICOLAU, J. (1992): "Excavaciones de 'El Carambolo', Sevilla: notas y experiencias personales", *Clásicos de la arqueología de Huelva*, n° 5, pp. 13-30.

MANSUR FRANCHOMME, M.E. (1984): *Préhistorire de Patagonie: l'industrie "Nivel 11" de la province de Santa Cruz (Argentine): technologie lithique et traces d'utilisation*, BAR Publishing International Series 216.

— 1987: "El análisis funcional de artefactos líticos", *Cuadernos: Seire técnica*, n° 1.

MÁRQUEZ ROMERO, J.E. (2000): "Territorio y cambio durante el III milenio a.C.: propuesta para pensar el tránsito del Calcolítico a la Edad del Bronce", *Baética. Estudios de Arte, Geografía e Historia*, n° 22, pp. 203-230.

— 2001: "De los 'campos de silo' a los 'agujeros negros': sobre pozos, depósitos y zanjas de la Prehistoria Reciente del sur de la Península Ibérica", *SPAL. Revista de Prehistoria y Arqueología de la Universidad de Sevilla*, n° 10, pp. 207-220.

— 2003: "Recintos Prehistóricos Atrincherados (RPA) en Andalucía (España): una propuesta interpretativa", en S.O. Jorge (coord.): *Recintos morados da Aré-Historia recente*, pp. 269-284.

— 2004:"Muerte ubicua: sobre deposiciones de esqueletos humanos en zanjas y pozos en la Prehistoria Reciente en Andalucía", *Mainake*, n° 26, pp. 116-138.

— 2006a: "Sobre los depósitos estructurados de animales en yacimientos con fosos del sur de la Península Ibérica", en E. Weiss-Krejci (coord): *Actas dio IV Congresso de Arqueología Peninsular. Animals na Pré-história e Arqueología da Península Ibérica*, pp. 15-25.

— 2006b: "Neolithic and Copper Age ditched enclosures and social inequality in the Iberian south (IV-III millennial cal BC)", en P. Díaz-del-Río y L. García (eds.): *Social Inequality in Iberian Late Prehistory*, BAR Publishing International Series, XXX, pp. 171-187.

— 2007: "La problemática de los recintos de fosos de la Prehistoria Reciente en el sur de España", en S.O. Jorge, A.M. Bettencourt e I. Figueiral (eds.): *Actas do IV Congresos de Arqueología Peninsular. A concepto das paisajes e dos espaços na Arqueología da Península Ibérica*, Centro de estudios de Patrimonio, Promontoria monográficos, pp. 27-35.

MÁRQUEZ ROMERO, J.E. y FERNÁNDEZ RUIZ, J. (2002): "Viejos depósitos, nuevas interpretaciones: la estructura n° 2 del yacimiento prehistórico de los Villares de Algane (Con, Málaga)", *Mainake*, n° 11-12, pp. 301-333.

MÁRQUEZ ROMERO, J.E., FERNÁNDEZ RUIZ, J. y GARCÍA LEÓN, M. (1999): "Un asentamiento prehistórico en el casco urbano de Alameda (Málaga)", *Baética. Estudios de Arte, Geografía e Historia*, n° 21, pp. 177-206.

MÁRQUEZ ROMERO, J.E. y JIMÉNEZ JÁIMEZ, V.J. (2008): "Claves para el estudio de los Recintos de Fosos del sur de la Península Ibérica", *ERA-arqueología. Revista de divulgaçao científica de estudios arqueológicos*, n° 8, pp. 158-171.

— 2010: *Recintos de fosos. Genealogía y significado una transición en la Prehistoria suroeste de la Península Ibérica (IV-III milenios AC)*, Servicios de Publicaciones e Intercambio Científico. Universidad de Málaga.

MARTÍN DE LA CRUZ, J.C. (1985): *Papa Uvas I. Aljaraque, Huelva. Campañas de 1976 a 1979. Excavaciones Arqueológicas en España*, 136, Madrid.

— 1986a: *Papa Uvas II. Aljaraque, Huelva. Campañas de 1981 a 1983. Excavaciones Arqueológicas en España*, 149, Madrid.

— 1986b: "Aproximación a la secuencia del hábitat en Papa Uvas (Aljaraque, Huelva)", O. Arteaga: *Actas del Congreso "Homenaje a Luis Siret (1934-1984)*, pp. 227-242.

— 1987a: "Memoria de los trabajos realizados en el yacimiento de Papa Uvas (Aljaraque, Huelva)", *Anuario Arqueológico de Andalucía 1986*, tomo II, p. 311-316.

— 1987b: *El Llanete de los Moros, Montoro, Córdoba*, Excavaciones Arqueológicas en España.

— 1992: "Papa Uvas (4). Génesis y desarrollo de la Edad del Bronce en la cuenca media del Guadalquivir: piedemoente y campiña hasta la confluencia del río Guadajoz", J.M. Campos y F. Nocete (coords.): *Investigaciones arqueológicas en Andalucía: 1985-1992*, pp. 441-460.

— 1994: *El tránsito del neolítico al calcolítico en el litoral del sur-oeste peninsular*, Instituto de Conservación y Restauración de Bienes Culturales, Madrid.

— 1995: "El cambio cultural del Neolítico al Calcolítico", en V. Hurtado (dir.): *El Calcolítico a debate: reunión de Calcolítico de la Península Ibérica*, pp. 25-30.

— 1996: "Alteraciones antrópicas del ecosistema: indicadores arqueológicos según Papa Uvas (Aljaraque, Huelva)", *1 Congrés del Neolitic a la Península Ibérica, Gavà-Bellaterra, 1995*. Rubicatum: resta del Museo de Gavà, vol. 1, nº 1, pp. 85-91.

— 2002: "Las teorías explicativas de los 'cambios culturales' durante la prehistoria en Andalucía. Nuevas alternativas de investigación", *Actas del III Congreso de Historia de Andalucía Prehistoria*, Córdoba, pp. 247-311.

— 2005a: "Aportaciones a la definición de modelos de hábitats a partir de la determinación mineralógica de cerámicas: Neolítico de Papa Uvas (Aljaraque, Huelva)", R. Ontañón, C. García y P. Arias (coords.): *Actas del III Congreso del Neolítico en la Península Ibérica. Santander 5 a 8 de octubre de 2003*, pp. 527-534.

— 2005b: "Hacia una visión integrada del hábitat de Papa Uvas (Aljaraque, Huelva)*, R. Ontañón, C. García y P. Arias (coords.): *Actas del III Congreso del Neolítico en la Península Ibérica. Santander 5 a 8 de octubre de 2003*, pp. 591-600.

MARTÍN DE LA CRUZ, J.C. y RUIZ MATA, D. (1977): "Noticias preliminares sobre los materiales del yacimiento de Papauvas (Aljaraque, Huelva)", *Cuadernos de Prehistoria y Arqueología de la Universidad Autónoma de Madrid*, nº 4, pp. 35-48.

MARTÍN DE LA CRUZ, J.C. y LUCENA MARTÍN, A.Mª. (2003): "Visiones y revisiones de 'Papa Uvas' (Aljaraque, Huelva)*, en S. Oliveira (coord): *Recintos murados da pré-história recente:técnicas construtivas e organização do espaço: conservaçao, restauro e valorizaçao patrimonial de arquiteturas pré-históricas*, pp. 285-306.

MARTÍN DE LA CRUZ, J.C. y JABALQUINO EXPÓSITO, I. (2018): "Los moluscos marinos de la dieta alimentaria de Papa Uvas (Aljaraque, Huelva)", en P. Campos (ed.): *Arqueología y territorio en la provincia de Huelva: veinte años de las Jornadas de Aljaraque (1998-2007)*, pp. 97-136.

MARTÍN DE LA CRUZ, J.C., GÓMEZ PASCUAL, M.J. y CONSEUGRA RODRÍGUEZ, S. (1990): "Informe sobre los trabajos realizados en Papa Uvas durante la campaña de 1987 (Aljaraque, Huelva)*, *Anuario Arqueológico de Andalucía*, Tomo II, pp. 246-251.

MARTÍN DE LA CRUZ, J.C., DELGADO FERNÁNDEZ, Mª.R., SANZ RUIZ, Mª. P. y VERA RODRÍGUEZ, J.C. (2000): "Novedades en el conocimiento sobre el Neolítico y el Calcolítico en Andalucía: panorámica de una década de investigaciones", en V.S. Gonçalves (ed.): *Trabalhos de Arqueología. Muitas antas, poucas gente? Actas do I Coloquio Internacional sobre megalitismo*, Instituto portugués de Arqueología, nº 16, pp. 215-241.

MARTÍNEZ ROMERO, R. (2018a): "El yacimiento de 'El Trobal' (Jerez de la Frontera, Cádiz). Pasado y presente", *Takurunna: Anuario de Estudios sobre Ronda y La Serranía*, nº 4-5, 2014-15, pp. 55-78.

—2018b: "La cultura de los silos en Andalucía occidental. Revisión teórica de la investigación", *Albahri entre Oriente y Occidente. Revista independiente de estudios históricos*, nº 4, pp. 4-52.

— 2020: "Reseña del monográfico de La Esparragosa (Chiclana de la Frontera). Un campo de silos neolíticos del IV milenio a.n.e.", *RAMPAS. Revista Atlántica-Mediterránea de Prehistoria y Arqueología Social*, nº 21, pp. 192-194.

— 2021: "La importancia del agua en el Calcolítico: el Arroyo del Salado de Caulina en el Término Municipal de Jerez de la Frontera y el río Iro en el Término Municipal de Chiclana de la Frontera", *RAMPAS. Revista Atlántica-Mediterránea de Prehistoria y Arqueología Social*, nº 23, pp. 43-71.

MARTÍNEZ SÁNCHEZ, R.M. (2013): "Cerdos, caprinos y náyades. Aproximación a la explotación ganadera y fluvial en el Guadalquivir entre el Neolítico y la Edad del Cobre (3500-2200 A.N.E.)*, *SPAL. Revista de Prehistoria y Arqueología de la Universidad de Sevilla*, nº 22, pp. 29-46.

MARTOS ROSILLO, S. (2008): *Investigación hidrogeológica orientada a la gestión racional de acuíferos carbonáticos sometidos a un uso intensivo del agua subterránea. El caso de la sierra de Estepa (Sevilla)*, Tesis doctoral, Universidad de Granada, Departamento de Geodinámica.

MATA FUNES, M. (1946): "Exploración de la Gruta del Murciélago en Zuheros (Córdoba)", *Boletín de la Real Academia de Córdoba*, nº 55, pp. 125-130.

MATHERS, C. (1984a): "Linear Regression, Inflation and prestige competition: 2nd millenium transformations in Southeast Spain", en W.H. Waldren, R.W. Chapman, J. Lewthwaite y R.C. Kennard (eds.): *The Deya Conference of Prehistory Early Settlement in the West Mediterranean Islands and the Peripheral Areas*, BAR Publishing International Series 229 (IV), pp. 1167-1196.

— 1994b: "Beyond the grave: the context and wider implications of mortuary in South-east Spain", en T.F.C. Blagg, R.F.J. Jones y S.J. Keay (eds.): *Papers in Iberian Archaeology*, BAR Publishing International Series 193 (1), pp. 13-44.

MAZZUCCO, N., CLEMENTE CONTE, I., GARCÍA DÍAZ, V., SOARES, J., TAVARES DA SILVA, C., RAMOS MUÑOZ, J. y VIJANDE VILA, E. (2018): "Insights into fish resources exploitation from the use-wear analysis of lithic tools, case-studies from the Iberian Peninsula between the 6th-3rd millennia cal BC", *Subsistence strategies in the Stone Age, direct and indirect evidence of fishing and gathering*, pp. 165-169.

McCLELLAN, M.C., REINOSO DEL RÍO, Mª.C., GUTIÉRREZ LÓPEZ, J.Mª., GOLDBERG, P. y MALLOL DUQUE, C. (2003): "Investigaciones arqueológicas en la Base Naval de Rota (Cádiz). El yacimiento prehistórico del Arroyo Occidental", *Anuario Arqueológico de Andalucía 2000*, Tomo III, Junta de Andalucía, pp. 137-145.

MEDEROS MARTÍN, A., VARGAS JIMÉNEZ, J.M., SCHUHMACER, T.X., FALKENSTEIN, F. y LINK, T. (2016): "Prospecciones arqueológicas y geomagnéticas en los cerros de La Cabeza y del Mármol, sector norte del poblado calcolítico de Valencina de la Concepción (Sevilla). Campaña de 2014", *SPAL. Revista de prehistoria y arqueología de la Universidad de Sevilla*, nº 25, pp. 11-42.

MIKDAD, A. y EIWANGER, J. (2000): "Recherches préhistoriques et protohistoriques dans le Rif Oriental (Maroc). Rapport préliminaires", *Beiträeg zur Allgemeinen und Vergleichenden Archäologiei*, nº 19, pp. 109-160.

MIRET i MESTRE, J. (2015): *Fosses, sitges i altres coses. Catàleg d'estructures prehistòriques d'Europa.*

MOLINA GONZÁLEZ, F. y ROLDÁN HERVÁS, J.M. (1983): *Historia de Granada. I.De las primeras culturas al Islam. Primer parte. Prehistoria*, Ed. Don Quijote, pp. 7-13.

MONGE SOARES, A.M. y MARTÍN DE LA CRUZ, J.M. (1996): "Cronología absoluta para a fase do neolítico final de Pape Uvas", *Rubricatum: revista del Museo de Gavà*, nº 1-2, pp. 655-658.

MONTAÑÉS CABALLERO, M. (1998): "Aproximación al poblamiento de la sociedad tribal en la campiña sur de Cádiz", *RAMPAS. Revista Atlántica-Mediterránea de Prehistoria y Arqueología Social*, nº 1, pp. 125-146.

MONTAÑÉS CABALLERO, M., PÉREZ RODRÍGUEZ, M., GARCÍA PANTOJA, M.E. y RAMOS MUÑOZ, J. (1999): "Las primeras sociedades campesinas. Las sociedades comunitarias y los comienzos de la jerarquización social", en J. Ramos y M. Montañés (eds.): *Excavaciones arqueológicas en La Mesa (Chiclana de la Frontera)*, Ayuntamiento de Chiclana, Universidad de Cádiz y Fundación Vipren, pp. 111-134.

MORALES, R., AGUAYO DE HOYOS, P., CARRILERO MILLÁN, M., PADIAL ROBLES, B. y MORENO, F. (1992): "Proyecto: La Prehistoria Reciente en la Depresión natural de Ronda. 1985-1991", en J.M. Campos y F. Nocete (eds.): *Investigaciones Arqueológicas en Andalucía 1985-1992. Proyectos*, Huelva, Junta de Andalucía, pp. 341-352.

MORENO ALONSO, E. y CÁCERES MISA, P. (1995): "Prospecciones geofísicas en el yacimiento 'El Negrón' (Gilena, Sevilla)", *IV Jornadas de Arqueofísica y Teledetección Aplicadas a la Arqueología* (Palos de la Frontera, Huelva), pp. 144-159.

MORENO ALONSO, E., CRUZ-AUÑÓN BRIONES, R. y CÁCERES MISA, P. (1992): "Registros de la extensión poblacional durante el III milenio en Andalucía Occidental", *SPAL. Revista de prehistoria y arqueología de la Universidad de Sevilla*, nº 1, pp. 125-150.

MORENO MÁRQUEZ, A. (2016): "Los yacimientos con enterramiento en silo. Una aproximación al conocimiento de las prácticas funerarias durante la Prehistoria Reciente en la campiña litoral y banda atlántica de Cádiz. Estado de la cuestión", *Revista Otarq*, nº 1, pp. 85-101.

— 2018: "Una primera aproximación al análisis de los enterramientos prehistóricos en el casco urbano de Jerez de la Frontera (Cádiz). Estado de la cuestión", *Revista Bajo Guadalquivir y Mundos Atlánticos*, nº 1, pp. 41-59.

— 2019: "Capítulo VII. Los restos óseos humanos", en E. Vijande, J. Ramos, D. Fernández, J.J. Cantillo y M. Pérez (coord.): *La Esparragosa (Chiclana de la Frontera, Cádiz). Un campo de silos neolítico del IV milenio a.n.e.*, Colección Arqueología Monografías, pp. 48-52.

MORENO MÁRQUEZ, A. y BARRIONUEVO CONTRERAS, F. (2017): "Aproximación a los aspectos arqueológicos y antropológicos de un enterramiento en silo en el casco urbano de Jerez de la Frontera (Cádiz)", *Antiquitas*, nº 29, pp. 185-189.

MUIR, R.J. y DRIVER, J.C. (2004): "Identifying ritual use of animals in the northern American Southwest", en S. Jones, W. van Near, A. Ervynck (eds.): *Behind Bones. The zoo archaeology of ritual, religion, status and identity*, Oxbow Book, pp. 128-143.

MUNSELL, A.H. (1919): *A color notation*, Boston College Libraries, New York.

MUÑIZ PÉREZ, M. (1997): "El Epipaleolítico en la vertiente mediterránea de la Península Ibérica: investigaciones recientes", *Revistas Espacio, Tiempo y Forma*, Serie I. Prehistoria y Arqueología, nº 10, pp. 175-213.

MUÑOZ AMILIBIA, A.Mª. (1970): "Estado actual de la investigación sobre el Neolítico español", *Pyrenae*, nº 6, pp. 13-28.

NOCETE CALVO, F. (1984): "Jefaturas y territorio. Una visión crítica", *Cuadernos de Prehistoria de la Universidad de Granada*, nº 9, pp. 289-304

— 1986: Una historia agraria: el proceso de consolidación de la economía de producción. (Perspectivas en la investigación de las edades del Cobre y Bronce en el Alto Guadalquivir)", en A. Ruiz, M. Molinos y F. Hornos (coord.): *Arqueología de Jaén. Reflexiones desde un proyecto arqueológico no inocente*, pp. 91-99.

— 1988: "Estómagos bípedos/estómagos políticos", *Arqueología Espacial*, nº 12, pp. 119-139.

— 1989a: *El Espacio de la Coerción. La transición al estado en las campiñas del Alto Guadalquivir*, Tesis doctoral, Universidad de Granada, Microfichas.

— 1989b: "El análisis de las relaciones centro/periferia en el Estado de la primera mitad del II milenio a.n.e. en las campiñas del Alto Guadalquivir, la frontera", *Arqueología Espacial*, nº 13, pp. 37-62.

— 1994a: "Space as Coercion: The Transition to the State in the social formations of la campiña, Upper Guadalquivir Valley, Spain. Ca. 1900-1600 BC", *Journal of Anthropological Archaeology*, nº 13, pp. 171-200.

— 1994b: *La Formación del Estado en las campiñas del Alto Guadalquivir (3000-1500 a.n.e)*, Monografías de Arte y Arqueología, Universidad de Granada.

— 1997: "Prospección arqueológica: la ilusión de un debate académico o la falsa esperanza de renovación en una disciplina", *II Jornadas de Patrimonio*, Salobreñas 1992, pp. 49-60.

— 2001: *Tercer milenio antes de nuestra era. Relaciones y contradicciones centro/periferia en el valle del Guadalquivir*, Bellaterra, Barcelona.

NOCETE CALVO, F., ORIHUELA, A., OTERO BÉJAR, R., LINARES CATELA, J.A., ROMERO VILLADÓNIGAS, J.C., ESCALERA GÓMEZ, P. y SÁEZ RAMOS, R. (1993): "Prospecciones arqueológicas de superficie en el marco del proyecto Odiel en 1993. II: Muestreo Cerro de Andévalo-Calañas", *Anuario arqueológico de Andalucía, 1993*, Tomo II, pp. 63-73.

NOCETE CALVO, F., ORIHUELA, A., ESCALERA GÓMEZ, P., LINARES CATELA, J.A, OTERO BÉJAR, R. y ROMERO VILLADÓNIGAS, J.C. (1996a): "Prospecciones arqueológicas de superficie en el marco del Proyecto Odiel en 1992: I. Muestreo Valverde del Camino II", *Anuario Arqueológico de Andalucía 1992*, Tomo II, pp. 199-208.

— 1996b: "Prospecciones arqueológicas de superficie en el marco del Proyecto Odiel en 1992: II. Muestreo Odiel-Oraque (Calañas, Huelva)", *Anuario Arqueológico de Andalucía 1992*, Tomo II, pp. 209-214.

NOCETE CALVO, F., ORIHUELA, A., PERAMO DE LA CORTE, A., ESCALERA GÓMEZ, P., LINARES CATELA, J.A., LIZCANO PRESTEL, R., OTERO BÉJAR, R. y ROMERO VILLADÓNIGAS, J.C. (1997): *Cabezo Juré 2500 a.C. Alosno, Huelva*, Diputación Provincial de Huelva, Huelva.

NOCETE CALVO, F., ESCALERA GÓMEZ, P., LINARES CATELA, J.A., LIZACANO PRESTEL, R., ORIHUELA, A., OTERO BÉJAR, R., ROMERO VILLADÓNIGAS, J.C. y SÁEZ RAMOS, R. (1998a): "Estudio del material arqueológico de la primera campaña de excavación de Cabezo Juré (Alosno, Huelva)", *Anuario Arqueológico de Andalucía, 1994*, Tomo II, pp. 93-104.

NOCETE CALVO, F., LIZCANO PRESTEL, R., ORIHUELA, A., LINARES CATELA, J.A., OTERO BÉJAR, R., ESCALERA GÓMEZ, P., PARRALES, P. y ROMERO VILLADÓNIGAS, J.C. (1998b): "I Campaña de excavación arqueológica de Cabezo Juré (Alosno, Huelva). 1995", *Anuario Arqueológico de Andalucía, 1994*, Tomo II, pp. 86-92.

OLIVIER, G. (1969): *Practique Anthropologique*, Vigot Frères, Eds. París.

PASCUAL BENITO, J.L. (2008): "Instrumentos neolíticos sobre soporte malacológico de las comarcas centrales valenciana", en M. Hernández, A. Soler y J.A. López (Eds.): *IV Congreso del Neolítico Peninsular*, Museo Arqueológico de Alicante, Diputación de Alicante, pp. 290-297.

— 2010: "La malacofauna marina en los poblados del Neolítico final de las comarcas centrales valencianas", *Férvedes*, nº 6, pp. 121-130.

PELLICER CATALÁ, M. (1967): "Las civilizaciones neolíticas hispanas", *Las Raíces de España*, Instituto Español de antropología Aplicada, Madrid, pp. 27-46.

— 1981: "Observaciones sobre el estado actual de la prehistoria hispana", *Habis*, nº 12, pp. 361-374.

— 1986: "El Cobre y el Bronce Pleno en Andalucía Occidental", *Homenaje a Luis Siret (1934-1984)*, Cuevas de Almanzora, pp. 245-250.

— 1992: "Una visión sintética de la Prehistoria de Andalucía: Neolítico-Bronce Reciente", *SPAL. Revista de Prehistoria y Arqueología de la Universidad de Sevilla*, nº 1, pp. 99-105.

PELLICER CATALÁ, M. y ACOSTA MARTÍNEZ, P. (1982): "El Neolítico antiguo en Andalucía Occidental", *Le Néolithique Ancien Mediterranéen, Actes du Còllegue International de Prehistoire*, Montpellier, Archéologie en Languedoc, nº especial, pp. 49-60.

— 1986: "Neolítico y Calcolítico de la Cueva de Nerja", en . Jordá (coord.): *La Prehistoria de la Cueva de Nerja (Málaga)*, Trabajos sobre la Cueva de Nerja, nº 1, pp. 341-450.

PERDIGONES MORENO, L. y GUERRERO MISA, L.J. (1987): "Excavaciones de urgencia en el Peñón Gordo (Benaocaz, Cádiz), 1985", *Anuario Arqueológico de Andalucía 1985*, Tomo III, pp. 29-33.

PERDIGONES MORENO, L., MUÑOZ VICENTE, A., BLANCO JIMÉNEZ, F.J. y RUIZ FERNÁNDEZ, J.A. (1987): "Excavaciones de urgencia en la Base Naval de Rota (Puerto de Santa María, Cádiz), *Anuario Arqueológico de Andalucía 1985*, Tomo III, Junta de Andalucía, pp. 74-80.

PERDIGONES MORENO, L., MOLINA CARRIÓN, M. y ROJO CORRALES, M. (1989): "Excavaciones de urgencia en 'Carissa Aurelia' 1986. Segunda campaña", *Anuario Arqueológico de Andalucía 1986*, Tomo III, pp. 67-74.

PEREIDA SIESO, J., CHAPA BRUNET, T. y MADRIGAL BELINCHÓN, A. (2001): "Reflexiones en torno al mundo funerario de la alta Andalucía durante la transición Bronce Final-Hierro I", *SPAL. Revista de Prehistoria y Arqueología de la Universidad de Sevilla*, nº 10, pp. 249-273.

PÉREZ BAREAS, C. y CÁMARA SERRANO, J.A. (1999): "Intervención arqueológica en Marroquíes Bajos (Jaén). Sector urbanístico RP-5, parcela G-3", *Anuario Arqueológico de Andalucía 1995*, Tomo III, pp. 256-270.

PÉREZ BAREAS, C. y SÁNCHEZ LAMONEDA, R.J. (1999): "Intervención arqueológica en Marroquíes Bajos (Jaén), parcela E2-4 (sector UA23)", *Anuario Arqueológico de Andalucía 1995*, Tomo III, pp. 271-287.

PÉREZ RODRÍGUEZ, M. (1997): "La producción de instrumentos de trabajo pulimentados en el territorio de la banda atlántica de Cádiz", *RAMPAS. Revista Atlántica-Mediterránea de Prehistoria y Arqueología Social*, nº 1, pp. 97-124.

— 2005: "Sociedades cazadoras-recolectoras-pescadoras y agricultoras en el suroeste: una propuesta para el cambio social", *@rqueología y Territorio. Revista electrónica del Máster de Arqueología*, nº 2, pp. 153-168.

PÉREZ RODRÍGUEZ, M. y CANTILLO DUARTE, J.J. (2008): *Memoria preliminar de la intervención arqueológica preventiva entre la calle Zoilo Ruiz Mateo y la calle Armas de Santiago*, Jerez de la Frontera.

PÉREZ RODRÍGUEZ, M., VIJANDE VILA, E. y CANTILLO DUARTE, J.J. (2010): "Campos de silos y necrópolis en los entornos de la Bahía de Cádiz. Nuevos hallazgos referentes a las sociedades tribales", en J.F. Gibaja y A.F. Carvalho (eds.): *Os últimos caçadores-recolectores e as primeiras comunidades productoras do sul da Península Ibérica e do norte de Marrocos*, Pormontoria Monográfica 15, Universidades do Algarve, pp. 229-235.

PÉREZ RODRÍGUEZ, M., MONTAÑÉS CABALLERO, M., RAMOS MUÑOZ, J., HERRERO LAPAZ, N., CASTAÑEDA FERNÁNDEZ, V., GARCÍA IGLESIAS, L. y GARCÍA PANTOJA, Mª.E. (1999): "La Mesa, Chiclana de la Frontera. Contribución al estudio de las formaciones sociales en la campiña de Cádiz", *Revista de Arqueologia*, nº 219, pp. 42-51.

PÉREZ RODRÍGUEZ, M., RAMOS MUÑOZ, J., VIJANDE VILA, E. y CASTAÑEDA FERNÁNDEZ, V. (2005): "Informe preliminar de la excavación arqueológica de urgencia en el asentamiento prehistórico de La Esparragosa (Chiclana de la Frontera)", *Anuario Arqueológico de Andalucía 2002*, Tomo III, Junta de Andalucía, pp. 93-103.

PERICOT GARCÍA, L. (1950): "Para una sistematización de la Edad del Bronce", *Crónica del I Congreso Nacional de Arqueología*, pp. 184-188.

PINEDA REINA, Mª.P. (2004): *Extracción de áridos en El Carrascal - La Esparragosa, Chiclana de la Frontera (Cádiz)*. Informe entregado en la Delegación Provincial de Cultura de Cádiz.

PINEDA REINA, Mª.P. y TOBOSO SUÁREZ, E.J. (2010): "Nuevas aportaciones a la prehistoria de Chiclana de la Frontera, Cádiz. Campaña de excavaciones en el yacimiento de 'El Carrascal-La Esparragosa'. Año 2004", *Cuaternario y arqueología: homenaje a Francisco Giles Pacheco*, pp. 229-236.

PIÑÓN VARELA, F. (1987): "El Cabezo de los Vientos, La Zarcita (Santa Bárbara de Casa): un poblado calcolítico fortificado en el NE de la provincia de Huelva. Campaña de excavaciones 1985", *Anuario Arqueológico de Andalucía 1985*, Tomo II, pp. 272-278.

POTTER, J. y PERRY, E.M. (2000): "Ritual as a power resource in the American Southwest", *Alternative Leadership Strategies in the Prehispanic Southwest*, University of Arizona Press, pp. 60-78.

PRYOR, F. (1988): "Etton, near Mazey, Cambridgeshire: a causeways enclosure on the fen edge", en C. Burgess, P. Topping, C. Mordant y M. Maddisson (eds.): *Enclosures and defenses in the Neolithic of Western Europe*, BAR Publishing International Series 403, pp. 107-126.

RAMOS MILLÁN, A. (1981): "Interpretaciones secuenciales y culturales de la Edad del Cobre en la zona meridional de la Península Ibérica. La alternativa del materialismo cultural", *Cuadernos de Prehistoria de la Universidad de Granada*, nº 6, pp. 203-256.

RAMOS MUÑOZ, J. (1988): *El poblamiento prehistórico del alto Vélez hasta la Edad del Bronce*, Diputación Provincial de Málaga.

— 1988-89: "Las industrias líticas del Neolítico en Andalucía. Sus implicaciones espaciales y económicas", *Zephyrus. Revista de Prehistoria y Arqueología*, nº 41-42, pp. 113-148.

— 1991a: "La tecnología lítica de la transición del Neolítico a la Edad del Cobre en la zona centrooccidental de Cádiz", *Zephyrus. Revista de Prehistoria y Arqueología*, nº 44, pp. 209-221.

— 1991b: "Las industrias líticas del Bronce final en Jerez. Renovación metodológica y perspectivas económicas de estudio", *Páginas. Revista de Humanidades*, nº 10, pp. 238-262.

— 1992: "Informe de la excavación de urgencia realizada en el asentamiento prehistórico 'El Estanquillo (San Fernando, Cádiz)", *Anuario Arqueológico de Andalucía 1990*, Tomo III, pp. 37-53.

— 1993: *El hábitat prehistórico de "El Estanquillo" (San Fernando, Cádiz)*, Fundación Municipal de Cultura. Colección Temas isleños. Ayuntamiento de San Fernando.

— 1999: *Europa prehistórica. Cazadores y recolectores*, Madrid, Sílex, D.L.

— 2004a: "Las últimas comunidades cazadoras, recolectoras y pescadoras del Suroeste peninsular. Problemas y perspectivas del 'tránsito Epipaleolítico-Neolítico' con relación a la definición de cambio histórico. Un análisis desde el modo de producción", en C. Sánchez de las Heras (coord.): *Sociedades recolectoras y primeros productores. Actas de las Jornadas Temática Andaluzas de Arqueología*, Sevilla, pp. 71-89.

— 2004b: "El poblamiento calcolítico en la banda atlántica de Cádiz. Aproximación a la sociedad clasista inicial del IIIer milenio a.n.e.", *III Simposio de Prehistoria. Cueva de Nerja. Las primeras sociedades metalúrgicas en Andalucía*, Fundación Cueva de Nerja, Málaga, pp. 352-360.

— 2008a: "La transformación del medio natural en el entorno de la Bahía y banda atlántica de Cádiz por sociedades cazadoras-recolectoras, tribales comunitarias y clasistas iniciales", *RAMPAS. Revista Atlántica-Mediterránea de Prehistoria y Arqueología Social*, n° 10, pp. 155-213.

— 2008b: *La ocupación prehistórica de la campiña litoral y banda atlántica de Cádiz. Aproximación al estudio de las sociedades cazadoras-recolectoras, tribales-comunitarias y clasistas iniciales*. Arqueología Monografías, Junta de Andalucía, Consejería de Cultura.

— 2012: "Proyectos de estudio de arqueología social en la región histórica del Estrecho de Gibraltar", en H. Tantealeán, M. Aguilar y O. Olivo (eds.): *La Arqueología Social Latinoamericana: de la teoría a la praxis*, Universidad de Andes, Colombia, pp. 333-364.

— 2013: "Balance del conocimiento de las sociedades neolíticas y clasistas iniciales en Jerez de la Frontera", en A. Santiago (coord.): *Siguiendo el hilo de la historia*, pp. 17-58.

— 2014-15: "La Alabarda de sílex de Torremelgarejo en el contexto de las sociedades de la Prehistoria Reciente de las sierras y campiñas de Cádiz", *Takurunna. Anuario de Estudios sobre Ronda y La Serranía*, n° 4-5, pp. 79-106.

— 2017: "Alabarda de sílex de Torremelgarejo", *La pieza del mes del Museo Arqueológico Municipal de Jerez*, Asociación de Amigos del Museo.

RAMOS MUÑOZ, J. y GONZÁLEZ RODRÍGUEZ, R. (1990): "Prospección arqueológica superficial en el término municipal de Jerez de la Frontera, Cádiz. Campaña 1990", *Anuario Arqueológico de Andalucía*, Tomo II, Junta de Andalucía, pp. 64-75

RAMOS MUÑOZ, J. y LAZARICH GONZÁLEZ, Mª. (2002): *El asentamiento de 'El Retamar' (Puerto Real, Cádiz). Contribución al estudio de la formación social tribal y a los inicios de la economía de producción en la Bahía de Cádiz*, Universidad de Cádiz y Ayuntamiento de Puerto Real.

RAMOS MUÑOZ, J. y PÉREZ RODRÍGUEZ, M. (2008): "La transformación del medio natural en el entorno de la Bahía y Banda Atlántica de Cádiz por sociedades cazadoras-recolectoras, tribales comunitarias y clasistas iniciales", *RAMPAS. Revista Atlántica-Mediterránea de Prehistoria y Arqueología Social*, n° 10, pp. 155-213.

RAMOS MUÑOZ, J. y CANTILLO DUARTE, J.J. (2009): "Los recursos litorales en el Pleistoceno y Holoceno. Un bálenla de su explotación por las sociedades cazadoras-recolectoras, tribales-comunitarias y clasistas iniciales en la región histórica del Estrecho de Gibraltar", en D. Bernal (ed.): *Arqueología de la Pesca en el Estrecho de Gibraltar*, Servicio de Publicaciones de la Universidad de Cádiz, pp. 17-80.

RAMOS MUÑOZ, J., VALLESPÍ PÉREZ, E. y ALVARES GARCÍA, G. (1993): "Industria lítica calcolítica tallada en arenisca de la sierra de Libar en la Serranía de Grazalema (Málaga-Cádiz)", *Gades*, n° 21, pp. 9-46.

RAMOS MUÑOZ, J., PÉREZ RODRÍGUEZ, M. y DOMÍNGUEZ-BELLA, S. (2004-2005): "Las sociedades clasistas iniciales en la banda atlántica de Cádiz (III-II milenio a.n.e). La explotación de los recursos líticos", *RAMPAS. Revista Atlántica-Mediterránea de Prehistoria y Arqueología Social*, n° 7, pp. 51-78.

RAMOS MUÑOZ, J., GUTIÉRREZ LÓPEZ, J.Mª. y GILES PACHECO, F. (2017): "Las ocupaciones por sociedades neolíticas de las sierras subbéticas occidentales del norte de Cádiz", en J. Ramos, F. Siles, J.Mª. Gutiérrez, V. Martínez y J.A. Martín (coords.): *Actas del I Congreso internacional de historia de la Serranía de Ronda. Las ocupaciones por sociedades prehistóricas, protohistóricas y de la antigüedad en la Serranía de Ronda y Béticas Occidentales*, pp. 133-195.

RAMOS MUÑOZ, J., SANTIAGO PÉREZ, A., MOLINA CARRIÓN, M.I., MATA ALMONTE, E., GONZÁLEZ RODRÍGUEZ, R., AGUILERA RODRÍGUEZ, L. y GUTIÉRREZ LÓPEZ, J.Mª. (1989): *Arqueología en Jerez. Primera aproximación al estudio de las industrias líticas de su Prehistoria Reciente*, BUC, Jerez de la Frontera.

RAMOS MUÑOZ, J., SANTIAGO PÉREZ, A., ROMERO SÁNCHEZ, J.J., ALMAGRO BLÁZQUEZ, A., GUTIÉRREZ LÓPEZ, J.Mª. y MATA ALMONTE, E. (1990): "Cuartillo. Un asentamiento neolítico al aire libre en el curso bajo del Guadalete", *Páginas. Revista de Humanidades*, n° 4, Jerez de la Frontera, pp. 66-87.

RAMOS MUÑOZ, J., PÉREZ RODRÍGUEZ, M., VIJANDE VILA, E. y DOMÍNGUEZ BELLA, S. (1990-91): "La tecnología lítica de la transición del Neolítico a la Edad del Cobre en la zona centro-occidental de Cádiz", *Zephyrus*, XLIV-XLV, pp. 207-221.

RAMOS MUÑOZ, J., SANTIAGO PÉREZ A., GUTIÉRREZ LÓPEZ, J.Mª. y MATA ALMONTE, E. (1991): "Talleres e industrias líticas postpaleolíticas del Occidente de Andalucía. Informe de la campaña de prospecciones en Jerez de 1989", *Anuario Arqueológico de Andalucía 1989*. Tomo II, Junta de Andalucía, pp. 35-42.

RAMOS MUÑOZ, J., BORJA BARRERA, F., SÁEZ ESPLIGARES, A., CASTAÑEDA FERNÁNDEZ, V., CEPILLO GALVÍN, J.J. y PÉREZ RODRÍGUEZ, M. (1992a): "La ocupación prehistórica de la campiña litoral y banda atlántica de Cádiz. Informe de la campaña de prospecciones arqueológicas de 1992 en San Fernando", en J. Campos y E. Nocete (eds.): *Investigaciones Arqueológicas en Andalucía 1985-1992. Proyectos*, pp. 353-366.

RAMOS MUÑOZ, J., GILES PACHECO, F., GUTIÉRREZ LÓPEZ, J.Mª., SANTIAGO PÉREZ, A., BLANES DELGADO, C., MATA ALMONTE, E., MOLINA CARRIÓN, M. y VALVERDE LASANTA, Mª (1992b): "Aproximación tecnológica a la transición Neolítico-Calcolítico: el yacimiento de Cantarranas (El Puerto de Santa María)", *Revista de historia de El Puerto*, nº 9, pp. 11-34.

RAMOS MUÑOZ, J., GILES PACHECO, F., SANTIAGO PÉREZ, A., GUTIÉRREZ LÓPEZ, J.Mª., VALVERDE LASANTA, M. y MATA ALMONTE, E. (1992c): "Explotación de los recursos líticos en la prehistoria reciente de Cádiz", *Revista de arqueología*, nº 136, pp. 6-17.

RAMOS MUÑOZ, J., VALVERDE LASANTA, Mª., ALMAGRO, A. y ROMERO, J.J. (1992d): "Tecnología lítica de las Edades del Cobre y Bronce en la Marisma del Cuervo (Jerez de la Frontera, Cádiz)", *SPAL. Revista de Prehistoria y Arqueología de la Universidad de Sevilla*, nº 1, pp. 151-177.

RAMOS MUÑOZ, J., CASTAÑEDA FERNÁNDEZ, V., PÉREZ RODRÍGUEZ, M., LAZARICH GONZÁLEZ, Mª., MARTÍNEZ PECES, C., MONTAÑÉS CABALLERO, M., LOZANO MOYA, J.Mª. y CALDERÓN ESTRADA, D. (1993-94): "La secuencia prehistórica del poblado de 'La Mesa' (Chiclana de la Frontera). Su contribución a la ordenación del territorio de la campiña litoral y banda atlántica", *Boletín del Museo de Cádiz*, nº 6, pp. 23-41.

— 1995: "Los Charcones. Un poblado agrícola del IIIer y IIº milenio a.C. Su vinculación con el foco dolménico de la Laguna de la Janda", *III Jornadas de Historia del Campo de Gibraltar, Almoraina*, nº 13, pp. 33-50.

RAMOS MUÑOZ, J., CASTAÑEDA FERNÁNDEZ, V., PÉREZ RODRÍGUEZ, M., y LAZARICH RODRÍGUEZ, Mª. (1994a): "Las ocupaciones humanas de la Prehistoria Reciente de la campiña litoral y banda atlántica de Cádiz", *Gibraltar during the Quaternary*, EAQUA Monografías, nº 2, pp. 71-90.

RAMOS MUÑOZ, J., CEPILLO GALVÍN, J.J., CASTAÑEDA FERNÁNDEZ, V. y SÁEZ ESPLIGARES, A. (1994b): "Aproximación al poblamiento neolítico de San Fernando (Cádiz). Inferencias socio-económicas y enmarque en el contexto regional", *Antiqvitas*, nº 5, pp. 13-21.

RAMOS MUÑOZ, J., SÁEZ ESPLIGARES, A., CASTAÑEDA FERNÁNDEZ, V. y CEPILLO GALVÍN, J.J. (1994c): "La ocupación neolítica", en J. Ramos, A. Sáez, V. Castañeda y M. Pérez (coords.): *Aproximación a la Prehistoria de San Fernando. Un modelo de poblamiento periférico en la banda atlántica de Cádiz*, San Fernando, Cádiz, pp. 255-296.

RAMOS MUÑOZ, J., CASTAÑEDA FERNÁNDEZ, V., PÉREZ RODRÍGUEZ, M., LAZARICH GONZÁLEZ, Mª. y MONTAÑÉS CABALLERO, M. (1998): "Estado actual del conocimiento del proyecto de investigación 'La ocupación prehistórica de la campiña litoral y banda atlántica de Cádiz'. Balance tras la tercera campaña de prospecciones 1994. Conil de la Frontera", *Anuario Arqueológico de Andalucía 1994*, Tomo II, pp. 23-32.

RAMOS MUÑOZ, J., MONTAÑÉS CABALLERO, M., PÉREZ RODRÍGUEZ, M., DOM'NGUEZ-BELLA, S., CASTAÑEDA FERNÁNDEZ, V., GARCÍA PANTOJA, Mª.E., HERRERO LAPAZ, N., IGLESIAS GARCÍA, I., GRACIA PRIETO, F.J., CÁCERES SÁNCHEZ, I., JURADO FRASNADILL, G., BAÑOS POZO, C. y BEJARANO GUIMÚNDEZ, D. (2001a): "Informe preliminar de la campaña de excavaciones de urgencia en La Mesa (Chiclana de la Frontera). Contribución al estudio de formaciones sociales en transición", *Anuario Arqueológico de Andalucía 1988*, Tomo III, vol. 1, pp. 38-54.

RAMOS MUÑOZ, J., PÉREZ RODRÍGUEZ, M., VIJANDE VILA, E. y DOMÍNGUEZ BELLA, S. (2001b): "Las sociedades clasistas en la Bahía y campiña litoral de Cádiz en el III-II milenios a.C.", en J.C. Domínguez Pérez (ed.): *Gadir y el Círculo del Estrecho revisados. Propuestas de la arqueología desde un enfoque social*, Cádiz, pp. 77-101.

RAMOS MUÑOZ, J., CASTAÑEDA FERNÁNDEZ, M., DOMÍNGUEZ-BELLA, S., MONTAÑÉS CABALLERO, M., ARAGÓN FERNÁNDEZ, A., MONCAYO MONTERO, F., CASTAÑEDA FERNÁNDEZ, A., VIJANDE VILA, E. y EXPÓSITO ÁLVAREZ, J.A. (2002): "Informe de la campaña de prospecciones superficiales desarrollada en los termino de Barbate y Tarifa. Valoración en el proyecto de investigación: la ocupación prehistórica de la campiña litoral y banda atlántica de Cádiz", *Anuario Arqueológico de Andalucía 1999*, Tomo II, pp. 9-20.

RAMOS MUÑOZ, J., PÉREZ RODRÍGUEZ, M., VIJANDE VILA, E. y CANTILLO DUARTE, J.J. (2006): "Las sociedades neolíticas en la banda atlántica de Cádiz. Valoración del contexto regional y del proceso histórico de la formación social tribal", *Quaderns de prehistoria i arqueología de Castelló*, nº 25, pp. 53-89.

— 2008a: "Capítulo 18. La formación social clasista inicial en la banda atlántica de Cádiz", en J. Ramos (coord.): *La ocupación prehistórica de la campiña litoral y banda atlántica de Cádiz: aproximación al estudio de las sociedades cazadoras-recolectoras, tribales-comunitarias y clasistas iniciales*, Arqueología Monografías, Junta de Andalucía, pp. 331-378.

RAMOS MUÑOZ, J., PÉREZ RODRÍGUEZ, M., VIJANDE VILA, E., CANTILLO DUARTE, J.J., MONTAÑÉS CABALLERO, M. y PÉREZ RAMOS, I. (2008b): "Capítulo 4: Los registros arqueológicos. Las prospecciones y los yacimientos documentados", en J. Ramos (coord.): *Memorias del proyecto de investigación: la ocupación prehistórica de la campiña litoral y banda atlántica de Cádiz. Aproximación al estudio de las sociedades cazadoras-recolectoras, tribales-comunitarias y clasistas iniciales*. Arqueología Monografías, pp. 69-125.

RAMOS MUÑOZ, J., DOMÍNGUEZ-BELLA, S., SORIGUER ESCOFET, M., ZABALA JIMÉNEZ, C., HERNANDO CASAL, J.A., RUIZ ZAPATA, B., GIL, Mª.J. y JIMÉNEZ GUIRADO, D. (2010): "Formaciones sociales tribales y clasistas iniciales en la Bahía de Cádiz. Medio natural y recursos", en J.Mª. Gutiérrez López (ed.): *De la Prehistoria a la Rábida y la Villa: Arqueología de Rota y la Bahía de Cádiz*, Ayuntamiento de Rota y Fundación Zoilo Ruiz Mateos, pp. 1-27.

RAMOS MUÑOZ, J., DOMÍNGUEZ-BELLA, S., CANTILLO DUARTE, J.J., CASIMIRO-SORIGUER, M., PÉREZ RODRÍGUEZ, M., HERNANDO CASAL, J.A., VIJANDE VILA, E., ZABALA JIMÉNEZ, C., CLEMENTE CONTE, I. y BERNAL CASASOLA, D. (2011): "Marine resources exploration by Palaeolithic hunter-fisher-gatherers and Neolithic tribal societies in the historial region of the Strait of Gibraltar", *Quaternary International*, 239 (1-2), pp. 104-113.

RAMOS MUÑOZ, J., DOMÍNGUEZ BELLA, S., CANTILLO DUARTE, J.J., VIJANDE VILA, E. y PÉREZ RODRÍGUEZ, M. (2013): "Novedades en el conocimiento de las sociedades tribales neolíticas en la banda atlántica de Cádiz. Explotación de recursos marinos e hipótesis del uso de la sal", en J. Soares (ed.): *Pré-historia das zonas húmidas paisagens de sal, Setúbal Arqueológica*, nº 15, pp. 85-112.

REIMÓNDEZ BECERRA, C. (2007): "Intervenciones arqueológicas en la calle Castellanos, 3. Del Calcolítico hasta nuestros días", conferencia 23 de noviembre organizada por Amigos del Museo de Jerez.

RENFREW, C. (1981): "Introduction: The Megalithic Builders of Western Europe" *Antiquity and Man, Essays in honor of G. Daniel*, Thames and Hudson, pp. 72-81.

BRICHARTE GARCÍA, Mª.J. y AGUILERA RODRÍGUEZ, L. (2010): *Memoria final de la Actividad Arqueológica: Prospección arqueológica superficial y control de movimiento de tierra en la explotación de recursos El Carrascal II y Excavación Arqueológica Extensiva en La Esparragosa (sectores El Carrascal y El Carrascal II), Chiclana de la Frontera (Cádiz)*. Delegación de Cultura de Cádiz.

RIESCO GARCÍA, F.J. (1987): *La Carta Arqueológica de la desembocadura del río Guadalquivir: zona sur*, Memoria de licenciatura. Tres tomos, Sevilla, Inédita.

— 2018: "Avance al estudio de las sociedades del litoral de la costa noroeste de Cádiz. Desde las sociedades cazadoras-recolectoras-pescadoras hasta las sociedades clasistas iniciales", *Takurunna*, nº 4-5, pp. 199-166.

RIQUELME CANTAL, J.A. (2019): "Capítulo IX. La fauna terrestre", en E. Vijande, J. Ramos, D. Fernández, J.J. Cantillo y M. Pérez (eds): *La Esparragosa (Chiclana de la Frontera, Cádiz) Un campo de silos neolítico del IV milenio a.n.e.*, Colección Arqueología Monografías, pp. 70-90.

RODRÍGUEZ ARIZA, Mª.O., BEATRIZ LUNA, M., MONTES MOYA, E. y VISEDO RODRÍGUEZ, A. (2005): "Intervención arqueológica realizada en la parcela C del sector urbanístico residencia programada nº 4 (PRA) de Marroquíes Bajos (Jaén) (campaña 2002)", *Anuario Arqueológico de Andalucía 2002*, Tomo III, pp. 583-592.

— 2006: "II campaña de excavaciones en la parcela C de Marroquíes Bajos (Jaén)", *Anuario Arqueológico de Andalucía 2002*, Tomo III, pp. 281-290.

RUIZ FERNÁNDEZ, J. (1987): "Informe excavaciones de urgencia. Pago de Cantarranas-La Viña, El Puerto de Santa María", *Anuario Arqueológico de Andalucía 1985*, Tomo III, Junta de Andalucía, pp. 95-100.

RUIZ FERNÁNDEZ, J. y RUIZ GIL, J.A. (1987): "Excavaciones de urgencia en el Puerto de Santa María", *Revista de Arqueología*, nº 74, pp. 5-12.

— 1989: "Calcolítico en el Puerto de Santa María", *Revista de Arqueología*, nº 94, pp. 7-13.

RUIZ GIL, J.A. y RUIZ MATA, D. (1999): "Cantarranas (El Puerto de Santa María, Cádiz): Un poblado de transición Neolítico Final/Cobre Inicial", en J. Bernabeu y T. Orozco (eds.): *Congrés del Neolitic a la Península Ibérica. Saguntum-PLAV*, Extra 2, pp. 223-228.

RUIZ LARA, D. (1987): "Excavación arqueológica de urgencia en 'La Minilla' (La Rambla, Córdoba)", *Anuario Arqueológico de Andalucía 1986*, Tomo III, pp. 157-163.

— 1990: "Excavación arqueológica de urgencia en La Minilla, La Rambla, Córdoba. Campaña de 1989", *Anuario Arqueológico de Andalucía 1989*, Tomo III, pp. 157-163.

RUIZ MATA, D. (1976): "El yacimiento de la Edad del Bronce de Valencina de la Concepción (Sevilla) en el marco cultural del Bajo Guadalquivir", *I Congreso de Historia de Andalucía*, pp. 183-208.

— 1983: "El yacimiento de la Edad del Cobre de Valencina de la Concepción (Sevilla) en el marco cultural del Bajo Guadalquivir", *Actas del I Congreso de Historia de Andalucía*, Tomo I, pp. 183-208.

— 1994a: "Territorio y proceso histórico en el término de El Puerto de Santa María (aproximadamente desde el 3000 hasta el siglo II a.n.e.)", *Revista de Historia de El Puerto*, nº 12, pp. 9-50.

— 1994b: "La secuencia prehistórica Reciente de la zona Occidental gaditana según las recientes investigaciones", en J.M. Campos, J.A. Pérez y F. Gómez (coord.): *Arqueología en el entorno del Bajo Guadiana: actas del Encuentro Internacional de Arqueología del suroeste*, pp. 279-328.

RUIZ MATA, D. y GONZÁLEZ RODRÍGUEZ, R. (1994): "Consideraciones sobre asentamientos rurales y cerámicas orientalizantes en la campiña gaditana", *SPAL. Revista de Prehistoria y Arqueología de la Universidad de Sevilla*, nº 3, pp. 209-256.

RUIZ MORENO, M.T. (1991): "Excavación arqueológica de urgencia en Valencina de la Concepción, urbanización La Cima (Sevilla), 1989-1990", *Anuario Arqueológico de Andalucía 1989*, Tomo III, pp. 461-464.

RUIZ MORENO, M.T., MARTÍN ESPINOSA, A. y ALCÁZAR GODOY, J. (1992): "Enterramientos calcolíticos en zonas de hábitat", *Revista de Arqueología*, nº 137, pp. 18-27.

RUIZ PARRONDO, A., MOLINA DELGADO, E., PALOMINO LEÓN, J.A. y RUIZ MONTEZ, P. (2006): "Intervención arqueológica en el SUNP-1 RU-11-3/2-3-6-7-8 de Marroquíes Bajos de Jaén", *Anuario Arqueológico de Andalucía 2006*, Tomo III, pp. 663-667.

RUIZ RODRÍGUEZ, L., LARA DÁVILA, Mª.J., BOTELLA LÓPEZ, M.C. y GARCÍA GARCÍA, C.J. (1991): "Población eneolítica del yacimiento de El Trobal, Jerez de la Frontera: Estudio antropológico", *Antropología y Paleontología Humana*, nº 6, pp. 17-56.

RUIZ RODRÍGUEZ, A., HORNOS MATA, F., ZAFRA DE LA TORRE, N. y CASTRO LÓPEZ, M. (1999): "El seguimiento de intervención arqueológica: el caso de Marroquíes Bajos", *Actas del XXV Congreso Nacional de Arqueología*, pp. 407-419.

RUIZ ZAPATA, M.B. y GIL GARCÍA, M.J. (2004): "Análisis polínico del yacimiento de La Esparragosa (Chiclana de la Frontera, Cádiz)", *Informe para la memoria de excavación de La Esparragosa*, Delegación Territorial de Cultura de Cádiz.

— 2008: "Estudios polínicos en el territorio de la banda atlántica de Cádiz y Estrecho de Gibraltar durante la Prehistoria", en J. Ramos (coord.): *La ocupación prehistórica de la campiña litoral y banda atlántica de Cádiz. Aproximación al estudio de las sociedades cazadoras-recolectoras, tribales-comunitarias y clasistas iniciales*, Arqueología Monografías, Junta de Andalucía, pp. 287-294.

— 2019: "Capítulo XI. Estudio palinológico", en E. Vijande, J. Ramos, D. Fernández, J.J. Cantillo y M. Pérez (coord.): *La Esparragosa (Chiclana de la Frontera, Cádiz). Un campo de silos neolítico del IV milenio a.n.e.*, Colección Arqueología Monografías, pp. 104-108.

RUIZ ZAPATA, M.B., DORADO VALIÑO, M., GIL GARCÍA, Mª. J. y VALDEOLMILLOS RODRÍGUEZ, A. (2005): "Capítulo 12. Paleovegetación en el yacimiento prehistórico del 'Embarcadero del río Palmones'. Análisis polínico y reconstrucción ambiental". En J. Ramos y V. Castañeda (eds.): *Excavación en el asentamiento prehistórico del 'Embarcadero del río Palmones' (Algeciras, Cádiz). Una nueva contribución al estudio de las últimas comunidades cazadoras y recolectoras*, Universidad de Cádiz y Fundación Municipal de Cultura del Ayuntamiento de Algeciras, pp. 327-336.

SÁNCHEZ MESEGUER, J., FERNÁNDEZ, A., GALÁN, C., POYATO HOLGADO, Mª.C. y ROMERO, H. (1983): "El Oficio y La Encantada: dos ejemplos de culto en la Edad del Bronce en la Península Ibérica", *XVI Congreso Nacional de Arqueología*, Zaragoza, pp. 383-396.

SÁNCHEZ VIZCAÍNO, A., BELLÓN RUIZ, J.P., y RUEDA GALÁN, C. (2005): "Nuevos datos sobre la Zona Arqueológica de Marroquíes Bajos: el quinto foso", *Trabajos de Prehistoria*, nº 62, pp. 151-164.

SÁNCHEZ VIZCAÍNO, A., BELLÓN RUIZ, J.P., RUEDA GALÁN, C., DÍAZ GARCÍA, Mª.J., PORTERO FERNÁNDEZ, V. y SÁNCHEZ JUSTICIA, B. (2004): "Intervención arqueológica en la parcela DOC-1 del SUNP-1 de la Zona Arqueológica de Marroquíes Bajos (Jaén). Nueva ubicación del Colegio Público Cándido Nogales", *Anuario Arqueológico de Andalucía 2001*, Tomo III, pp. 578-585.

SANOJA OBEDIENTE, M. (1984): "La inferencia en la Arqueología Social", *Boletín de Antropología Americana*, nº 10, pp. 35-44.

SANOJA OBEDIENTE, M. y VARGAS ARENAS, I. (1995): *Gente de la canoa. Economía política de la antigua sociedad apropiadora del Noreste de Venezuela*, Caracas.

SANTANA FALCÓN, I. (1993): "Excavación arqueológica de urgencia en El Algarrobillo, Valencina de la Concepción (Sevilla)", *Anuario Arqueológico de Andalucía 1991*, Tomo III, pp. 548-553.

SANTIAGO PÉREZ, A., FINLAYSON, C., GILES PACHECO, F., GUTIÉRREZ LÓPEZ, J.Mª., DURELL, R., LARIO, J., BRAMBLE, I., LATIN, J.P. y AGUILERA GARCÍA, L. (2001): "El depósito neolítico de Rich Sand Cave (punta Europa-Gibraltar)", *Almoraima. Revista de estudios campogibraltareños*, nº 25, pp. 31-36.

SANTIAGO PÉREZ, A., GILES PACHECO, F., GUTIÉRREZ LÓPEZ, J.Mª., AGULERA GARCÍA, L. y GILES GUZMÁN, F. (2010): "Materias primas autóctonas del paleolítico regional. El caso de la cuenca fluvial del Guadalete, SW de Iberia", en S. Domínguez Bella, J. Ramos, J.M. Gutiérrez y M. Pérez (eds.): *Minerales y rocas en las sociedades de la Prehistoria*, Universidad de Cádiz, pp. 121-138.

SANTONJA GÓMEZ, M. y QUEROL FERNÁNDEZ, Mª.A. (1988): "Paleolítico Inferior Arcaico en la Depresión del Guadalquivir", en F. Díaz y E. Vallespí: *Trabajaos de Paleolítico y Cuaternario*, Universidad de Sevilla, pp. 49-51.

SANZ DE GALDEANO, C., GALINDO ZALDIVAR, J., ALFARO, P. y RUANO P. (2007): "El relieve de la Cordillera Bética", *Enseñanza de las Ciencias de la Tierra*, nº 15.2, pp. 185-195.

SAYAGO REDONDO, V. (2012): *Caracterización y evolución de las prácticas funerarias durante el Calcolítico y la Edad del Bronce en la Extremadura española*. Trabajo de investigación de fin de Máster en Prehistoria y Arqueología, Universidad de Cantabria, facultad de Filosofía y Letras.

SCARDUELLI, P. (1983): *Dioses, espíritus, ancestros. Elementos para la comprensión de los sistemas rituales,* Méjico.

SCHULZ, H.D., FELIZ, T., HAGERDORN, C., L"HRTE, R. von., REINERS, C., SANDER, H., SCHNEIDER, R., SCHUBERT, J. y SCHULZ, H. (1992): "La línea holocena en el curso bajo del río Guadalquivir entre Sevilla y su desembocadura en el Atlántico. Informe preliminar sobre los trabajos de campo realizados en octubre y noviembre de 1992", *Anuario Arqueológico de Andalucía*, Tomo II, pp. 323-327.

— 1995: "Holozäne Küstenlinie am Unterlauf des Rio Guadalquivir zwischen Sevilla und der Mündung in den Atlantik", *Madrider Mitteilungen*, nº 36, pp. 219-232.

SERRANO PEÑA, J.L. (1999): "Intervención arqueológica de urgencia en Marroquíes Bajos, Residencial Programador 4, parcela E de Jaén", *Anuario Arqueológico de Andalucía 1995*, Tomo III, pp. 249-255.

SERRANO PEÑA, J.L., ALCALÁ LIRO, F., BARRA COLMENERO, V. y CANO, J. (2002): "La paleomorfología de Marroquíes Bajos: primeras propuestas", *Arqueología y Territorio Medieval*, , nº 9, pp. 7-36.

SERVICIO DE MEDIO AMBIENTE DE LA DIPUTACIÓN DE CÁDIZ (2006): *Geología de la provincia de Cádiz 1:200.000*, IGME y Diputación de Cádiz.

SHENNAN, S. (1982): "Ideology, change and the European early Bronze Age", en I. Hodder (ed.): *Symbolic and Structural Archaeology*, Cambridge University Press, pp. 155-161.

SIRET, L. (1893): *L'Espagne préhistorique*, Polleunis et Ceuterick, Bruxeles

— 1913: *Questions de chronologie et d'ethnographie ibériques. 1.De la fin du quaternaire a la fin du bronze*, P. Geuthner, París.

— 1931: "Classification du Paléolithique dans le Sud-est de l'Espagne", *XVe Congrès International d'Anthropologie et d'Archéologie préhistoriques*, Portugal 1930, París 1931, pp. 287-294.

SIRET, E. y SIRET, L. (1887): *Les Premiers Âges du Métal le Sud-est de l'Espagne*, Anvers.

SMITH, I. (1966): "Windmil Hill ans its implications", *Palaeohistoria*, nº 12, pp. 469-481.

TARRADELL i MATEU, M. (1960): "Sobre nomenclatura y divisiones de la prehistoria peninsular", *Revista de la Facultat de Geografia i Historia*, nº 10, pp. 131-134.

— 1964: "Sobre el tesoro real de Villena", *Saitabi*, nº 14, pp. 3-12.

TESTART, A. (1982): "The significance of food storage among hunter-gatherers: residence patterns, population densities and social inequalities", *Current Anthropology*, vol. 23, nº 5, pp. 523-537.

— 1985: *Le Communisme Preimitif. I. Économie et idéologie*, París.

THOMAS, J. (1996): "The cultural context of the first uso of domesticates in continental Central and Northwest Europe", en D. Harris (ed.): *The origins and spread of agricultura and pasto*

— 1999: *Understanding the Neolithic,* Routledge (original con el título *Rethinking the Neolithic*).

THOMPSON, E.P. (1978): *Miseria de la teoría*, Editorial Crítica.

TOBOSO SUÁREZ, EJ. (2010): *Memoria Final de la Actividad Arqueológica Preventiva. Campaña 2008*, Delegación de Cultura de Cádiz.

UZQUIANO OLLERO, P. (2008): "El registro arqueobotánico de la banda atlántica de Cádiz: paisaje vegetal y gestión del combustible", en J. Ramos (coord.): *La ocupación prehistórica de la campiña litoral y banda atlántica de Cádiz. Aproximación al estudio de las sociedades cazadoras-recolectoras, tribales-comunitarias y clasistas iniciales*, Arqueología Monografías, Junta de Andalucía, pp. 295-306.

UZQUIANO OLLERO, P. y ARNANZ, A.Mª. (2002): "La evidencia arqueobotánica. Los macrorestos carbonizados del yacimiento de 'El Retamar'", en J. Ramos y Mª. Lazarich (eds.): *El asentamiento de 'El Retamar' (Puerto Real, Cádiz).Contribución al estudio de la formación social tribal y a los inicios de la economía de producción en la Bahía de Cádiz*, Universidad de Cádiz y Ayuntamiento de Puerto Real, pp. 205-216.

VALVERDE LASANTA, M. (1991): "Aproximación a la industria lítica postpaleolítica del taller de Cantarranas (El Puerto de Santa María, Cádiz)", *Revista de Historia de El Puerto*, nº 7, pp. 11-26.

— 1993: *El taller de Cantarranas (El Puerto de Santa María, Cádiz). Un ejemplo para la transición Neolítico-Calcolítico*, Universidad de Cádiz, Cádiz.

VALVERDE LASANTA, M., RAMOS MUÑOZ, J., ROMERO SÁNCHEZ, J.L. y ALMAGRO BLÁZQUEZ, A. (1992): "Tecnología lítica de las Edades del Cobre y bronce en la Marisma del Cuervo (Jerez de la Frontera, Cádiz)", *SPAL. Revista de Prehistoria ay Arqueología de la Universidad de Sevilla*, nº 1, pp. 151-177.

VALLESPÍ PÉREZ, E., ESCACENA CARRASCO, J.L. y RAMOS MUÑOZ, J. (1992): "Un bifaz de la Barrosa, del Achelense Superior o su tradición inmediata del frente atlántico andaluz", *Cuadernos del Suroeste*, nº 3, pp. 115-123.

VAQUERO LASTRES, J. (1989): "¿Dónde diablos se esconden nuestros muertos que no los podemos ver? Reflexiones sobre el emplazamiento de los túmulos del NW", *Gallaecia*, nº 11, pp. 81-108.

VARGAS ARENAS, I. (1985): "Modo de vida: categoría de las mediaciones entre formación social y cultural", *Boletín de Antropología Americana*, nº 12, pp. 5-16.

— 1986: "Sociedades y naturaleza: en torno a las mediaciones y determinaciones para el cambio en el FES preclasista", *Boletín de Antropología Americana*, nº 12, pp. 65-74.

— 1987: "La formación económico social tribal·, *Boletín de Antropología Americana*, nº 5, pp. 15-26.

VARGAS JIMÉNEZ, J.M. (2004): *Catálogo de intervenciones arqueológicas - Carta Arqueológica Municipal de Valencina de la Concepción*, Sevilla, Junta de Andalucía.

VEGAS MARTÍNEZ, R. y DE VICENTE MUOZ, G. (2004): "7.4.7. Sierra Morena", en J.A. Vera: *Geología de España*, pp. 630-631.

VERA TORRES, J.A. (1994): *Geología de España*, Sociedad de España e IGME.

— 2004: "Geología de la Cordillera Bética", en P. Alfaro, J.M. Andreu, A. Estévez, J.E. Kent y A. Yébenes (coord.): *Geología de Alicante*, Universitat d'Alacant, pp. 17-36.

VERA RODRÍGUEZ, J.C. (1997): "Algunos aspectos tecno-tipológicos y morro-funcionales de industrias líticas del Neolítico andaluz", *Actas XXIV Congreso nacional de Arqueología (Cartagena, 1997)*, Vol. II. El mundo indígena del Neolítico al Bronce, pp. 37-42.

VIJANDE VILA, E. (2006a): *Prehistoria reciente de Chiclana de la Frontera. Aportaciones al conocimiento de las formaciones sociales tribales y clasistas iniciales en el marco de la banda atlántica gaditana.* Universidad de Cádiz.

— 2006b: "Aproximación al conocimiento de las formaciones tribales en Chiclana de la Frontera y su contribución al estudio de las mismas en el ámbito de la banda atlántica gaditana", *RAMPAS. Revista Atlántica-Mediterránea de Prehistoria y Arqueología Social*, nº 8, pp. 87-108.

— 2009: "El poblado de campo de Hockey (San Fernando, Cádiz): Resultados preliminares y líneas de investigación futuras para el conocimiento de las formaciones tribales en la Bahía de Cádiz (Tránsito del V-IV milenio a.n.e)", *RAMPAS. Revista Atlántica-Mediterránea de Prehistoria y Arqueología Social*, nº 8, pp. 87-108.

VIJANDE VILA, E., DOMÍNGUEZ-BELLA, S., CANTILLO DUARTE, J.J., MARTÍNEZ LÓPEZ, J. y BARRENA TOCINO, A. (2015): "Social inequalities in the Neolithic of southern Europe: The graves godos of the Campo de Hockey necrópolis (San Fernando, Cádiz, Spain)", *Human Palaeontology and Prehistory*, nº 14, pp. 147-161.

VIJANDE VILA, E., RAMOS MUÑOZ, J., PÉRES RODRÍGUEZ, M., MORENO MÁRQUEZ, A., CANTILLO DUARTE, J.J., DOMÍNGUEZ-BELLA, S., ALMISAS CRUZ, S., RIQUELME CANTAL, J.A., SORIGUER ESCOFERT, M.C., CLEMENTE CONTE, I., GARCÍA MUÑOZ, V., BARRENA TOCINO, A., RUIZ ZAPATA, B., GIL GARCÍA, Mª.J. y FERNÁNDEZ SÁNCEZ, D. (2018): "Estudio interdisciplinar de la tumba AV del asentamiento neolítico de La Esparragosa (Chiclana de la Frontera, Cádiz, España)", *Arqueología Iberoamericana*, nº 37, pp. 40-47.

VIJANDE VILA, E., RAMOS MUÑOZ, J., FERNÁNDEZ SÁNCHEZ, D. y PÉREZ RODRÍGUEZ, M. (2019): *La Esparragosa (Chiclana de la Frontera, Cádiz). Un campo de silos neolíticos del IV milenio a.n.e.,* Colección Arqueología Monografías.

VILLALOBOS MEGÍA, M. y PÉREZ MUÑOZ, A.B. (1008): *Geodiversidad y patrimonio geológico de Andalucía: itinerario geológico por Andalucía*, Consejería de Medio Ambiente, Junta de Andalucía.

VILLALPANDO MORENO, A. y MONTAÑÉS CABALLERO, M. (2009): "Avance de los resultados de las excavaciones arqueológicas realizadas en SET Parralejos", *RAMPAS. Revista Atlántica-Mediterránea de Prehistoria y Arqueología Social*, nº 11, pp. 257-264.

— 2016: "El yacimiento de Set Parralejos. Vejer de la Frontera (Cádiz). Un núcleo de población de la Prehistoria Reciente en las estribaciones del Río Salado de Conil de la Frontera", en J. Ramos, J.J. Cantillo y E. Vijande (coords.): *Las sociedades prehistóricas y la Arqueología de Conil en el contexto de la banda atlántica de Cádiz*, Ayuntamiento de Conil, Universidad de Cádiz, Ediciones Pinsapar y Colección Ancestros Conil, pp. 115-134.

VINCENT GARCÍA, J.M. (1991): "El Neolítico. Transformaciones sociales y económicas", *Boletín de Antropología Americana*, nº 48, pp. 29-36.

— 1998: "La Prehistoria del modo tributario de producción", *Hispania,* LVIII/3, 200, pp. 823-839

VINCENT ZARAGOZA, A.Mª. y DE LA QUADRA SALCEDO Y GAYARRE, A. (1964): "Informe de las excavaciones en la Cueva de los Murciélagos de Zuheros (Córdoba). Primera campaña, noviembre 1962", *N.A.H.,* nº 6, pp.68-72.

VINCENT ZARAGOZA, A.Mª. y MUÑOZ AMILIBIA, A.Mª. (1973): "Segunda campaña de excavaciones en la cueva de los Murciélagos, Zuheros (Córdoba)", *Excavaciones Arqueológicas de España*, nº 77.

WELLER, O. y FÍGULS, A. (2012): "Los intercambios a media y larga distancia y el rol de la sal en el Neolítico Medio en el altiplano y prepirineo catalán", *Rubricatum. Revista del Museo de Gravà*, nº 5, pp. 201-211.

WENIGER, G. (1991): "Überlegungen zur Mobilität jägerischer Gruppen im Jungpaläolithikum", *Sauculum*, nº 42 (1), pp. 82-103.

YATES, M.J. (1984): *Bronze Age Round Coiras in Drumfries and Galloway. An inventory and discussion*, British Archaeological Reports, British Series, nº 132.

ZAFRA DE LA TORRE, N., HORNOS MATA, E. y CASTRO LÓPEZ, M. (1999): "Una macro-aldea en el origen del modo de vida campesino: Marroquíes Bajos (Jaén) C. 2500-2000 cal. ane.", *Trabajos de Prehistoria*, nº 56, pp. 77-102.

ZAFRA DE LA TORRE, N., CASTRO LÓPEZ, M. y HORNOS MATA, E. (2003): "Sucesión y simultaneidad en un gran asentamiento: la cronología de la macro-aldea de Marroquíes Bajos, Jaén. C. 2500-2000 Cal. ane.", *Trabajos de Prehistoria*, nº 60, pp. 79-90.

www.ingramcontent.com/pod-product-compliance
Lightning Source LLC
Chambersburg PA
CBHW061009030426

42334CB00033B/3422